HISTÓRIA
DA SEGUNDA
GUERRA MUNDIAL

David Jordan

HISTÓRIA DA SEGUNDA GUERRA MUNDIAL

A Maior e Mais Importante
Guerra de Todos os Tempos

M.Books do Brasil Editora Ltda.

Rua Jorge Americano, 61 - Alto da Lapa
05083-130 - São Paulo - SP - Telefones: (11) 3645-0409/(11) 3645-0410
Fax: (11) 3832-0335 - e-mail: vendas@mbooks.com.br
www.mbooks.com.br

2011

© 2007 Amber Books Ltd.
© 2011 M.Books do Brasil Editora Ltda. Todos os direitos reservados. Proibida a reprodução total ou parcial. Os infratores serão punidos na forma da lei.

Do original: A Chronology of World War II – the ultimate guide to biggest conflict of the 20th century
ISBN original: 978-1-84013-957-0
Projeto Editorial: Sarah Uttridge
Pesquisa de imagens: Terry Forshaw
Design: Zoë Mellors

Dados de Catalogação na Publicação

JORDAN, David
História da 2ª Guerra Mundial – A maior e mais importante guerras de todos os tempos
2011 – São Paulo – M.Books do Brasil Editora Ltda.
1. História   2. Guerras e Batalhas

ISBN: 978-85-7680-107-8

EDITOR: MILTON MIRA DE ASSUMPÇÃO FILHO

Tradução: Ricardo Souza
Produção Editorial: Beatriz Simões Araújo
Coordenação Gráfica: Silas Camargo
Editoração e Capa: Crontec

Créditos Fotográficos:
Art-Tech/Aerospace: 5, 7-9, 11, 12, 16, 18-21, 24, 26, 27, 33-35, 37, 39, 55-57, 60, 64, 70, 72, 74, 77, 78, 90, 92, 97, 108-110, 115, 117, 120(d), 122, 130, 136, 139, 143, 144, 145(d), 158, 160, 162, 163(2), 165, 167, 171, 172(e), 175, 182, 183, 185, 189, 192, 209, 211, 213, 223, 225, 236, 252, 253, 255, 257, 259, 261, 267-268, 270, 272, 275, 277, 279, 287; Art-Tech/MARS: 13, 48, 50, 53, 58, 61(d), 75, 91, 93, 98-100, 102, 105-107, 112, 118, 120(1), 121, 123, 125-129, 133, 152-155, 163(1), 164, 166, 168, 177, 179, 184, 188, 191, 194, 195, 197, 198, 205-208, 215-222, 224, 225, 227-234, 237, 238, 240, 242-244, 246, 248-251, 254, 262, 263, 281, 282, 284; Corbis: 17, 25, 32, 79, 82, 184, 200(1); Defense Visual Information Center: 6, 29, 31, 61(1), 62, 63, 67, 68, 114, 119, 169, 170, 172(d), 173, 174, 180, 181, 190, 200(2), 201, 203, 204, 241, 246, 266, 273, 283, 287; Getty Imagens: 23, 28, 40, 51, 69, 81, 135, 151, 156, 161, 196, 240; Private Collection: 103; TopFoto: 15; TRH Pictures: 30, 54, 65, 157; Ukrainian State: 83-85, 87, 89, 94, 134, 138, 139, 140, 142, 145(e), 146, 148-150, 158, 186, 187, 203, 204.

Sumário

Introdução 6

PARTE I: O TEATRO EUROPEU 1939 - 1945

O Crescendo da Guerra 20

O Papel da Itália 23
A Guerra Civil na Espanha 27
A Tchecoslováquia e os Sudetos 29
De Olho na Polônia 31
A Blitzkrieg na Polônia 35
A Guerra Se Espalha 38
Os Poloneses Recuam, os Franceses Avançam 40
O Último Rolar dos Dados 44
O Ataque Final a Varsóvia 45
Chegam os Soviéticos 46
O Ataque Final 47
O Balanço da Campanha 49
A Guerra de Inverno 49
Nova Ofensiva 51

O Fim da Guerra de Mentira 54

Chega a Tempestade 56
Noruega 57
A França e os Países Baixos 60
Operação Dynamo 62
O Avanço para o Sul 63
A Batalha da Grã-Bretanha 64
A Terceira Fase 67
A Frustração de Mussolini 68
A Campanha Grega 71
Os Bálcãs e as Ambições de Hitler 71

Invasão e Colapso   73
Os *Partisans* Iugoslavos   76
Ofensivas Alemãs   78
A Liberação dos Bálcãs   79
Reviravoltas na Bulgária   80
Cai a Hungria   80
O Último Ato   82
Operação Barbarossa   83
Operação Taifun   86
O Cerco a Leningrado   87
A Batalha de Moscou   88
O Cáucaso   88
Stalingrado e Kharkov   91
Operação Wintergewitter   94
Operação Kol'tso   94
O Fim em Stalingrado   95
O Papel da Indústria   96

A Guerra do Atlântico   98

O Rio da Prata   101
Chegam os *U-boote*   102
O Fim dos "Tempos Felizes"   104
Afundem o Bismarck!   105
Os Estados Unidos Entram na Briga   106
Outros "Tempos Felizes"   108
A Crise Final   109
A Vitória Final   111

A Guerra do Deserto   114

O Primeiro Ataque   116
Wavell Contra-Ataca   116
Chega o *Afrika Korps*   117
Uma Nova Ofensiva   119
A Ameaça a Malta   121
A Terceira Ofensiva   123
El Alamein   124
Operação Torch   125
A Última Rodada   126

Tunísia   128
O Passo de Kasserine   129
A Batalha de Medenine   130
A Linha Mareth   130
Fazendo o Inimigo Saltar   131
O Avanço Britânico   132

Derrota no Leste e na Itália   134

A Quarta Batalha de Kharkov   135
Operação Zitadelle   136
O Choque do Combate   138
Ucrânia e Crimeia   140
A Libertação de Leningrado   141
Operação Bagration   143
Avanço Inexorável   145
Cracóvia e Silésia   147
Às Margens do Oder   147
O Báltico   148
A Prússia Ocidental   149
A Guerra na Itália   150
Operação Husky   152
O Avanço para Palermo   155
O Fim de Mussolini   157
A Campanha Italiana   158
Anzio e Cassino   160
A Cabeça de Praia em Anzio   162
Para a Linha Gótica   164

Do Dia D ao Dia VE   168

O Dia D   170
O Avanço   171
Uma Segunda Tentativa   173
O Fim na Normandia   174
Operação Dragoon   176
Operação Market-Garden   176
De Volta ao Atrito   177
A Batalha do Bolsão   178

Alemanha Vencida   178
A Guerra no Oeste   179
Veritable e Grenade   181
Os Britânicos Cruzam o Reno   182
Mudança de Planos   183
O Avanço Russo em Berlim   184

PARTE II: O TEATRO DO PACÍFICO 1939 - 1945

A Expansão Japonesa   190

Crise na Manchúria   193
Os Ventos da Guerra   197
A Esfera de Coprosperidade   199
O Ataque aos Estados Unidos   202
As Consequências   203
Crise no Pacífico   204
Malásia e Cingapura   206
A Queda da Birmânia   210
A Queda de Rangum   212
As Índias Orientais Holandesas   213
A Invasão das Filipinas   214
O Ataque de Doolittle e o Mar de Coral   219

O Japão é Desafiado   222

Guadalcanal   229
As Fases Finais   233
Nova Guiné   236
O Japão na Defensiva   241
Birmânia – A Primeira Campanha de Arakan e os
Chindits   246
A Segunda Campanha de Arakan   251
Os Japoneses Invadem a Índia   256
Operações no Pacífico Central   258
Operação Galvanic   260
A Batalha do Mar das Filipinas   264

O Fim no Extremo Oriente   266

A Retomada da Birmânia   269
O Golfo de Leyte e as Filipinas   270
Leyte   273
Iwo Jima e Okinawa   276
"A Ruína que Vem do Ar"   278
Hiroshima, Nagasaki e a Rendição   281

Índice   288

Introdução

Às 11h, de 11 de novembro de 1918, os canhões silenciam ao longo da Frente Ocidental, encerrando mais de quatro anos de um embate cruel. Ainda assim, apesar da esperança das potências vitoriosas, os tratados de paz trazem apenas uma calma temporária para a Europa.

Em um contexto de colapso econômico, as duas décadas seguintes trouxeram caos, desespero, ressentimento e crescente insatisfação com o legado da guerra, lançando as fundações do despotismo. Menos de 25 anos depois daquela que seria "a guerra para dar um fim a todas as guerras", o mundo se viu enredado em outro conflito.

As sementes da Segunda Guerra Mundial foram semeadas nos seis meses subsequentes ao término da Primeira Guerra Mundial. As conferências de paz de Paris foram severas com a Alemanha, com a infame cláusula de "culpa pela guerra" do Tratado de Versalhes responsabilizando aquele país pelo conflito. Isso não era tudo. A França já sofrera duas invasões provenientes do território alemão em menos de um século e pretendia garantir que a Alemanha jamais fosse uma ameaça novamente.

É preciso dizer, ainda, que a França e, em menor medida, a Grã-Bretanha consideravam o tratado de paz uma maneira eficaz de punir a Alemanha. Além de privar a Alemanha de suas colônias e recuar as fronteiras do país para ceder um

À esquerda: Delegados se reúnem na Sala dos Espelhos do Palácio de Versalhes em 1919 para testemunhar a assinatura do tratado de paz que deu fim à Primeira Guerra Mundial.
Acima: Hitler inspeciona seus partidários em Berlim, 1932.

terço de seu território original a outras nações, os tratados de paz também impingiram à Alemanha o pagamento de indenizações debilitantes.

O ressentimento alemão era considerável, sem mencionar que muitos alemães não achavam que tivessem realmente perdido a guerra. Seu exército não fora cabalmente derrotado em campo e nenhum soldado aliado entrara em território alemão. Diante disso, a população da Alemanha se perguntava que derrota tão total foi essa a ponto de os Aliados ditarem termos de paz? Na verdade, essa pergunta não considerava as realidades militares de novembro de 1918, mas fatos não contavam, o que contava era a percepção.

A nova república parecia fraca e uma substituta pobre para o *Kaiser*, que abdicara do poder e vivia nos Países Baixos. Tentativas de levantes comunistas, notadamente em Berlim, levaram a república a iniciar sua existência na pequena cidade de Weimar, onde o parlamento preferiu se reunir até que Berlim fosse novamente

Os "Camisas Pretas" de Mussolini guardam a Sede dos Correios em Milão, na preparação para a "Marcha Sobre Roma" fascista.

1919
JUNHO

Junho - Tratado de Versalhes. A Alemanha reconhece ter sido a agressora que causou a guerra e é forçada a pagar indenizações. É fundada a Liga das Nações.

1920
MARÇO

Março - A Polônia conclui com sucesso uma campanha para manter sua independência da União Soviética com a assinatura do Tratado de Riga.

1921
MAIO

Maio - Na Itália, o Partido Fascista de Benito Mussolini elege 35 representantes nas eleições nacionais.

segura. O nascimento caótico da República de Weimar, como ficou conhecida, não foi um bom presságio para a Alemanha. Além disso, o impacto dos tratados de paz impostos a um governo recente e inseguro simplesmente aumentou as angústias daquela nação.

Para os alemães, não era consolo saber que outros sofreram depredações semelhantes no pós-guerra. O Império Austro-Húngaro desabou e o recuo de suas fronteiras fez nascer Tchecoslováquia, Polônia e Iugoslávia, sendo que os flancos do outrora grande império foram divididos em duas nações distintas, Áustria e Hungria. A Áustria era um problema para os negociadores da paz, já que o princípio de autodeterminação do presidente Wilson implicava a possibilidade da população germânica exigir unificação com a Alemanha. Consequentemente, os tratados de paz interditavam especificamente a unificação da Áustria e da Alemanha, o que, para muitos alemães, era uma evidente hipocrisia.

Outro golpe no orgulho nacional foi desferido pela imposição de condições restritivas às forças armadas alemãs. O acordo de Versalhes limitava o tamanho do exército alemão a 100.000 homens, proibia a existência de uma força aérea e impedia a marinha alemã de ter submarinos. Para um país outrora orgulhoso de seu poderio militar, eram medidas amargas.

A Crise Alemã

Não foi surpresa, então, que uma Alemanha ressentida logo emergisse

Mussolini em uma carruagem com o Rei Vítor Emanuel. O rei e o ditador mal se toleravam.

1921

SETEMBRO

Setembro - Os fascistas de Mussolini tomam o controle dos serviços públicos de Ravena, efetivamente controlando a cidade.

1922

JANEIRO

Janeiro - França e Bélgica ocupam a região alemã do Ruhr para obter diretamente da indústria as indenizações que o país não podia pagar.

FEVEREIRO

Fevereiro - É assinado o Tratado Naval de Londres. EUA e Reino Unido concordam em limitar suas frotas, com Japão, França e Itália concordando com frotas menores.

10   INTRODUÇÃO

e se tornasse o maior problema da Europa. Em 1922, o governo alemão já não podia arcar com as indenizações, pelo que França e Bélgica ocuparam o Ruhr para obtê-las diretamente da indústria alemã. A fúria que se seguiu foi considerável e uma greve geral foi convocada em todo o país, obrigando as forças ocupantes a trazerem sua própria mão de obra para pôr minas e fábricas em funcionamento.

O efeito foi desastroso para a economia da Alemanha, que já operava com grande esforço e agora entrava em colapso, levando o país à hiperinflação. Pesquisas históricas recentes sugerem que o efeito da hiperinflação foi tratado de maneira muito simplista até pouco tempo, mas é fato que tenha contribuído para o ressentimento alemão, encorajando o extremismo político em um momento em que a população buscava soluções em grupos fora dos partidos políticos tradicionais. De fato, um dos resultados da crise foi uma tentativa malograda de golpe, em Munique, pelo Partido Nacional-Socialista dos Trabalhadores da Alemanha, mais conhecido como Partido Nazista. Seu líder, um agitador pouco conhecido de nome Adolf Hitler, foi condenado à prisão pela participação no *putsch*. Sua sentença

foi branda e, em vista do acontecido, jurou que usaria dos meios legais para chegar ao poder no país.

As potências aliadas não aceitavam o fato da Alemanha simplesmente não poder pagar as indenizações exigidas pelo Tratado de Versalhes e foram feitas tentativas de modificar os termos do tratado. O Plano Dawes, resultante dessas tentativas, dispunha sobre pagamentos mais razoáveis, além de encorajar investimentos em massa dos Estados Unidos na Alemanha. Os partidos políticos extremistas na Alemanha sofreram um revés e o país entrou em um período de estabilidade e prosperidade. Mas seria por pouco tempo.

Itália
Apesar de ser uma das potências vitoriosas no conflito, a Itália vinha sofrendo de instabilidade política no pós-guerra, o que encorajou o pensamento político extremista, notadamente do Partido Fascista. O partido era liderado por um outrora líder socialista, Benito Mussolini, que tinha planos ambiciosos de transformar a Itália em uma grande potência.

Nas eleições nacionais de maio de 1921, o partido elegeu 35 representantes, um sucesso que o encorajou a buscar o controle de toda

1922		1923
MAIO	OUTUBRO	NOVEMBRO
Maio - Fascistas italianos tomam o controle em Bolonha e Ferrara.	**Outubro** - O Rei Vítor Emanuel da Itália oferece a Mussolini a posição de premiê do país.	**Novembro** - A hiperinflação na Alemanha atinge seu máximo, com uma taxa de câmbio de 130 bilhões de marcos por dólar.

a nação. Em setembro, um grupo de partidários do fascismo entrou em Ravena e tomou o controle de todos os serviços públicos, efetivamente controlando a cidade. Como a tática foi bem-sucedida, os fascistas a repetiriam em maio de 1922, tomando Ferrara e Bolonha. Quando os socialistas declaram greve geral em setembro, os fascistas aproveitaram e controlaram a rede de trens e bondes.

O impulso que ganhou o partido deixou Mussolini em posição de buscar o poder. Fascistas ocuparam edifícios públicos em todo o norte e sul da Itália e grupos de partidários do fascismo começaram a convergir para Roma. O governo tentou impor um estado de emergência para lidar com a tentativa de golpe, porém o Rei Vítor Emanuel recusou-se a assinar a proclamação. Mussolini chegou triunfante em 30 de outubro de 1922 e o rei, então, ofereceu-lhe o cargo de premiê. Mussolini aceitou e a Itália passou a ser controlada pelos fascistas.

Partidos de oposição foram permitidos, mas os fascistas não pensavam duas vezes antes de usar de violência para dispersar reuniões políticas e fraudar eleições, geralmente se comportando de maneira antidemocrática. As ambições de Mussolini para a Itália eram grandiosas e incluíam a aquisição de colônias. Contudo, nos primeiros anos do regime, sua atenção estava voltada predominantemente para questões domésticas e para o estabelecimento de uma base de poder. Uma mudança nesse enfoque, em meados dos anos de 1930, traria sérios problemas para toda a Europa.

Adolf Hitler deixa a prisão de Landsberg ao final de sua sentença por ter organizado o malogrado Putsch de Munique.

1924

NOVEMBRO

AGOSTO

Agosto - Após a Alemanha ter se mostrado incapaz de pagar as altas indenizações exigidas pelo Tratado de Versalhes, é feita uma revisão do acordo, que resulta no Plano Dawes.

Novembro - *Putsch* de Munique - Adolf Hitler, líder do Partido Nacional-Socialista dos Trabalhadores da Alemanha, falha em sua tentativa de golpe.

União Soviética, Japão e Outros Problemas

Nesse meio tempo, o caos grassava na Rússia desde a Revolução Bolchevique, mergulhando o país em um estado de guerra civil. Os aliados ocidentais interviram, tentando derrubar o novo governo comunista, algo que só fez assegurar que as lideranças soviéticas tendessem a desconfiar do ocidente por muitos anos, muito além do segundo conflito global. A guerra civil também alijou a recém-criada União Soviética (URSS) de qualquer participação nas negociações de paz. Então, em 1920, para piorar ainda mais a situação, a recém-formada Polônia tenta ganhar um território que, nos termos do tratado de paz, acreditava ser devido a ela.

A redistribuição territorial após a guerra satisfez a poucos, tendo sido questionada não somente por poloneses e alemães, que se acreditavam cidadãos dos novos países criados, mas também por Itália e Japão. Durante a guerra, o governo italiano ponderou cuidadosamente sobre os possíveis benefícios de se unir aos Aliados ou às Potências Centrais antes de decidir pelos Aliados e, sendo assim, enfureceu-se quando o litoral da Dalmácia foi entregue ao controle da Iugoslávia e não da Itália, como

Adeptos do Partido Nazista lotam a carroceria de um caminhão durante o malogrado "Putsch da Cervejaria" em 1923.

1925

DEZEMBRO

Dezembro - A Alemanha reconhece suas fronteiras ocidentais e renuncia à guerra como instrumento político no Tratado de Locarno.

1926

SETEMBRO

Setembro - A Alemanha ingressa na Liga das Nações.

queriam os Nacionalistas. Da mesma forma, o Japão não se sentia tratado como igual pelos aliados ocidentais, já que suas ambições territoriais no Extremo Oriente foram amplamente ignoradas. Considerando-se que apenas dois cidadãos japoneses tenham morrido na Frente Ocidental durante todo o conflito, não surpreende que a contribuição do Japão para a guerra não tenha sido reconhecida pela Europa. Tóquio, todavia, se sentia merecedora de um acordo de paz que trouxesse maiores recompensas. O Japão fora um forte aliado da Grã-Bretanha desde o tratado naval de 1902, cujos termos foram ampliados para incluir o fornecimento de navios de escolta para comboios

Unidades blindadas polonesas equipadas com tanques leves FT-17 franceses durante a Guerra Russo-Polonesa pela disputa de territórios na Ucrânia.

Voluntários desfilam em Varsóvia durante o verão de 1920, no auge da Guerra Russo-Polonesa.

1929	1930	1931
OUTUBRO	ABRIL	SETEMBRO

Outubro - Queda de Wall Street - Os preços na Bolsa de Valores de Nova York desabam, levando o mundo a uma depressão econômica.

Abril - O 2º Tratado Naval de Londres continua a banir novas belonaves até 1937 e estabelece novos limites para belonaves menores.

Setembro - O Japão toma o território chinês da Manchúria.

14   INTRODUÇÃO

em 1917, tendo o país declarado guerra prontamente à Alemanha em 1914 (muito embora visando tomar as possessões alemãs no Extremo Oriente).

Proteção Coletiva – A Falha de um Ideal

Como consequência da guerra, Estados Unidos, Grã-Bretanha e França se dedicaram à ideia de criar uma organização de proteção coletiva que garantisse que o mundo não mergulharia em novo conflito. Isso culminaria com a formação da Liga das Nações. A estimada criação do presidente Wilson deveria ser um foro para promoção da harmonia internacional. Infelizmente, o presidente dos EUA não foi capaz de obter apoio do congresso dos Estados Unidos, que se recusou a ratificar o envolvimento do país na Liga. Uma vez que a Liga fora concebida para ser uma "polícia mundial", a tarefa de manter a paz internacional ficou a cargo de Grã-Bretanha e França, países que estavam desgastados pela guerra, no limite de sua capacidade financeira e, de maneira geral, sem desejo de assumir o manto de líderes da comunidade internacional. Sem os Estados Unidos, a Liga ficou enfraquecida e, com o passar do tempo, ficou claro que era vista pelas nações como pouco mais que uma inconveniência, faltando-lhe determinação para impor uma proteção coletiva ao mundo.

A Ascensão do Despotismo: Hitler

Os anos após a implementação do Plano Dawes foram bons para a Alemanha. A economia melhorou e, conforme o Tratado de Locarno de 1925, o país reconheceu suas fronteiras ocidentais e renunciou à guerra como instrumento político. Suas relações internacionais se aprimoraram, de maneira geral, particularmente por reduzir as preocupações da França com o militarismo da Alemanha, que mantinha um Estado-Maior e treinava reservistas suficientes para que o tamanho do exército não excedesse o efetivo de 100.000 homens permitido pelo Tratado de Versalhes.

Contudo, em quatro anos a Alemanha seria novamente lançada no caos. Outra tentativa de aliviar o pagamento de indenizações, o Plano Young, foi minada pela Quebra de Wall Street em outubro de 1929. O *crash* levou a um colapso ainda maior da economia, dessa vez sem nenhum alívio. Novamente, o eleitorado alemão se voltou para os partidos extremistas,

1932

JUNHO

1933

JANEIRO

Junho - As eleições alemãs fazem do Partido Nazista o maior partido do parlamento alemão, o *Reichstag*.

Janeiro - Hitler torna-se chanceler da Alemanha.

o que beneficiou especialmente os nazistas. A votação nos nazistas diminuiu nas eleições de novembro de 1932, mas a situação política era tal que Hitler estava em posição de exigir o cargo de chanceler como parte de uma coalizão entre o Partido Nazista e o Partido Nacionalista. Os nacionalistas acreditavam ingenuamente que poderiam controlar Hitler, o que se mostrou um grave erro de julgamento.

Em 30 de janeiro de 1933, Hindenburg, presidente alemão, nomeou Hitler chanceler. Hitler agora controlava o aparelhamento do estado e, ao promover um expurgo na polícia e substituir administradores graduados por partidários nazistas, conseguiu sabotar os partidos de oposição que concorreriam nas eleições programadas para março daquele ano. Em 27 de fevereiro, o *Reichstag* queimou até as fundações, alegadamente por causa do ataque incendiário de um comunista holandês. Hitler usou o ataque para conclamar o suporte da classe média, convencendo Hindenburg a conceder a ele, Hitler, poderes extraordinários, inclusive de suspender liberdades políticas e civis. Quando os votos das eleições de 6 de março foram contados, os nazistas obtiveram 43,9% dos votos e 288 assentos no parlamento. Com apoio dos nacionalistas, que então já entendiam que sua noção de "controlar" Hitler fora um equívoco,

Diplomatas se reúnem para uma fotografia antes de uma reunião da Liga das Nações.

1933

FEVEREIRO

OUTUBRO

Fevereiro - Incêndio do *Reichstag* em Berlim. Alegadamente obra de um incendiário, Hitler usa o ataque para suspender liberdades políticas e civis.

Outubro - Hitler retira a Alemanha da Liga das Nações, alegando que outras nações não se desarmaram tanto quanto a Alemanha.

Membros do Partido Nazista celebram do lado de fora da sede do partido a nomeação de Hitler como chanceler.

o líder nazista passou a contar com franca maioria no *Reichstag*.

Hitler consolidou sua posição em 23 de março de 1933 com a aprovação

1934

JUNHO

Junho - Diversos inimigos potenciais de Hitler são assassinados no episódio conhecido como "Noite das Facas Longas".

AGOSTO

Agosto - Após a morte do presidente Hindenburg, Hitler torna-se o único governante da Alemanha.

DEZEMBRO

Dezembro - O Japão renuncia ao Tratado Naval de Londres de 1930.

da Lei do Credenciamento, que dava a Hitler poderes para tomar qualquer medida que considerasse necessária para efetivamente governar a Alemanha pelos quatro anos seguintes. Os deputados do *Reichstag* não pareciam interessados em ponderar o fato que esses poderes possibilitavam uma prorrogação da Lei do Credenciamento. A tomada do poder pelos nazistas estava quase completa e, quando Hindenburg morreu em 2 de agosto de 1934, Hitler assumiu o controle total.

Agora, além de Itália e União Soviética, uma terceira ditadura poderosa se somava às lideranças dos estados europeus. Para agravar ainda mais a situação da Europa, Hitler estava determinado a derrubar o Tratado de Versalhes e restaurar a eminência alemã, usando inclusive a força necessária. Foi assim que, tão logo os nazistas assumiram o poder, a Alemanha embarcou em um programa secreto de rearmamento que contrariava o acordo de paz. As consequências disso foram profundas, terminando por mergulhar o mundo em outro conflito ainda mais sangrento e que daria outro formato, novamente, ao mapa do mundo.

O Reichstag *queima fora de controle em 1938. O incêndio teria sido provocado por um simpatizante comunista.*

1935

MARÇO

Março - A Alemanha estabelece o serviço militar obrigatório e anuncia a existência de uma força aérea alemã, contrariando, com ambas as medidas, o Tratado de Versalhes.

ABRIL

Abril - A Lei de Neutralidade dos EUA impede que o governo ofereça ajuda financeira a qualquer país envolvido em guerra.

OUTUBRO

Outubro - A Itália invade a Abissínia.

PARTE 1:

O Teatro Europeu 1939 – 1945

À esquerda: Hitler ladeado por seus asseclas Himmler, Hess e Heydrich em uma reunião do partido em Nuremberg.
Abaixo: Hitler é aclamado por uma multidão em Berlim em 1 de maio de 1934.

O Crescendo da Guerra

Agora com poder total, Hitler se dedica à meta de incluir seu país novamente entre as maiores potências mundiais. A criação de "Lebensraum" ("espaço para viver") na Europa central e do norte seria o primeiro passo para a construção de um novo Reich de mil anos.

Hitler buscava, agora, renegociar os termos dos acordos de paz. Sua primeira tentativa foi pleitear um aumento no tamanho das forças armadas do país, para deixá-las equivalentes às de seus vizinhos. O pleito foi rejeitado pela Liga das Nações e a Alemanha retirou-se da organização. A menos que os dois principais países-membros da Liga, Grã-Bretanha e França, estivessem preparados para agir, havia pouco a ser feito para evitar que a Alemanha rompesse com seus compromissos.

Em 26 de janeiro de 1934, Hitler assina um tratado de não-agressão por 10 anos com a Polônia. Tratava-se de um artifício diplomático para disfarçar suas reais intenções e afastar aquele país de

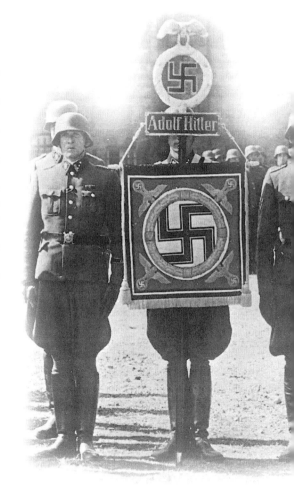

À esquerda: Aeronave da Luftwaffe sobrevoa uma reunião em Nuremberg. Hitler organiza uma grande força aérea às escondidas.
Acima: Membros da SS-Leibstandarte Adolf Hitler desfilam com o estandarte da unidade.

uma aliança com a França. Menos de um mês depois, Hitler ordenaria que o exército alemão fosse aumentado para 300.000 homens, contrariando os acordos de Versalhes, e que estivesse pronto para uma ofensiva até 1942.

A abordagem agressiva da política externa de Hitler foi revelada quando nazistas austríacos assassinaram o chanceler Engelbert Dollfuss. O chanceler vinha governando sem consultar o parlamento desde 1932, em resposta à ameaça do extremismo político tanto de esquerda quanto de direita. Os nazistas austríacos não escondiam seu desejo de que o país se unificasse com a Alemanha, tendo sido o assassinato parte de um golpe secretamente apoiado por Hitler. Contudo, o golpe falhou e o governo manteve o controle, liderado por Kurt von Schuschnigg. O novo chanceler se sentiu encorajado pelo fato de Mussolini ter enviado tropas para o passo de Brenner, demonstrando oposição ao golpe nazista. Naquele momento, Hitler não contava com poderio militar suficiente para ignorar a Itália e foi forçado a recuar. Embora o apoio de Hitler ao golpe fosse amplamente reconhecido em toda a Europa, as consequências para ele foram limitadas.

A sorte continuava a favor de Hitler. Em janeiro de 1935, o plebiscito programado na região do Sarre votou esmagadoramente a favor de um retorno ao controle alemão (a região era controlada pelos franceses desde 1920). Agora, Hitler podia explorar o fato de os alemães étnicos desejarem a reunificação com sua pátria "verdadeira" e, em 1 de março, enviou membros de sua guarda pessoal, a *SS-Leibstandarte Adolf Hitler*, para o Sarre. Apenas oito dias depois, em 9 de março, Hitler revelou ter criado uma força aérea, a *Luftwaffe*, e em seguida, em 16 de março, anunciou que a Alemanha aumentaria o tamanho de seu exército para 36 divisões. Tanto a Grã-Bretanha quanto a França protestaram, embora o protesto fosse em vão.

O governo britânico estava particularmente preocupado com a criação da *Luftwaffe* e empenhou-se na modernização de sua força aérea, a RAF (*Royal Air Force*). Temia também a possibilidade de uma corrida bélica naval entre Grã-Bretanha e Alemanha, e, assim, reagiu rapidamente. Em 18 de junho de 1935, assinou um tratado naval cujos termos restringiam a frota de superfície alemã a 35% do tamanho da marinha britânica, a *Royal*

1936

MARÇO

7 de março - Hitler reocupa a Renânia, contrariando o Tratado de Versalhes.

NOVEMBRO

1 de novembro - Mussolini e Hitler estabelecem o Eixo Berlim-Roma.

1937

JANEIRO

2 de janeiro - Grã-Bretanha e Itália estabelecem um acordo informal para manter a situação no Mediterrâneo.

Navy, e estabeleciam uma paridade com sua frota de submarinos.

Os franceses estavam compreensivelmente ultrajados com a ação de Hitler, que não somente ignorava a condição do Tratado de Versalhes, que proibia a Alemanha de ter submarinos, como também legitimava a noção de que os termos dos acordos estabelecidos no pós-guerra poderiam ser alterados. O ponto de vista britânico era que esses termos já haviam sido alterados pelos planos Dawes e Young, sendo muito melhor chegar a um entendimento com Hitler, e assim obrigá-lo a algumas condições, do que simplesmente sentar e assisti-lo violar os termos de Versalhes de qualquer jeito. A possibilidade de franceses e britânicos recorrerem a ações militares para garantir que Hitler não se desviasse dos termos dos acordos de paz não foi considerada seriamente, nem por Londres, nem por Paris.

O Papel da Itália

Os governos de Grã-Bretanha e França decidem estabelecer alguma forma de acordo com Mussolini. Isso, em parte, porque reconheciam que o ditador italiano evitara que o golpe nazista na Áustria tivesse chance de sucesso. Todavia, sua principal preocupação talvez fosse uma aliança entre as duas ditaduras de direita, o que, obviamente, seria um desastre para a diplomacia daqueles países.

Estabelecer um acordo, contudo, não seria fácil. Mussolini estava determinado a aumentar o prestígio internacional da Itália e a aquisição de colônias era um meio para esse fim. Sua atenção se voltava para a África, onde havia uma candidata clara ao julgo colonial italiano. A Itália já tentara tomar a Abissínia em 1896, mas suas forças sofreram derrota humilhante em Adowa, uma afronta ainda sentida. Inicialmente, Mussolini contentou-se

O chanceler Engelbert Dollfuss da Áustria jaz após ser assassinado por simpatizantes nazistas em 1934.

1938

MARÇO

13 de março - É anunciada a *Anschluss* ("união") entre Áustria e Alemanha.

MAIO

20 de maio - A Tchecoslováquia mobiliza seu exército após ameaças alemãs nos Sudetos.

SETEMBRO

12 de setembro - O primeiro-ministro britânico Neville Chamberlain voa para a Alemanha para negociar a crise dos Sudetos com Hitler.

29 de setembro - É assinado o Pacto de Munique. Os tchecos são forçados a ceder os Sudetos para a Alemanha.

em tentar influenciar a Abissínia e apoiou a solicitação daquele país para se unir à Liga das Nações, em 1923. Também assinou um tratado de amizade com o imperador daquele país, Haile Selassie, em 1928. Selassie, entretanto, estava determinado a evitar que a Abissínia fosse dominada pelos italianos e buscou relações com outros países. A reação de Mussolini foi concluir que a influência italiana somente poderia ser exercida pela força.

O primeiro embate entre tropas italianas e abissínias aconteceu no oásis de Wal Wal em 5 de dezembro de 1934. Mussolini agora determinava a guerra. Em 30 de dezembro, deu instruções para uma invasão que ocorreria em 1935, após o fim da estação das chuvas. Os abissínios, abalados pelos acontecimentos em Wal Wal, tentaram resolver a questão com os italianos por arbitragem e, quando o recurso falhou, apelaram para a Liga das Nações. Mussolini concordou com a arbitragem, mas aumentou o número de tropas na Eritreia. Outros confrontos armados levaram a um segundo apelo da Abissínia à Liga em 17 de março. Contudo, isso ocorreu apenas um dia após Hitler ter anunciado o aumento do exército alemão, o que pôs as preocupações dos abissínios em segundo plano.

Em 11 e 14 de abril de 1935, foi realizada uma conferência em Stresa para discutir o problema do rearmamento. Grã-Bretanha, França e Itália apresentaram uma frente unida, à custa da Abissínia. Secretamente, a França deu a conhecer que não faria nada para impedir as aspirações italianas, enquanto a Grã-Bretanha evitava cuidadosamente qualquer

O imperador Haile Selassie da Abissínia em um quartel-general de campo durante a Batalha do Lago Ashang em abril de 1936.

1938

OUTUBRO

28 de outubro - Hitler insiste que os poloneses devolvam Danzig à Alemanha.

1939

MARÇO

15 de março - A Tchecoslováquia é dividida pelos alemães: Boêmia e Moravia são anexadas pela Alemanha, a Eslováquia é transformada em um protetorado e a Rutênia é entregue à Hungria.

21 de março - Hitler repete suas exigências para que a Polônia devolva Danzig ao controle alemão.

O CRESCENDO DA GUERRA

Da esquerda para a direita: o ministro das Relações Exteriores francês, Pierre Laval; o primeiro-ministro italiano, Benito Mussolini; e o primeiro-ministro britânico, Ramsay MacDonald, na conferência de Stresa, em 1935.

menção à Abissínia. Em junho, todavia, os britânicos começaram a questionar a sensatez dessa abordagem. Se a Itália embarcasse em uma guerra de agressão, o que ameaçaria a autodeterminação dos abissínios, o compromisso da Liga das Nações seria quebrado. O ministro das Relações Exteriores, Anthony Eden, tentou dissuadir Mussolini de agir, mas seus esforços foram em vão. Em 11 de setembro, o ministro de Relações Exteriores britânico, *Sir* Samuel Hoare, declarou que a Grã-Bretanha defenderia o princípio da ação coletiva contra uma agressão, mas foi um discurso apenas para preservar as aparências. Os italianos invadem a Abissínia em 3 de outubro e a Liga se faz notar apenas por sua hesitação. Grã-Bretanha e França impuseram sanções, mas estas foram de abrangência limitada e não se aplicavam ao carvão ou ao petróleo, e os países que não eram membros da Liga não estavam obrigados a respeitar as sanções. Seu único resultado prático

---

MARÇO

23 de março - Tropas da Alemanha ocupam o Memel na fronteira entre a Prússia Oriental e a Lituânia. A Polônia avisa a Alemanha que uma tentativa similar de tomar Danzig levará à guerra.

31 de março - França e Grã-Bretanha garantem que apoiarão a Polônia.

ABRIL

7 de abril - Mussolini invade a Albânia.

Soldados italianos desfilam em Mogadíscio, na Somalilândia italiana, antes do início das operações contra a Abissínia no final de 1935. Em sete meses, a área seria anexada pelas forças de Mussolini.

foi afastar Mussolini de franceses e britânicos. Em 9 de maio de 1936, Mussolini anunciou que a Abissínia havia sido anexada à Itália. A Liga falhara novamente, a segunda vez em apenas três meses.

Isso incentivou Hitler a dar mais um passo adiante, mais ousado que qualquer outro dado anteriormente. Em 7 de março de 1936, tropas alemãs foram enviadas para a Renânia, e foram recepcionadas com aclamação pela população local. Mais uma vez, França e Grã-Bretanha deixaram de agir. O que tornou esse evento particularmente infeliz foi Hitler ter reconhecido, confidencialmente, que uma reação o teria forçado a recuar. Como não aconteceu, considerou que França e Grã-Bretanha fariam muito

1939

ABRIL

15 de abril - O presidente Roosevelt pede garantias à Alemanha e Itália de que não atacarão nenhuma nação europeia.

18 de abril - Stalin propõe uma aliança de 10 anos com França e Grã-Bretanha.

28 de abril - Hitler repudia o pacto de não-agressão com a Polônia e reitera as demandas por Danzig.

pouco para evitar uma guerra, um fato que pretendia explorar ao máximo.

A Guerra Civil na Espanha

A guerra civil irrompeu na Espanha em 17 de julho de 1936, dando a Hitler e Mussolini a chance de agir contra o governo de inclinações esquerdistas de Madri. A força aérea alemã transportou as forças do

....

O Reichsmarshal Hermann Goering passa em revista tropas de voluntários alemães retornadas recentemente do combate na Espanha.

General Francisco Franco do Marrocos espanhol para o continente europeu em 28 de julho, com os italianos se juntando a elas dois dias depois. Tentativas de Grã-Bretanha e França para evitar a intervenção de potências estrangeiras fracassaram e, em outubro, estava claro que Alemanha e Itália apoiavam os Nacionalistas, os quais haviam nomeado Franco como chefe de estado no final de setembro. A União Soviética interviria para apoiar o governo Republicano

MAIO

AGOSTO

22 de maio - O Pacto de Aço – Itália e Alemanha declaram apoio mútuo em qualquer guerra futura.

23 de agosto - O pacto de não-agressão alemão-soviético é assinado.

25 de agosto - Grã-Bretanha e Polônia estabelecem aliança formal.

e assim, em novembro, Alemanha e Itália reconheceram o regime de Franco. Ambos os ditadores deixaram claro que não retirariam suas forças "voluntárias" até que a vitória fosse alcançada.

O compasso da guerra se acelerava, e, em 26 de abril de 1937, a cidade de Guernica foi bombardeada pelas aeronaves da Legião Condor alemã. O ataque matou aproximadamente 6.000 civis, demonstrando que uma guerra vindoura implicaria imensas baixas entre civis, causadas por bombardeios aéreos. Isso deu ímpeto aos esforços franco-britânicos de manter a paz, embora ambos os governos se vissem, então, acusados de buscar "paz a qualquer preço". O regime de Franco foi endossado pelos bispos da Espanha em 1 de julho, e, em 28 de agosto, o Vaticano reconheceu a legitimidade de Franco como chefe de estado. Franco formou seu primeiro ministério em 30 de janeiro de 1938, mas a guerra ainda perduraria por mais de um ano.

As atenções foram desviadas da Espanha quando, em 13 de março, a união entre a Áustria e a Alemanha foi proclamada. Em 1936, o chanceler Schuschnigg assegurara um acordo com Hitler de que a Alemanha não interferiria nos assuntos austríacos, porém outra conspiração nazista é descoberta em janeiro de 1938 e Schuschnigg tentou se reunir com Hitler para protestar. Ao invés disso, quando os dois se reúnem em 12 de fevereiro, o chanceler austríaco recebe um sermão sobre o tratamento dado

Um cão vagueia pelas ruínas da cidade de Guernica, bombardeada em abril de 1937.

1939

SETEMBRO

1 de setembro - Forças alemãs invadem a Polônia.

2 de setembro - Grã-Bretanha e França entregam um ultimato exigindo que a Alemanha se retire da Polônia em 12 horas.

3 de setembro - Grã-Bretanha e França declaram guerra à Alemanha. O navio de cruzeiro SS *Athenia* é posto a pique por um submarino alemão.

aos nazistas austríacos. A situação era tal que Schuschnigg foi obrigado a anunciar um plebiscito sobre a unificação com a Alemanha, que foi marcado para 13 de março de 1938. Um dia antes, porém, Hitler envia soldados para a fronteira. As tropas foram aclamadas pelos partidários da *Anschluss* (união) e Hitler declarou que isso tão-somente refletia a vontade do povo austríaco.

A Tchecoslováquia e os Sudetos

Hitler agora buscava unificar o território tchecoslovaco dos Sudetos à Alemanha. O território fora entregue à então recém-formada Tchecoslováquia pelo Tratado de Versalhes, uma vez que era a única maneira de assegurar que os tchecos teriam uma fronteira definida com a Alemanha. Contudo, o território era lar de uma minoria étnica alemã significativa e, sendo assim, a concessão parecia ferir o princípio da autodeterminação. Hitler, então, optou por explorar o suposto tratamento

desfavorável dispensado aos alemães dos Sudetos, exortando-os a protestar e garantindo a eles, confidencialmente, apoio militar. Hacha, o presidente tcheco, não se intimidou e mobilizou o exército. A medida funcionou para dissuadir Hitler, muito embora este considerasse improvável que França ou Grã-Bretanha viessem em socorro da Tchecoslováquia.

A consideração de Hitler estava correta. Alarmados com as possibilidades de uma guerra europeia pelos Sudetos naquele verão, ambos os países procuraram mediar os interesses checos e alemães. Em 12 de setembro de 1938, o primeiro-ministro britânico, Neville Chamberlain, voou para a Alemanha

Tropas alemãs marcham na Áustria após a decisão de Hitler de unificar o país com a Alemanha, em 1938.

SETEMBRO

4 de setembro - A RAF bombardeia embarcações no Ancoradouro de Schilling no Canal de Kiel, porém com perda de mais de 20% da força de ataque.

5 de setembro - Os Estados Unidos declaram sua neutralidade.

6 de setembro - A África do Sul declara guerra à Alemanha.

7 de setembro - Forças francesas entram no território alemão do Sarre.

30   O TEATRO EUROPEU

O primeiro-ministro Neville Chamberlain se dirige a uma multidão ansiosa antes de sua partida para o encontro em Munique, onde acreditava que poderia assegurar "paz para nossos tempos".

1939

SETEMBRO

9 de setembro - A 4ª Divisão *Panzer* chega às cercanias de Varsóvia. Os primeiros elementos da força expedicionária britânica, a BEF (*British Expeditionary Force*) cruzam o Canal da Mancha.

10 de setembro - O Canadá declara guerra à Alemanha.

12 de setembro - Grande embate entre forças alemãs e o exército polonês em Poznan.

14 de setembro - Forças alemãs entram em Gdynia.

para se reunir com Hitler e recebeu garantias de que os Sudetos seriam a última reivindicação territorial alemã. Chamberlain persuadiu os franceses de que apaziguar Hitler evitaria a guerra e estes, por sua vez, informaram os tchecos de que a França retiraria seu apoio se as áreas alemãs dos Sudetos não fossem entregues aos alemães. Em uma reunião de cúpula realizada em Munique, Hitler exigiu toda a região dos Sudetos. Grã-Bretanha e França concordaram. Em 29 de setembro de 1938, foi assinado um acordo formal sem que os tchecos fossem consultados. Chamberlain retornou a Londres, onde foi aclamado por entusiasmadas multidões convencidas de que a guerra fora evitada. Acenando com uma cópia do acordo, disse às multidões que o acordo significava "paz para nossos tempos", palavras das quais se arrependeria um ano mais tarde.

De Olho na Polônia

Tropas alemãs entram nos Sudetos em 1 de outubro. Logo depois, qualquer esperança de que os Sudetos fossem as últimas exigências territoriais de Hitler se evapora. Em 28 de outubro, ele exige que os poloneses devolvam Danzig à Alemanha e permitam a construção de ligações rodoviárias e ferroviárias com a Prússia Oriental através do Corredor Polonês. A Polônia recusa, mas com que fim?

Em 15 de março de 1939, os alemães desmembram a Tchecoslováquia em seus estados constituintes. A Eslováquia torna-se um protetorado alemão, a Rutênia é entregue à

Mulher chora enquanto tropas alemãs entram nos Sudetos.

SETEMBRO

15 de setembro - Tropas alemãs cercam Varsóvia e exigem sua rendição.

16 de setembro - Varsóvia é atacada pela artilharia e pela força aérea alemã.

17 de setembro - Tropas soviéticas entram na Polônia. Stalin decreta que a Polônia não mais existe como estado independente. O submarino U-29 afunda o porta-aviões britânico *HMS Courageous*.

Trabalhadores alemães conhecidos como a "Brigada das Pás".

Hungria, e a Boêmia e a Moravia são incorporadas à Alemanha. A atitude em relação à Alemanha, tanto por parte da Grã-Bretanha quanto da França, começa a mudar, especialmente entre os britânicos. Chamberlain é pressionado para declarar que a Grã-Bretanha apoiaria a Polônia contra a agressão alemã. Hitler reitera suas exigências aos poloneses que, em 21 de março, as rechaçam novamente. Dois dias depois, soldados alemães ocuparam a cidade de Memel na fronteira entre Prússia Oriental e Lituânia, levando à conclusão de que o exército alemão poderia fazer o mesmo em Danzig. A Polônia alerta que qualquer tentativa de tomar Danzig significaria guerra e, em 31 de março de 1939, Grã-Bretanha e França declaram que apoiariam os poloneses se isso acontecesse.

Em 15 de abril, ainda sob impacto da anexação da Albânia por Mussolini apenas uma semana antes, o presidente Roosevelt pede garantias a alemães e italianos de que não atacariam outros países europeus. Hitler e Mussolini ignoram o pedido, sabedores de que as Leis de Neutralidade de 1935-1937 impedem que os Estados Unidos intervenham em uma guerra na Europa. Três anos mais tarde, Stalin proporia uma aliança de 10 anos com

1939

SETEMBRO

19 de setembro - Tropas alemãs e soviéticas se encontram em Brest-Litovsk.

22 de setembro - Tropas soviéticas chegam a Lvov.

27 de setembro - Varsóvia capitula. Os encouraçados de bolso *Deutschland* e *Graf Spee* recebem ordens para iniciar ataques contra embarcações britânicas no Atlântico.

Tropas alpinas italianas são inspecionadas após seu retorno da Albânia, depois que o país foi anexado pela Itália.

Grã-Bretanha e França. Se a proposta tivesse sido aceita, é possível que os eventos subsequentes fossem diferentes. Entretanto, as negociações se mostraram difíceis, como resultado de um antagonismo soviético-polonês que datava do conflito de 1920. A Polônia não tinha nenhuma intenção de se aliar a duas potências que, por sua vez, eram aliadas de um vizinho não confiável, e a União Soviética pensava o mesmo.

Hitler renunciou ao pacto de não--agressão de 1934 com os poloneses em 28 de abril de 1939 e repetiu suas exigências por Danzig. A isso se seguiu, em 22 de maio, o "Pacto de Aço",

SETEMBRO

28 de setembro - A guarnição em Modlin se rende, deixando a base naval de Hel como última área de resistência polonesa organizada contra os alemães.

29 de setembro - Os ministros do exterior da Alemanha e da União Soviética, Ribbentrop e Molotov, se reúnem em Moscou.

no qual Itália e Alemanha prometiam apoio mútuo em caso de uma guerra futura. Para piorar as coisas, soviéticos e alemães chocam os observadores internacionais com a assinatura de um pacto de não-agressão em 23 de agosto. O pacto inclui cláusulas sobre a divisão da Polônia entre a Alemanha e a URSS, além de garantir liberdade aos soviéticos para lidarem com os países do Báltico. Talvez mais importante ainda, o pacto significou que a Alemanha não mais enfrentava a possibilidade de uma guerra em duas frentes, um golpe duro para os aliados ocidentais, que agora percebiam que Hitler estava livre para atacar a Polônia. Em 25 de agosto, os britânicos

Cavalaria polonesa cruza um riacho durante manobras antes do início da guerra.

1939

SETEMBRO

30 de setembro - É formado um governo polonês no exílio em Paris. O *Graf Spee* começa uma série de operações bem-sucedidas contra embarcações britânicas.

OUTUBRO

1 de outubro - A guarnição de Hel se rende. Os soldados franceses começam sua retirada do Sarre. A URSS assina um tratado de "assistência mútua" com a Estônia, efetivamente pondo fim à independência dos estonianos.

assinam um tratado de aliança com a Polônia. Hitler já dera ordens para uma invasão, mas a ação britânica o obriga a adiar.

Deduzindo, entretanto, que não havia nada que Grã-Bretanha ou França pudessem fazer para evitar uma vitória alemã na Polônia, Hitler dá nova ordem para invadir o país em 1 de setembro.

A *Blitzkrieg* na Polônia

Nas primeiras horas da manhã de 1 de setembro de 1939, bases aéreas polonesas são atacadas por bombardeiros alemães. O plano da *Luftwaffe* era infligir o maior dano possível à força aérea polonesa para assegurar que não interferisse na invasão por terra que viria a seguir. Às 04h45min, elementos de vanguarda da força de invasão cruzaram a fronteira com a Polônia.

Os poloneses foram pegos de surpresa. A mobilização de suas forças, ordenada apenas dois dias antes, nem sequer estava perto de ser concluída. Algumas unidades de reserva contavam com todo ou quase todo o seu efetivo e aguardavam para se deslocar para posições designadas em caso de invasão, mas muitas outras ainda

Soldados alemães da SS, com apoio de um veículo blindado, avançam pelas ruas de Danzig.

OUTUBRO

2 de outubro - A RAF faz sua primeira incursão aérea noturna sobre Berlim, lançando folhetos de propaganda.

5 de outubro - É assinado um tratado de assistência mútua entre União Soviética e Letônia, permitindo que tropas soviéticas estabeleçam bases naquele país.

6 de outubro - Termina a resistência polonesa. Hitler propõe paz à França e à Grã-Bretanha.

esperavam a chegada da maioria de seu pessoal e, assim sendo, não estavam em condições de se dirigirem à frente de combate. Para os alemães, isso representou enfrentar uma oposição inicial enfraquecida até o final da tarde daquele 1 de setembro.

As formações de vanguarda do Grupo de Exércitos do Norte alemão se beneficiaram do fato de seu avanço ser acobertado por um nevoeiro de outono. Houve um ou dois incidentes em que, por causa da baixa visibilidade, unidades alemãs confundiram unidades amigas com tropas polonesas, chegando a trocar tiros entre si, mas nada grave. Os alemães tomaram Danzig rapidamente, com o Terceiro e o Quarto Exército deslocando-se para cortar o Corredor Polonês antes que o Terceiro Exército se desviasse em direção a Varsóvia. A oposição foi ligeira, com somente algumas posições polonesas ao longo da costa do Báltico apresentando resistência digna de nota.

Aquele foi o dia em que nasceu o mito do galante ataque da cavalaria polonesa contra tanques. O 18º Regimento de Lanceiros realmente recebeu ordens de realizar uma carga de cavalaria contra a infantaria alemã e parecia que teria sucesso. Contudo,

alguns veículos blindados alemães flanquearam os cavaleiros poloneses e abriram fogo sobre os lanceiros, que sofreram baixas pesadas e foram forçados a se retirar.

A situação era delicada para os defensores poloneses, que lutavam para por seus planos defensivos em ação. A garantia de apoio de França e Grã-Bretanha se mostrara especialmente inócua, já que não impedira a invasão e parecia haver pouco que qualquer uma das potências pudesse fazer para ajudar seu aliado polonês com suficiente rapidez.

Na segunda manhã da invasão, os alemães esperavam uma oposição mais tenaz conforme se aproximavam do rio Brade. Ali, acreditavam eles, seria a base da principal linha de defesa polonesa. Entretanto, os poloneses não estavam suficientemente preparados. Além disso, ataques aéreos a alvos de transporte foram eficazes e, assim, o rio foi cruzado com facilidade, apesar do esforço das unidades defensoras.

As principais dificuldades alemãs aconteceram quando alguns dos tanques do XIX Corpo *Panzer* ficaram sem combustível por terem estendido demais suas linhas de suprimentos. Isso foi uma amostra do que aconteceria ao longo da guerra, já que o exército

1939

OUTUBRO

9 de outubro - Após a rejeição da proposta de paz, Hitler ordena o planejamento de um ataque a oeste.

10 de outubro - É assinado um pacto de assistência mútua entre União Soviética e Lituânia, marcando o fim da independência dos países do Báltico.

12 de outubro - Começam as negociações territoriais entre URSS e Finlândia.

alemão dependia muito do transporte animal. Como resultado, nem sempre haveria suprimentos disponíveis em momentos críticos.

Naquele instante, a força aérea polonesa já sofrera baixas pesadas. A surpresa do ataque inicial deixou poucas aeronaves em condições de resistir e, embora alguns pilotos tivessem conseguido decolar, estes já não podiam influenciar o que estava por vir. Os pilotos poloneses eram bem treinados e capazes, mas suas aeronaves eram amplamente obsoletas. Isso era particularmente verdadeiro em relação aos caças poloneses, que estavam uma

Uma dupla de Junkers Ju-87B Stukas em patrulha. O Ju-87 tornou-se famoso durante a Blitzkrieg por seu preciso apoio aéreo à Wehrmacht.

OUTUBRO

14 de outubro - O encouraçado *HMS Royal Oak* é posto a pique pelo submarino U-47 enquanto estava fundeado em Scapa Flow.

16 de outubro - Primeira investida aérea alemã contra os britânicos, com um ataque de bombardeiros a embarcações em Firth of Forth.

geração atrás dos Messerschmitt Bf-109s da *Luftwaffe*, mais comumente (embora incorretamente) conhecidos como Me-109. Apesar disso, a força aérea polonesa continuou a operar. Patrulhas de caças defendendo Varsóvia opuseram severa resistência enquanto puderam, porém, em 3 de setembro, a *Luftwaffe* já estabelecera completa superioridade aérea em todo o país, permitindo que o poderio aéreo alemão desempenhasse o papel fundamental de apoiar as forças alemãs no solo.

Isso, entretanto, não significou que a *Luftwaffe* tenha passado todo seu tempo sobre o campo de batalha. Um dos principais objetivos de usar ataques aéreos para apoiar movimentações rápidas em combate, na tática que ficou conhecida como *Blitzkrieg*, era desmoralizar o inimigo, atacando centros de comunicação, administrativos e industriais. Varsóvia foi bombardeada no primeiro dia, enquanto as tropas polonesas que tentavam chegar à linha de frente eram impedidas por uma série de ataques aéreos contra estradas, pontes e ferrovias. Além disso, bolsões de resistência polonesa foram bombardeados pelo ar, principalmente por uma aeronave que logo se tornaria infame, o bombardeiro de mergulho

Junkers Ju-87, mais conhecido como Stuka.

A Guerra Se Espalha

Ao amanhecer de 3 de setembro de 1939, a posição dos alemães era favorável. Os poloneses ainda não haviam conseguido organizar uma resistência concentrada, enquanto tentavam reunir suas forças para enfrentar o ataque alemão. Além disso, o Terceiro e o Quarto Exército estavam a ponto de se reunirem, o que cortaria o Corredor Polonês completamente. Com o passar da manhã, os alemães encontraram dificuldades nas vizinhanças de Graundez, onde os poloneses impuseram dura resistência. Mais ao norte, a ponte sobre o Vistula, em Dirschau, foi demolida por engenheiros poloneses. Todavia, isso não impediu os alemães de cruzarem o rio usando uma ponte flutuante em Meve. O Terceiro e o Quarto Exército continuavam a avançar, isolando as forças ao norte do Corredor. O restante do exército polonês na Pomerânia recuou para a cidade de Bromberg, onde existia uma população de etnia germânica significativa, que imediatamente se sublevou. Cidadãos poloneses se uniram ao exército para ajudar a suprimir o levante e

1939

NOVEMBRO

1 de novembro - A Alemanha anexa formalmente a Polônia ocidental, Danzig e o Corredor Polonês.

7 de novembro - Ofertas de mediação das monarquias da Holanda, Bélgica e Romênia em negociações de paz são rejeitadas.

8 de novembro - Fracassa uma tentativa de assassinato de Hitler.

o resultado disso foi um número considerável de fatalidades entre a comunidade germânica. O fato foi explorado pelos propagandistas alemães, que publicaram o incidente em seus noticiários.

Talvez os eventos mais significativos tenham acontecido fora da Polônia. Quando as primeiras notícias da invasão chegaram a Londres e Paris, a reação dos dois governos foi bem diferente. Enquanto os britânicos percebiam que a guerra era, agora, inevitável, os franceses ainda tinham esperanças de que o conflito pudesse ser evitado pela diplomacia. Após dois dias de negociações entre Londres e Paris, a visão britânica prevaleceu: Hitler deveria receber um ultimato para retirar suas tropas da Polônia.

Às 9h, de 3 de setembro, *Sir* Neville Henderson, embaixador britânico em Berlim, entregou o ultimato a Hitler. Se as hostilidades não cessassem até às 11h, e caso os alemães não se retirassem em seguida da Polônia, Grã-Bretanha e França declarariam guerra.

Se Hitler acreditava que a aliança anglo-francesa continuaria a tentar apaziguá-lo apesar do ataque à

....

A ponte em Dirschau, vista em 5 de setembro de 1939, após sua demolição por engenheiros poloneses, em uma tentativa vã de evitar que os alemães cruzassem o Vistula. Como alternativa, as tropas alemãs construíram uma ponte temporária em Meve.

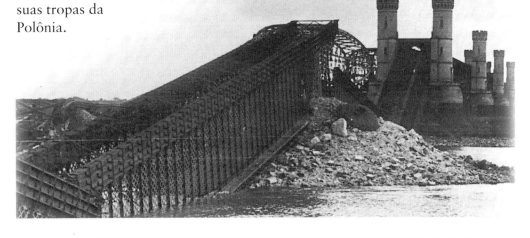

NOVEMBRO

14 de novembro - O general Sikorski, líder do governo polonês no exílio, chega a Londres.

21 de novembro - Os cruzadores alemães *Scharnhorst* e *Gneisenau* partem para iniciar ataques a embarcações britânicas.

23 de novembro - Os cruzadores alemães *Scharnhorst* e *Gneisenau* afundam o navio mercante britânico *Rawlpindi*.

Polônia, se desapontou. Não obstante, desconsiderou o ultimato. O fim do prazo chegou e passou, o que não foi surpresa para os aliados.

A consequência foi inevitável: Grã-Bretanha e França declararam guerra à Alemanha. Os britânicos sentaram-se ao pé do rádio para ouvir a voz abatida de Neville Chamberlain anunciar que os alemães não responderam ao ultimato e que, como resultado, a Grã-Bretanha estava em guerra. Minutos após a transmissão, os alarmes de ataque aéreo soaram em Londres. O medo de que fosse um "golpe fulminante" desferido por bombardeiros estratégicos alemães logo se dissipou quando ficou claro que o alarme fora disparado por uma pequena aeronave apenas, que transportava representantes franceses para uma reunião com seus colegas britânicos. Os franceses não avisaram que estavam a caminho e as defesas antiaéreas presumiram o pior. Na verdade, a *Luftwaffe* estava ocupada demais na Polônia para que pudesse atacar Londres ou Paris. Pesquisas após a guerra demonstraram que, na verdade, a força aérea alemã não estava nem perto de ser capaz de desferir o "golpe fulminante" que tanto preocupava o governo britânico na segunda metade da década de 1930.

Os Poloneses Recuam, os Franceses Avançam

A declaração de guerra significou pouco para quem combatia na Polônia. Conforme mais unidades chegavam à frente de batalha, os poloneses puderam aumentar a resistência e o avanço alemão gradualmente arrefeceu.

Sir Neville Henderson, embaixador britânico na Alemanha, com Hermann Goering, líder da Luftwaffe, em 1938.

1939

NOVEMBRO

24 de novembro - A Alemanha avisa embarcações de países neutros que evitem águas britânicas e francesas para não serem atacadas.

29 de novembro - A União Soviética rompe relações com a Finlândia.

30 de novembro - A União Soviética invade a Finlândia.

Não obstante, os alemães continuaram a colecionar sucessos. Os poloneses tentaram estabelecer uma linha ao longo do rio Warta, mas o Décimo Exército alemão tomou a cidade de Tschenstochau no início da manhã de 3 de setembro e rapidamente estabeleceu cabeças de ponte do outro lado do rio. O Décimo Quarto Exército começa sua ofensiva em direção à Cracóvia e os poloneses percebem que suas duas principais frentes estão à beira do colapso. Em 5 de setembro, é ordenada uma retirada geral para o rio Vistula, na esperança de que pudesse ser estabelecida uma nova linha defensiva com força suficiente para deter os alemães.

Entrementes, a França dava os toques finais em um plano para demonstrar seu apoio à Polônia. Em 7 de setembro, tropas francesas foram deslocadas para a região alemã do Sarre. Tratou-se de pouco mais que um gesto, já que a força invasora movia-se lentamente, aparentemente tomando cuidados incomuns para evitar baixas entre o inimigo. As tropas alemãs se retiraram organizadamente e esperaram para ver o que aconteceria a seguir. Os franceses penetraram 8 km (5 milhas) nos cinco dias seguintes, antes de interromper seu avanço para, em seguida, se entrincheirarem. Foi um ataque com pouco ímpeto, mas que produziu um benefício indireto. O alto-comando alemão não tinha certeza absoluta de que os Aliados não lançariam um ataque posterior e com mais força a oeste, o que forçou

Tropas polonesas movimentam-se em direção à frente de batalha durante os primeiros dias da guerra. O exército polonês foi surpreendido antes que pudesse se mobilizar totalmente.

DEZEMBRO

1 de dezembro - Um governo "finlandês" é formado em Moscou, liderado por Oto Kuusinen.

3 de dezembro - Os finlandeses se retiram para posições defensivas ao longo da Linha Mannerheim.

os alemães a assegurarem que haveria tropas suficientes para defender a Alemanha. Isso, por sua vez, impediu que houvesse tropas o bastante na Polônia para garantir um cerco rápido a Varsóvia.

A solução foi reforçar o XIX Corpo do general Heinz Guderian e, em seguida, usá-lo para atacar as forças polonesas além do rio Narew, enquanto o restante do Quarto Exército empurrava os poloneses em direção à capital. As forças altamente mecanizadas de Guderian podiam operar de maneira semi-independente, sem serem retardadas pelo ritmo geralmente lento do reabastecimento das formações de infantaria. Com forte apoio aéreo de bombardeiros médios e de mergulho protegidos pelos caças da *Luftwaffe*, o XIX Corpo representava uma ameaça altamente móvel e poderosa para os poloneses.

A movimentação das forças blindadas alemãs era tal que estas frequentemente alcançavam unidades inimigas em retirada, tornando extremamente difícil para os poloneses montarem uma defesa efetiva contra o ataque seguinte. Os alemães cruzaram

Soldados alemães procuram por um caminho através das ruínas de um edifício nas cercanias da capital polonesa durante a Batalha de Varsóvia. Apesar da desvantagem, os defensores conseguiram resistir ao ataque por quase três semanas.

1939

DEZEMBRO

6 de dezembro - Falham ataques soviéticos à Linha Mannerheim.

13 de dezembro - Uma força-tarefa da marinha britânica enviada para caçar encouraçados de bolso alemães ataca o *Graf Spee* na Batalha do Rio da Prata.

O CRESCENDO DA GUERRA

o rio Pilica em 5 de setembro e manobraram para nordeste em direção a Varsóvia e ao Vistula. Relatórios dos serviços de informação indicavam que os poloneses estavam tentando organizar uma nova formação de exército em Radom. Assim, o comandante do Décimo Exército, general Reichenau, recebeu ordens para envolver as posições polonesas próximas a Radom, evitando que um novo exército polonês entrasse no conflito. Três corpos de exército foram enviados para destruir o exército em Radom e a batalha começou em 8 de setembro. Três dias depois, Radom foi

Soldados alemães fazem uma pausa em uma rua de Varsóvia, logo depois da cidade ter caído em mãos alemãs em 30 de setembro de 1939, após a cidade sitiada ter sido forçada a se render devido à falta de comida e água.

capturada, juntamente com a maioria dos soldados poloneses.

Enquanto isso, formações blindadas do Décimo Exército tomaram a travessia do Vistula em Pulawy. Os *Panzer* foram forçados a interromper temporariamente seu avanço enquanto aguardavam mais combustível, o que deu uma oportunidade às formações de infantaria

DEZEMBRO

14 de dezembro - A URSS é expulsa da Liga das Nações.

15 de dezembro - O encouraçado de bolso alemão, *Graf Spee*, fica encurralado no porto em Montevidéu após a Batalha do Rio da Prata.

16 de dezembro - O avanço soviético na Finlândia enfraquece e para.

alemãs para alcançá-los e se prepararem para mais operações a leste do rio.

Em 8 de setembro, a 4ª Divisão *Panzer* alcançou as cercanias de Varsóvia. Nas primeiras horas de 9 de setembro, os alemães lançaram um ataque à cidade. O ataque arrefeceu após algumas horas e os alemães prudentemente decidiram recuar, aproveitando a oportunidade para melhorarem a coordenação entre blindados e infantaria, já que tanques sem apoio mostraram-se particularmente vulneráveis no combate em áreas urbanas.

O Último Rolar dos Dados

Cracóvia cai em 6 de setembro e o Décimo Quarto Exército avança em direção às defesas polonesas no rio San. O plano era vencer as defesas e, em seguida, rumar para Chelm, possibilitando uma reunião com as forças de Guderian e, assim, envolver as forças polonesas a leste de Varsóvia. Enquanto isso, o Oitavo Exército aproximava-se de Lodz. Isso implicava deixar seu flanco esquerdo perigosamente exposto e, assim, unidades baseadas na fronteira alemã foram deslocadas para dar proteção.

A força do exército polonês em Poznan, no entanto, fora subestimada pelos comandantes alemães. Esse exército ainda não se envolvera totalmente na luta, já que o avanço alemão para o centro da Polônia se desviara dele. Em 8 de setembro, o general Kurtzeba, comandante do exército de Poznan, recebeu permissão para montar um contra-ataque ao Oitavo Exército, usando suas forças e as unidades restantes do exército de Pomorze. Isso totalizava uma força de 12 divisões, as quais se lançaram ao contra-ataque

Soldado soviético encontra-se com combatentes alemães em Brest-Litovsk em 22 de setembro de 1939.

1939

DEZEMBRO

17 de dezembro - O *Graf Spee* é posto a pique por sua tripulação logo após partir de Montevidéu.

18 de dezembro – É perdida metade de uma força da RAF que atacava embarcações em Schilling Roads.

21 de dezembro - O exército finlandês lança um contra-ataque às forças soviéticas.

em 9 de setembro, cruzando o rio Bzura. A Batalha de Bzura surpreendeu os alemães e foi combatida com grande intensidade nos dois dias que se seguiram. Os alemães foram repelidos, mas o sucesso se mostrou apenas temporário.

O general Gerd von Rundstedt, comandante do Grupo de Exércitos do Sul, e Erich von Manstein, seu chefe de estado-maior, viram nisso uma oportunidade. Se as tropas polonesas, que agora se concentravam ao redor de Kutno, pudessem ser cercadas, os poloneses perderiam mais de um terço de suas forças de combate. Os alemães manobraram seus efetivos de modo que Kurtzeba ficasse ameaçada de cerco, aumentando rapidamente, para isso, o número de unidades comandadas diretamente pelo Oitavo Exército. A situação polonesa piorou quando ficou claro que o exército em Lodz recuava em direção a Modlin, impossibilitando que seus efetivos se reunissem aos de Kurtzeba.

Em 12 de setembro, Kurtzeba lançou um ataque visando escapar para sudeste, porém o ataque perdeu força durante os três dias seguintes. Outra tentativa em 16 de setembro teve resultados similares, um fracasso que permitiu aos alemães apertarem ainda mais o cerco ao bolsão de Kutno. A *Luftwaffe* foi chamada para atacar o bolsão em 17 de setembro, suspendendo as operações contra Varsóvia para aumentar o número de aeronaves disponíveis. O peso do bombardeio contra as defesas polonesas começou a dar resultados: 40.000 poloneses foram capturados em 17 de setembro e uma tentativa final de romper o cerco fracassou. Algumas unidades pequenas conseguiram escapar, mas era óbvio que o exército polonês se desintegrava e em breve não seria grande o bastante para enfrentar o inimigo em batalhas convencionais.

O Ataque Final a Varsóvia

Em 15 de setembro, os alemães cercaram com sucesso a capital polonesa, com o Décimo Exército dominando a área ao sul da cidade enquanto o Terceiro Exército ocupava os acessos ao norte de Varsóvia. No dia seguinte, a *Luftwaffe* lançou panfletos exigindo a rendição da cidade. A resposta foi desafiadora, fazendo com que o bombardeio contra a cidade se intensificasse.

Os alemães, agora, pretendiam subjugar Varsóvia. Ataques iniciais aos subúrbios encontraram firme resistência e pouco progrediram. Estava

1940

DEZEMBRO

29 de dezembro - Os finlandeses contra-atacam ao norte do lago Lagoda.

31 de dezembro - Os finlandeses declaram ter repelido o Exército Vermelho para além da fronteira com a URSS, na frente de batalha de Sumomussalmi-Kemijarvi.

JANEIRO

7 de janeiro - Stalin nomeia o general Semyon Timoshenko comandante das forças soviéticas na Finlândia.

claro que os poloneses contavam com farto suprimento de munição e que grandes grupos da população civil haviam sido organizados em milícias para reforçarem as forças que defendiam a capital. Isso exigia que um assalto final a Varsóvia fosse planejado mais detalhadamente, um processo que seria complicado por um desenvolvimento inesperado.

Desfile da vitória do exército alemão em Varsóvia em 5 de outubro de 1939, à presença de Adolf Hitler. O Oitavo Exército marchou pelas ruas, cujo acesso fora proibido para civis poloneses. A Polônia, como estado, não mais existia.

Chegam os Soviéticos

Nesse momento, o Exército Vermelho invade a Polônia, o que foi um

1940

JANEIRO

8 de janeiro - Contra-ataque finlandês na frente de batalha central. Helsinki celebra a derrota soviética em Sumomussalmi.

10 de janeiro - Hitler estabelece a data para a invasão da Europa Ocidental em 17 de janeiro. Os planos caem em mãos aliadas depois da queda de um avião alemão na Bélgica.

choque não só para os poloneses, mas para o exército alemão também. As forças soviéticas cruzaram a fronteira maciçamente em 17 de setembro de 1939, contornando várias unidades polonesas de fronteira. A esperança de que os soviéticos tivessem vindo em auxílio dos poloneses se desvaneceram, todavia, quando unidades capturadas pelo Exército Vermelho foram desarmadas e qualquer resistência foi esmagada. A intervenção soviética convenceu o governo polonês de que chegara a hora de partir e continuar a resistir do exílio, e assim seus membros fogem para a Romênia, somente para serem detidos após os romenos cederem a pressões alemãs, deixando os poloneses temporariamente sem liderança.

A chegada do Exército Vermelho trouxe algumas dificuldades para os comandantes alemães, que se viram obrigados a recuar para posições especificadas pelo pacto. Houve algumas escaramuças quando unidades alemãs confundiram elementos de vanguarda do Exército Vermelho com poloneses. Nenhuma delas foi especialmente problemática e, em 22 de setembro, Brest-Litovsk foi palco de uma parada militar reunindo alemães e soviéticos.

O recuo no sul da Polônia foi complicado pela natureza do combate. Os alemães estavam avançando sobre Lvov e uma retirada para acomodar a chegada do Exército Vermelho deixaria ali uma defesa polonesa substancial e compacta. Contudo, em 20 de setembro, justamente quando os alemães se preparavam para deixar Lvov para os soviéticos, os poloneses se renderam. Os alemães, então, recuaram para oeste, contornando diversas formações polonesas. Esses remanescentes do exército polonês conseguiram cruzar as fronteiras de seu país: aproximadamente 90.000 homens chegaram à Hungria e à Romênia, enquanto cerca de outros 15.000 alcançaram a Lituânia. Dali, um grande número se dirigiu à França, para formar um exército polonês no exílio.

O Ataque Final

A retirada complicou os planos para a captura de Varsóvia. Hitler não permitiu que um assalto fosse lançado pelo leste da cidade, já que a área era controlada pelos soviéticos. Assim, o ataque teria de ser lançado pelo oeste. A tarefa foi delegada ao Oitavo Exército, que começou garantindo que nenhum civil escapasse ao cerco. Como a ideia era pressionar mais

JANEIRO

16 de janeiro - Hitler adia a invasão da Europa Ocidental e ordena o início do planejamento de um ataque à Escandinávia.

27 de janeiro - Hitler assume o planejamento da invasão da Noruega.

29 de janeiro - Os soviéticos tentam reabrir negociações com os finlandeses.

ainda os suprimentos de comida da cidade, se houvesse fuga de civis, o número de bocas para alimentar seria menor, possibilitando que a guarnição se sustentasse e mantivesse seu suprimento de alimentos por mais tempo. A *Luftwaffe* também aumentou seus ataques a estações de filtragem e abastecimento de água do Vístula, aumentando o risco de doenças pelo consumo de água não tratada. O fornecimento de eletricidade foi cortado graças a um extenso bombardeio, com quatro usinas sendo atacadas e destruídas.

Em 26 de setembro, o Oitavo Exército começou seu ataque a Varsóvia, rompendo sua linha defensiva externa. No fim do dia, os poloneses pediram um cessar-fogo, mas os alemães responderam com uma exigência de rendição incondicional. Como as consequências finais eram claras, os poloneses concordaram com a rendição. A luta cessaria na tarde seguinte.

Prisioneiros de guerra poloneses aguardam transporte para campos de prisioneiros após o fim da campanha polonesa.

1940

FEVEREIRO

1 de fevereiro - Um ataque soviético pela Baía de Viipuri é repelido.

5 de fevereiro - Grã-Bretanha e França concordam em enviar uma força expedicionária para ajudar os finlandeses.

9 de fevereiro - O Exército Vermelho lança uma ofensiva contra a Linha Mannerheim.

Modlin continuou a resistir, mas assim que Varsóvia caiu, os alemães puderam reforçar as tropas atacantes. A artilharia usada em Varsóvia foi transferida para Modlin e usada para bombardear maciçamente as defesas polonesas, que começaram a ruir sob o peso do ataque. As defesas externas em Modlin foram rompidas no mesmo dia em que Varsóvia se rendeu e, em 28 de setembro, a posição era insustentável. Um armistício foi aceito naquele mesmo dia e a guarnição polonesa em Modlin rendeu-se na manhã seguinte.

O Balanço da Campanha

A queda de Modlin pôs término a quase todo o embate na Polônia, menos aos combates próximos ao Báltico. A guarnição em Helda conseguiu resistir até 1 de outubro antes de sucumbir, marcando o fim da campanha polonesa.

O exército polonês fora destruído como força de combate viável em pouco mais de cinco semanas. Mais de 65.000 soldados poloneses morreram, 130.000 foram feridos e 250.000 foram feitos prisioneiros. Outros 100.000 escaparam para Grã-Bretanha ou França. As perdas alemãs foram consideravelmente menores, com aproximadamente 10.000 baixas fatais e 30.000 feridos.

As consequências da derrota polonesa foram duras. Grã-Bretanha e França foram incapazes de reagir de qualquer maneira significativa enquanto o acordo entre Alemanha e União Soviética para repartir a Polônia riscava novamente o país do mapa. Em 28 de setembro, foi assinado um "Tratado de Delimitação e Amizade" entre alemães e soviéticos, dando a Stalin a oportunidade de controlar os países do Báltico. Lituânia, Letônia e Estônia desapareceram sob o controle soviético, através de mecanismos de tratados de cooperação forçados a seus governos por Moscou. Isso encorajou Stalin o bastante para exigir que a Finlândia atendesse suas revindicações territoriais.

A Guerra de Inverno

Em 12 de outubro de 1939, foram abertas negociações entre União Soviética e Finlândia. Stalin exigiu que os finlandeses cedessem territórios nas margens do lago Lagoda e no Golfo da Finlândia, além de arrendarem os portos em Viipuri e Petsamo em troca de partes da Carélia soviética, termos que não eram nada atraentes para a Finlândia.

O governo finlandês estava bastante ciente de que o tratamento

---

FEVEREIRO

11 de fevereiro - A Linha Mannerheim é rompida em Summa. Alemanha e URSS assinam um acordo econômico.

16 de fevereiro - Prisioneiros de guerra britânicos a bordo do navio alemão *Altmark* são resgatados pela marinha britânica em Jossingford, Noruega.

15 de fevereiro - Summa cai diante do Exército Vermelho.

Tropas finlandesas em posição perto de Illomantsi, no início da guerra russo-finlandesa (ou "Guerra de Inverno").

dispensado por Stalin aos países do Báltico começara com uma aparente boa vontade. Havia, ainda, o temor de que Stalin considerasse a aquisição de território finlandês apenas como o início de um processo de absorção da Finlândia de volta à Rússia, de quem o país se tornara independente durante o caos da Revolução de 1917. Assim, o governo finlandês continuava a negociar, mas se recusando a concordar. No fim de novembro, a paciência de Stalin acabou e Molotov, Ministro das Relações Exteriores, recebeu ordens para interromper as negociações. Dois dias depois, em 30 de novembro de 1939, forças soviéticas cruzaram a fronteira finlandesa.

Para admiração geral, os finlandeses conseguiram resistir a forças numericamente superiores, em uma demonstração evidente de que a purga geral promovida por Stalin no Exército Vermelho fora um erro. O envio de numerosos comandantes competentes para o pelotão de fuzilamento ou aos *gulags* tornou o exército soviético bem menos capaz do que já fora um dia. O exército finlandês infligiu pesadas baixas aos soviéticos. Operando em seu território, os finlandeses exploraram o terreno e as condições climáticas ao máximo. Seu recuo para

1940

FEVEREIRO

17 de fevereiro - O Exército Vermelho rompe a Linha Mannerheim.

20 de fevereiro - Hitler nomeia o general von Falkenhorst para comandar o ataque alemão à Noruega.

23 de fevereiro - A União Soviética entrega seus termos de paz à Finlândia.

O CRESCENDO DA GUERRA 51

Stalin nomeou o marechal Semyon Timoshenko para o comando das forças combatentes na frente finlandesa.

a linha defensiva de Mannerheim em 3 de dezembro foi feito de maneira organizada e os ataques soviéticos a essas posições, três dias depois, foram todos repelidos.

A Finlândia recebeu apoio internacional. Enquanto Dinamarca, Noruega e Suécia declaravam sua neutralidade em 7 de dezembro, Grã-Bretanha e França decidiram dar apoio, com os franceses chegando ao ponto de planejarem o envio de tropas. Contudo, logo ficou claro que o envio de ajuda seria difícil, já que não seria possível transportar homens ou materiais através de nações neutras escandinavas.

No fim de dezembro, o Exército Vermelho se mostrara incapaz de derrotar os finlandeses e um contra-ataque finlandês em 29 de dezembro ao norte do lago Lagoda só fez aumentar o embaraço de Stalin. No dia seguinte, a 163ª Divisão russa foi destruída em Suomussalami. Na semana seguinte, um desastre para os soviéticos: entre 5 e 8 de janeiro de 1940, tropas finlandesas atacaram e destruíram a 44ª Divisão Motorizada soviética. Nesse ponto, a paciência de Stalin com seus comandantes evaporou e o general Semyon Timoshenko foi nomeado comandante em chefe das forças soviéticas na Finlândia.

Nova Ofensiva

Timoshenko começou imediatamente a planejar uma nova ofensiva, mas sabia que trazer tropas mais bem treinadas e equipadas para a linha de frente levaria tempo. Assim, os soviéticos foram forçados a limitar sua atividade a bombardeios de artilharia contra a Linha Mannerheim. Nesse ínterim,

FEVEREIRO

28/29 de fevereiro - Tropas soviéticas derrotam as defesas finlandesas no istmo da Carélia.

MARÇO

1 de março - Termina o prazo da oferta de paz dos soviéticos aos finlandeses. O Secretário de Estado dos EUA, Summer Wells, inicia uma viagem pelas nações em conflito para tentar negociar a paz.

Stalin tentou reabrir negociações, pedindo ao governo sueco que atuasse como mediador. As negociações não foram além de 1 de fevereiro, quando Timoshenko lançou uma grande ofensiva através da Baía de Viipuri.

A sorte agora pendia para os soviéticos. Em 5 de fevereiro, franceses e britânicos confirmam sua intenção de enviar uma força expedicionária para ajudar os finlandeses, o que implicaria ignorar a neutralidade norueguesa e desembarcar forças no norte do país para evitar ataques. Uma medida que seria inócua e tardia.

Os soviéticos romperiam a Linha Mannerheim em 11 de fevereiro, forçando os finlandeses a recuar para uma segunda linha defensiva. Desse ponto em diante, os soviéticos começaram a assumir a vantagem. Em 23 de fevereiro, Stalin anunciou suas condições para a paz, que eram similares às exigências originais, ou seja, o controle sobre as margens do lago Lagoda e sobre o istmo da Carélia, a assinatura de um tratado de assistência mútua e o arrendamento da península de Hango por 30 anos. A única concessão para os finlandeses foi a garantia de que Petsamo seria evacuada. Stalin deu aos finlandeses até 1 de março para responder.

Quando o Exército Vermelho rompeu a segunda linha defensiva finlandesa em 28/29 de fevereiro, parecia que os finlandeses não tinham outra opção a não ser aceitar as condições soviéticas. Ainda assim, continuaram a lutar. O ultimato expirou e os soviéticos lançaram uma ofensiva por toda a frente em 3 de março. Os finlandeses perceberam que não poderiam resistir por muito tempo mais e enviaram uma delegação a Moscou para negociar.

Quando Viipuri caiu em 8 de março, os delegados finlandeses tentaram negociar um armistício, mas seus esforços foram em vão: os soviéticos somente cessariam fogo se os finlandeses aquiescessem ao acordo de paz. O governo finlandês não teve escolha. O tratado de paz foi assinado em 12 de março de 1940 e os finlandeses foram forçados a ceder o istmo da Carélia, incluindo Viipuri, o lago Lagoda e a área de Petsamo. As hostilidades terminariam no dia seguinte.

Para o povo britânico e o povo francês, a luta parecia algo muito distante. Embora tenha havido escaramuças entre forças aéreas e navais aliadas e alemãs, estas tinham sido suficientemente limitadas para que

1940

MARÇO

3 de março - O Exército Vermelho lança uma ofensiva ao longo de toda a frente.

8 de março - Viipuri cai diante do Exército Vermelho. Uma delegação finlandesa em Moscou é instruída a buscar a paz.

6 de março - Representantes finlandeses chegam a Moscou para discutir a paz. Hitler adota novos planos para a invasão a oeste.

as pessoas falassem em uma "Guerra de Mentira". Não demorou muito para que a guerra se tornasse muito verdadeira.

Homens do 24º Regimento de Infantaria finlandês partem de Kiviniemi para Ilmee no final da Guerra de Inverno. Os finlandeses fizeram bom uso de suas tropas de esquiadores, superando os soviéticos com seu deslocamento, até que os números do Exército Vermelho falassem mais alto.

MARÇO

12 de março - Um tratado de paz entre URSS e Finlândia é assinado em Moscou.

15 de março - O parlamento finlandês ratifica os termos de paz oferecidos pela URSS.

O Fim da Guerra de Mentira

Com a queda da Polônia, os países em guerra se prepararam para o pior. Contudo, o que aconteceu foram alguns ataques de bombardeiros, combates aéreos esparsos e umas tantas escaramuças aqui e ali, o que levou um jornalista dos Estados Unidos a se referir ao conflito como uma "Guerra de Mentira". Na verdade, era apenas a calmaria antes da tempestade.

Impossibilitados de enviar forças para ajudar a Polônia, os britânicos realizaram diversas operações navais e ataques aéreos contra a Alemanha, limitados a alvos navais, sendo que o primeiro desses ataques, em 4 de setembro de 1939, acabou em desastre. Uma força de 30 aeronaves enviada para bombardear o ancoradouro de Schilling perdeu sete aeronaves e infligiu danos mínimos. Outros ataques diurnos, incluindo ao mesmo alvo em 18 de dezembro, sofreram perdas sérias e mostraram que bombardeiros operando sem escolta eram vulneráveis demais. Isso fez com que os ataques, antes diurnos, passassem a ser noturnos, afetando sua precisão.

A Força Expedicionária Britânica, ou BEF (do inglês *British Expeditionary Force*) cruzou

À esquerda: Bombardeiros Dornier da Luftwaffe voam para seus alvos no sul da Inglaterra no Dia da Águia.
Acima: Winston Churchill e Brendan Bracken se dirigem para o debate que culminou com a renúncia de Chamberlain.

a França em 9 de setembro. Ainda se passariam oito meses antes que a BEF entrasse em ação. Em 6 de outubro, Hitler propôs um acordo de paz, que foi rejeitado pelos Aliados. Três dias depois, Hitler deu ordens para que a Europa Ocidental fosse atacada sem demora. Entretanto, devido às previsões de más condições meteorológicas e às insistências de seu estado-maior por mais tempo, Hitler foi forçado a adiar seus planos diversas vezes.

Como resultado, os primeiros meses da guerra realmente justificavam a impressão de que aquela não era, de forma nenhuma, uma guerra "propriamente dita".

Chega a Tempestade

Não obstante, ambos os lados planejavam suas operações. Os Aliados concluíram que um ataque da Alemanha deveria ser respondido com um avanço em direção à Bélgica. Os belgas, contudo, estavam ansiosos por manter sua neutralidade e não pretendiam provocar Hitler, o que o impediu que os Aliados assumissem posições estratégicas adequadas.

Enquanto isso, Hitler dava continuidade a seus planos de um ataque a oeste. Em 10 de janeiro de 1940, informou seus generais de que o

Soldados alemães marcham através de uma cidade em chamas na Noruega. Apesar do esforço dos noruegueses e da força expedicionária anglo-francesa, a invasão alemã não pode ser impedida.

ataque iniciaria em 17 de janeiro. Nesse ponto, o destino interveio: uma pequena aeronave alemã transportando dois oficiais com os planos detalhados para a invasão dos Países Baixos perdeu o rumo e fez um pouso forçado na Bélgica. Os planos não foram destruídos e Hitler, tendo que presumir que estes haviam sido comprometidos, adiou o ataque, sem saber que, para os Aliados, os planos eram meramente um elaborado ardil.

1940

MARÇO

16 de março - Primeira fatalidade civil causada por um bombardeio alemão.

18 de março - Reunião de cúpula entre Hitler e Mussolini. Mussolini concorda em entrar na guerra ao lado da Alemanha.

20 de março - Edouard Daladier renuncia ao cargo de primeiro-ministro francês, sendo substituído por Paul Reynaud.

28 de março - Acordo anglo-francês para início do lançamento de minas em águas norueguesas a partir de 8 de abril.

ABRIL

2 de abril - Hitler dá ordens para um ataque à Noruega na semana seguinte.

5 de abril - O primeiro-ministro Neville Chamberlain faz seu tristemente famoso discurso sobre como Hitler "perdeu o ônibus". Os Aliados informam Suécia e Noruega que começarão a lançar minas em águas norueguesas.

No início de março, os detalhes da invasão foram mudados novamente. Os generais Gerhardt von Rundstedt e Erich von Manstein sugeriram um ataque através das Ardenas, um território de florestas densas e considerado amplamente inadequado para blindados. De fato, os Aliados consideravam bem implausível que a força principal do ataque inimigo viesse daquela direção.

Como 1940 continuasse sem nenhuma ação significativa em terra, alguns observadores sugeriram que Hitler blefara por tempo demais, permitindo que britânicos e franceses reforçassem suas posições ao longo da provável linha de um ataque alemão. Em 5 de abril, Neville Chamberlain proclama que Hitler "perdera o ônibus". Três dias depois, os alemães invadem a Noruega.

Noruega

Apesar de declarar neutralidade, a Noruega tinha clara importância estratégica. Os suprimentos alemães de minério de ferro sueco passavam pelo

Prisioneiros de guerra britânicos marcham para o cativeiro em Trondheim, maio de 1940.

ABRIL

7 de abril - Aeronave de reconhecimento da RAF descobre embarcações alemãs rumando para Narvik e Trondheim.

9 de abril - Tropas alemãs invadem a Noruega e a Dinamarca. Navios da *Royal Navy* britânica se envolvem em combates próximos a Bergen.

10 de abril - A Dinamarca se rende. Confrontos navais maiores acontecem entre embarcações britânicas e alemãs. O cruzador alemão *Konigsberg* é posto a pique por um ataque de bombardeiros de mergulho.

11 de abril - As primeiras tropas britânicas são enviadas para a Noruega.

13 de abril - Oslo é ocupada por forças alemãs.

15 de abril - Desembarques aliados em Harstad.

16 de abril - Desembarques aliados em Namsos.

18 de abril - Tropas britânicas desembarcam em Aandalesnes e rumam para Lillehammer.

porto norueguês de Narvik, enquanto bases no país permitiriam que a Alemanha lançasse ataques aéreos contra o norte da Grã-Bretanha, além de proporcionar ancoradouros para operações marítimas.

Em 27 de janeiro, Hitler já havia esboçado os primeiros planos para a invasão da Noruega, ao mesmo tempo em que os Aliados procuravam uma maneira de interromper o fornecimento de minério de ferro aos alemães. Em 16 de fevereiro, o destróier *HMS Cossack*, após persegui-lo até um fiorde noruguês, abordou o navio de transporte alemão *Altmark*, libertando prisioneiros de guerra que este transportava (capturados de

Voluntários holandeses marcham para se juntar às tentativas de resistir à invasão alemã. Os holandeses não estavam preparados para o ataque alemão e se renderam após quatro dias, quando ficou claro que não havia sentido em continuar a luta.

1940

ABRIL

21 de abril - Tropas britânicas e norueguesas são expulsas de Lillehammer.

24 de abril - Reforços franceses chegam a Aandalesnes. O ataque norueguês a Narvik é rechaçado.

26 de abril - Os britânicos decidem abandonar o sul da Noruega. Tropas aliadas no norte e no centro da Noruega começam uma retirada para se concentrarem próximas a Narvik.

27 de abril - A Alemanha declara guerra oficialmente à Noruega.

29 de abril - O rei Haakon e o governo norueguês são evacuados de Molde para Tromso.

30 de abril - Os britânicos se retiram de Aandalesnes.

MAIO

2 de maio - A força em Namsos é evacuada.

3 de maio - Hitler adia o ataque à Europa Ocidental para 6 de maio.

embarcações afundadas pelo *Graf Spee*). Os noruegueses protestaram contra a violação de suas águas territoriais, porém suas reclamações foram refutadas. O governo britânico ressaltou que a embarcação alemã entrou em águas norueguesas primeiro, deixando claro que a marinha britânica agiria quando as autoridades norueguesas não estivessem preparadas para fazê-lo. Hitler, então, convenceu-se de que não poderia confiar nos noruegueses para fazer frente aos britânicos.

Em 28 de março de 1940, britânicos e franceses concordam em minar as águas da Noruega para impedir o tráfego de embarcações alemãs. A decisão foi anunciada em 5 de abril, no mesmo dia em que Chamberlain sugeria que Hitler perdera sua chance. Na verdade, as ordens alemãs para a invasão da Noruega foram dadas em 2 de abril, sendo que a força invasora alemã foi avistada no dia 7. Dois dias depois, soldados alemães desembarcam na Dinamarca e na Noruega. Copenhague cai em 12 horas e os dinamarqueses não têm outra opção senão se renderem em 10 de abril.

Os alemães encontram mais dificuldade na Noruega: combates acirrados entre embarcações britânicas e alemãs em águas norueguesas entre 10 e 12 de abril resultam em diversas perdas para os alemães. Tropas britânicas desembarcam em Harstad nas ilhas Lofoten, em frente a Narvik, em 15 de abril. No dia seguinte, unidades francesas e britânicas desembarcam em Namsos. Em 18 de abril, tropas britânicas chegam a Aandalesnes. O plano era que as forças em Namsos e Aandalesnes se reunissem e retomassem Trondheim. Todavia, o comandante da força em Aandalesnes é convencido a ajudar os noruegueses em Lillehammer, que estavam sendo repelidos por pesado fogo alemão. Isso faz com que o contingente em Namsos, menos forte que o esperado, não possa rumar para Trondheim. No decorrer da semana seguinte, os alemães contra-atacam na Noruega central e empurram os Aliados de volta para Aandalesnes. Em 26 de abril, o Supremo Conselho de Guerra Interaliado conclui que todas as forças devem ser evacuadas da Noruega central e se concentrar em Narvik.

A evacuação é completada em 3 de maio e os aliados avançam para Narvik. Ao final da terceira semana de maio, a estrada para Narvik está aberta. No fim do mês, as tropas alemãs baseadas ali estão com poucos suprimentos e à beira de um colapso. Em 28 de maio, os

MAIO

6 de maio - Hitler adia mais uma vez a data do ataque à Europa Ocidental.

8 de maio - Neville Chamberlain renuncia como primeiro-ministro britânico. Hitler decide que o ataque ao oeste começará em 10 de maio.

10 de maio - Hitler lança a invasão dos Países Baixos. Churchill torna-se primeiro-ministro britânico e lidera um governo de coalizão.

12 de maio - Ataques de bombardeiros britânicos às pontes do Canal Albert são repelidos com pesadas baixas.

13 de maio - Os alemães cruzam o rio Meuse em Sedan.

aliados lançam um ataque final e tomam Narvik. Contudo, durante o avanço sobre a cidade, a situação estratégica muda: os alemães haviam invadido a Bélgica e a Holanda em 10 de maio, fazendo com que a Noruega parecesse ser bem menos importante. Os Aliados decidem, então, por uma evacuação, que é levada a cabo entre 3 e 8 de junho. A tragédia final da campanha aconteceu no último dia, quando o porta-aviões britânico *HMS Glorious* foi afundado com quase toda sua tripulação.

A França e os Países Baixos

Os alemães iniciam a invasão da Bélgica e da Holanda nas primeiras horas do dia 10 de maio, com ataques a aeródromos e desembarques aerotransportados para tomar as pontes mais cruciais. A BEF e três exércitos franceses respondem se deslocando para dentro da Bélgica ao norte, ao longo do rio Dyle e do Meuse. O drama daquele dia ainda não estava completo: Neville Chamberlain renunciaria ao cargo de primeiro-ministro e, naquela mesma noite, seria substituído por Winston Churchill.

Em 12 de maio, os alemães ocupam a margem norte do Meuse. No dia seguinte, os alemães cruzam o rio em cada um dos lados de Sedan, deixando

General Maxime Weygand, convocado à França para substituir o general Gamelin como comandante supremo.

claro que os Aliados estavam em sérias dificuldades. A RAF lança uma série de ataques no dia 14 para interromper as travessias do Meuse, mas sofre diversas baixas no processo, sem resultado prático nenhum. Esforços semelhantes da força aérea francesa têm o mesmo destino.

Roterdã é pesadamente bombardeada no dia 14, logo *depois* de se render aos alemães, pois os

1940

MAIO

14 de maio - Forças blindadas alemãs rompem as linhas aliadas em Sedan. Os alemães bombardeiam Roterdã.

15 de maio - O governo holandês capitula. A Grã-Bretanha estabelece as Forças de Voluntários para Defesa Local.

16 de maio - Os exércitos aliados começam a se retirar da Bélgica.

17 de maio - Cai Bruxelas.

18 de maio - Antuérpia se rende aos alemães. A Alemanha captura St. Quentin e Cambrai.

19 de maio - O general Weygand é nomeado comandante das forças francesas no lugar do general Gamelin. O marechal Pétain, herói da Primeira Guerra Mundial, é nomeado vice-primeiro-ministro.

Acima: refugiados belgas desabrigados pela invasão alemã vagueiam em busca de refúgio.

retirar da Bélgica para fazer frente à ameaça e, assim, Bruxelas cai no dia 17. Com os Aliados em franca retirada, os alemães continuam em seu avanço e a 7ª Divisão *Panzer* do general Erwin Rommel chega a Cambrai no dia 18.

A sequência de reveses leva à substituição do comandante francês, general Georges Gamelin. Era difícil saber o que seu substituto, o general Maxime Weygand, poderia fazer. Os exércitos aliados foram divididos em dois quando os alemães alcançaram a foz do rio Somme em 20 de maio, forçando os britânicos a um contra-

bombardeiros não conseguiram captar as ordens de cancelar o ataque. Os holandeses sentem que não têm opção além da rendição, que acontece em 15 de maio. Logo os alemães começariam a romper a cabeça de ponte em Sedan, deixando claro que, apesar das expectativas em contrário, um grande avanço blindado pelas Ardenas estava a caminho. Os Aliados começam a se

Acima: tripulante de tanque francês se rende a soldados alemães após o fracasso em interromper o avanço alemão.

MAIO

20 de maio - Cai Amiens. Rommel cerca Arras e as forças alemãs atingem a costa belga em Noyelles, dividindo os exércitos aliados em dois.

21 de maio - A BEF lança um contra-ataque em Arras.

22 de maio - Forças blindadas alemãs rumam para atacar os portos do canal.

23 de maio - Iniciada a evacuação de Boulogne. O general von Rundstedt ordena que as divisões *Panzer* interrompam seu avanço para reabastecer e reequipar.

25 de maio - Cai Boulogne e a BEF começa sua retirada para Dunquerque.

26 de maio - A Operação Dynamo (dínamo) começa, com uma armada partindo de portos britânicos para evacuar a BEF da França.

27 de maio - Começa a evacuação da BEF de Dunquerque.

27/28 de maio - Forças aliadas recapturam Narvik dos alemães.

Coluna de soldados britânicos feridos em Dunquerque.

ataque em Arras em uma tentativa de aliviar a pressão. O ataque contra a 7ª Divisão *Panzer* recebeu apoio de um avanço francês para o sul, porém a falta de tanques e de coordenação entre as duas forças fez com que tudo não passasse de um contratempo passageiro para Rommel, que repeliu o ataque.

O avanço alemão continua e em 25 e 27 de maio caem, respectivamente, Boulogne e Calais. O restante das forças *Panzer* interrompe o avanço, já que von Rundstedt acreditava que uma pausa para reparos e reabastecimento era necessária. Com a BEF, os belgas e o Primeiro Exército francês isolados, essa decisão parecia ser bastante razoável, especialmente considerando que Hermann Goering, líder da *Luftwaffe*, informara Hitler de que os exércitos inimigos poderiam ser destruídos do ar. Contudo, a pausa dá ao comandante da BEF, general *Lord* Gort, tempo para avaliar a situação. Ele conclui que o grande contra-ataque proposto por Weygand não teria sucesso e que sua responsabilidade era salvar o máximo possível da BEF. Assim, ordena para que a BEF recue para Dunquerque e se prepare para uma evacuação.

Operação Dynamo

A marinha britânica começa a pôr em prática seu plano para a evacuação de Dunquerque, a Operação Dynamo, que fora preparada durante os seis dias anteriores, quando ficou claro que poderia ser necessário resgatar elementos da BEF. Contudo, a escala da operação era maior que o esperado.

1940

MAIO

28 de maio - O rei Leopold da Bélgica ordena a rendição de seu exército.

29 de maio - Hitler ordena o desvio da ofensiva principal para a França.

31 de maio - Churchill voa para Paris.

JUNHO

4 de junho - A última embarcação da evacuação deixa Dunquerque nas primeiras horas do dia. Tropas alemãs entram em Dunquerque. Churchill faz seu famoso discurso, declarando que a Grã-Bretanha jamais se renderia.

4/8 de junho - Forças aliadas se retiram de Narvik. O rei Haakon e seu governo são evacuados para formar um governo no exílio em Londres.

5 de junho - Os alemães iniciam o ataque aos exércitos franceses no sul. O general Charles de Gaulle é nomeado Subsecretário de Estado para a Guerra.

6 de junho - O avanço alemão atinge o rio Aisne.

9 de junho - As forças francesas no Somme são derrotadas.

A evacuação começa no dia 27 de maio, quando o rei Leopold da Bélgica anuncia sua intenção de se render, com as formalidades da rendição sendo concluídas no dia seguinte. A evacuação continua, apesar de fustigada pelo ar, e durante os oito dias seguintes mais de 300.000 soldados britânicos e franceses são evacuados para a Grã-Bretanha. O sucesso da operação gerou um grande orgulho entre os britânicos, mais ainda pelo fato de muitas das embarcações envolvidas serem civis, várias delas tripuladas por civis e despreparadas para cruzar o canal. Churchill acalma o entusiasmo de todos ao lembrar que evacuações não vencem guerras, mas acende o espírito da nação com um discurso (comumente conhecido como "We shall fight on the beaches") que declara que a Grã-Bretanha lutará onde preciso for e jamais se renderá.

Um aspecto da evacuação passou despercebido ao público. A RAF voou missões de patrulha constantemente sobre França e Bélgica para impedir que bombardeiros alemães alcançassem a praia da evacuação. Embora não conseguisse parar totalmente a *Luftwaffe* e sofresse pesadas baixas, a RAF efetivamente controlou o espaço aéreo, talvez pela primeira vez, mas certamente não pela última.

Hitler ficou especialmente encantado com a rendição francesa e, para celebrar, fez uma viagem da vitória a Paris.

O Avanço para o Sul

Os alemães agora desviam seu avanço para o sul da França. Em 9 de junho, os franceses são expulsos do Somme e o sucesso dos alemães anima Mussolini a declarar guerra a Grã-Bretanha e França no dia 10. O presidente Roosevelt responde oferecendo ajuda material aos Aliados.

Paris é declarada cidade aberta no dia seguinte e os alemães entram na capital no dia 14. No mesmo dia,

JUNHO

10 de junho - A Noruega se rende. A Itália declara guerra a Grã-Bretanha e França. O governo francês se muda de Paris para Tours. O presidente Roosevelt promete ajuda material para França e Grã-Bretanha.

11 de junho - Paris é declarada cidade aberta. Aeronaves italianas bombardeiam Malta, Aden e Porto Sudão. Os britânicos bombardeiam Turim e Gênova, além de alvos na Líbia e na Eritreia. Carros blindados britânicos cruzam a fronteira com a Líbia e atacam um comboio de suprimentos italiano.

12 de junho - Cinco divisões aliadas (quatro francesas, uma britânica) se rendem em St. Valéry.

14 de junho - Os alemães entram em Paris. A Linha Maginot é rompida próximo a Saarbrücken e Fort Maddelena.

16 de junho - O governo francês decide buscar o armistício. Reynaud renuncia, sendo substituído como primeiro-ministro por Pétain.

a linha de defesa Maginot, erigida supostamente para impedir uma invasão alemã, é rompida perto de Saarbrücken. O governo francês decide que não há opção senão o armistício. O primeiro-ministro Reynaud renuncia e é substituído pelo herói da Primeira Guerra Mundial, marechal Henri Pétain. As últimas tropas britânicas deixam a França em 18 de junho. Mais tarde, no mesmo dia, o general Charles de Gaulle, que escapara para Londres, faz um pronunciamento para França pelo rádio, conclamando os franceses a não se entregarem e pedindo voluntários para as forças da França Livre, que futuramente ajudariam a expulsar os alemães.

Em 22 de junho, a França assina um armistício. O revanchismo de Hitler por causa da Primeira Guerra fica demonstrado por sua insistência em que a rendição aconteça no mesmo vagão ferroviário usado para a assinatura do armistício de novembro de 1918 (quando a cerimônia termina, Hitler ordena que o vagão seja transportado para Berlim, para exibição pública). As hostilidades na França cessam em 25 de junho com um armistício, cujos termos deixam o sul do país sendo governado por Pétain, a partir da cidade de Vichy.

Charles de Gaulle escapou para Londres após a rendição da França.

Agora, os britânicos estão sozinhos. Churchill já havia alertado a nação em 18 de junho: "O que o general Weygand chamou de Batalha da França terminou. Acredito que a Batalha da Grã-Bretanha esteja para começar".

A Batalha da Grã-Bretanha

As perdas sofridas durante a Batalha da França e a evacuação de Dunquerque deixam a RAF com um número de aeronaves que quase não é suficiente para defender a Grã-Bretanha de

1940

JUNHO

18 de junho - As últimas tropas britânicas deixam a França. De Londres, o general de Gaulle se dirige pelo rádio ao povo francês, chamando voluntários para se juntarem às forças da França Livre.

20 de junho - Tropas italianas invadem o sul da França.

22 de junho - França e Alemanha assinam um armistício.

24 de junho - França e Itália assinam um armistício.

25 de junho - As hostilidades terminam na França. Os alemães controlam o norte da França, deixando o sul para ser governado pelo marechal Pétain em Vichy.

26 de junho - A Turquia declara neutralidade.

28 de junho - O governador-geral italiano da Líbia, marechal Balbo, morre em um acidente aéreo e é substituído pelo general Rodolfo Graziani.

30 de junho - Forças alemãs ocupam as ilhas do canal.

ataques aéreos. Está claro, todavia, que uma invasão alemã só seria possível se, antes, os caças da RAF fossem derrotados. Enquanto os britânicos tivessem meios para defender a *Royal Navy* dos ataques de bombardeiros alemães, a marinha britânica poderia dizimar uma frota de invasão.

O Comando de Caças britânico era dividido em Grupos, sendo o mais importante deles o 11º Grupo, que cobria a costa sul e Londres. Os britânicos tinham, ainda, a vantagem de uma rede de radares que poderia avisar sobre a chegada de um ataque com antecedência. Apesar das probabilidades, o Comando de Caças infligiu danos sérios aos ataques da *Luftwaffe*.

A fase inicial da batalha aérea aconteceu acima dos comboios que cruzavam o canal. Os bombardeiros alemães contavam com uma cobertura considerável dos caças alemães, causando tantas perdas aos comboios que o almirantado se viu forçado a

Pilotos da 85º Esquadrilha da RAF em frente a um Hawker Hurricane.

JULHO

2 de julho - É baixada uma diretiva militar alemã ordenando a preparação para uma invasão da Grã-Bretanha.

3 de julho - A marinha britânica bombardeia a frota francesa em Oran e Mers-el-Kebir para evitar que as embarcações caiam em mãos alemãs.

4 de julho - Tropas italianas atacam posições britânicas em Kassala e Gallabat.

5 de julho - A França de Vichy rompe relações diplomáticas com a Grã-Bretanha.

6 de julho - Entra em funcionamento a primeira base de submarinos alemães, os *U-boot*, em Lorient, na França.

9 de julho - Acontece a primeira batalha entre forças navais britânicas e italianas no Mediterrâneo. Os italianos se retiram e rumam para o porto.

10 de julho - Ataques aéreos alemães às docas em South Wales marcam o início da Batalha da Grã-Bretanha.

11 de julho - Pétain é declarado chefe de estado francês.

16 de julho - Hitler ordena a invasão da Grã-Bretanha.

suspendê-los temporariamente. Uma calmaria no final de julho marcou o fim da primeira fase da batalha.

Em 6 de agosto, Goering define o dia 10 como o primeiro dia da ofensiva principal contra a Grã-Bretanha. A ofensiva seria retardada pelo mau tempo até o dia 13. Nesse ínterim, a *Luftwaffe* ataca aeródromos costeiros e estações de radar. Estações de radar eram alvos críticos, porém, felizmente para os britânicos, Goering não parece perceber sua importância e não dá prioridade a ataques mais pesados e constantes.

Quando a principal ofensiva começa, os resultados são desapontadores para os alemães, que deixam de destruir alvos e sofrem perdas significativas em sua frota de bombardeiros de mergulho Stukas. Na verdade, os alemães tiveram de retirá-los da batalha, já que eram vulneráveis demais aos caças, fato que ainda não fora percebido devido à falta de caças inimigos na Polônia e na Europa Ocidental. Como resultado, outro ataque pesado é planejado para o dia 15, com o nome de código "*Adler Tag*" (Dia da Águia). Os alemães voam quase 1.800 surtidas, incluindo ataques partindo da Noruega contra o nordeste da Inglaterra. As forças provenientes da Noruega são seriamente desbaratadas,

Um comboio no canal sob ataque aéreo. Comboios como esse foram interrompidos temporariamente para evitar mais perdas.

mas o peso dos ataques alemães aos aeródromos começa a ser sentido e a RAF passa por um momento de considerável pressão. Em 18 de agosto, os alemães infligem danos sérios a diversos aeródromos de caças, causando grande confusão no comando e no controle. Além disso, os fortes ataques dos dias anteriores causaram perdas significativas de pilotos da RAF e os que sobreviveram estavam exaustos. Felizmente para as tripulações da RAF, o mau tempo intervém e os britânicos ganham algum tempo para se recuperar.

1940

JULHO

19 de julho - Hitler apela aos britânicos pela paz e sua oferta é rejeitada imediatamente. O general *Sir* Alan Brooke é nomeado comandante em chefe das Forças Internas Britânicas.

21 de julho - Os países do Báltico são incorporados pela URSS.

22 de julho - Churchill ordena a formação da Executiva de Operações Especiais, ou SOE (*Special Operations Executive*) para ajudar movimentos de resistência por toda a Europa.

30 de julho - Termina a primeira fase da Batalha da Grã-Bretanha.

31 de julho - Hitler informa ao alto-comando alemão sua intenção de invadir a União Soviética na primavera de 1941.

A Terceira Fase

A terceira fase da Batalha da Grã-Bretanha começa em 24 de agosto de 1940 e continua a se concentrar nos aeródromos. Goering, contudo, comete um grave erro de julgamento, interrompendo os ataques ao sistema de radar por causa de resultados aparentemente pífios. Além disso, o serviço de informações alemão é sofrível e sugere que, naquele momento, a RAF já está quase destruída, o que está longe da verdade, apesar do fato da pressão sobre o Comando de Caças já se fazer sentir.

Um alívio nessa pressão viria de um evento imprevisível. Na noite de 24/25 de agosto, um bombardeiro alemão voltando para sua base com sua carga de bombas ainda a bordo segue o procedimento normal e alija suas bombas. Contudo, devido a um erro de navegação, as bombas não caem em área aberta, mas em Londres. Os britânicos não sabem que fora um acidente contrariando ordens expressas de Hitler para que a cidade não fosse ser bombardeada em hipótese nenhuma e, na noite seguinte, retaliam contra Berlim. Isso força uma mudança de tática: furioso com o ataque, Hitler considera bombardear Londres.

A decisão de Hitler baseia-se em avaliações precipitadamente otimistas sobre a força da RAF ou, mais precisamente, sobre suas fraquezas. O Comando Aéreo Alemão estava convencido de que bastava uma batalha decisiva para destruir os poucos caças britânicos e dar a vitória à *Luftwaffe*. Hitler, então, ordena o início dos ataques a Londres, dando

A Ponte da Torre contra um fundo de fumaça e chamas criado pelo primeiro grande ataque aéreo alemão a Londres.

AGOSTO

1 de agosto - Hitler ordena que a *Luftwaffe* inicie operações para ganhar superioridade aérea sobre a Grã-Bretanha a partir de 6 de agosto.

4 de agosto - Os italianos invadem a Somalilândia britânica.

6 de agosto - Hermann Goering define 10 de agosto como data do início de uma grande ofensiva por ar.

A Catedral de St. Paul durante o grande ataque incendiário de domingo, 29 de dezembro de 1940.

aos aeródromos o alívio de que desesperadamente precisavam.

Em 7 de setembro, os alemães desviam seus ataques para Londres e, no decorrer dos dias seguintes, a cidade sofre ataques dia e noite. Entretanto, para atingir Londres, os bombardeiros precisam abrir mão da cobertura dos caças, dando à RAF uma oportunidade que é bem explorada. As baixas entre os bombardeiros alemães aumentam consideravelmente, tanto em termos de aeronaves quanto de tripulações. Em 10 de setembro, Hitler adia a invasão da Grã-Bretanha, a Operação Sealowë (leão-marinho), por pelo menos 24 horas. Cinco dias mais tarde, a *Luftwaffe* tenta atrair a RAF para outra batalha decisiva e sofre sério revés. As alegações britânicas de que a RAF derrubara 185 aeronaves alemãs são exageradas, mas o fato é que os alemães se veem obrigados a aceitar que sua tentativa de obter o domínio aéreo fracassara. Isso provoca uma reavaliação das operações e o desgaste sofrido leva à decisão de conduzir a campanha de bombardeios somente à noite. Assim, em 17 de setembro, Hitler adia a Operação Sealowë indefinidamente. Finalmente, em 24 de outubro, os planos são completamente abandonados. A Batalha da Grã-Bretanha termina.

A Frustração de Mussolini

Mussolini se deparava com um problema embaraçoso. Embora se declarasse o "parceiro primordial" entre as nações do Eixo, sua posição era cada vez mais solapada pelas derrotas de suas forças, enquanto as de Hitler obtinham sucessos espetaculares. A disposição

1940

AGOSTO

8 de agosto - A *Luftwaffe* retoma seus ataques a embarcações no canal inglês.

10 de agosto - O tempo ruim força o adiamento do início da ofensiva aérea alemã contra a Grã-Bretanha.

12 de agosto - Começam os ataques alemães a radares e aeródromos britânicos.

13 de agosto - Churchill e Roosevelt assinam o acordo de auxílio material conhecido como *Lend-Lease*. Os maiores ataques aéreos à Grã-Bretanha se mostram, até essa data, ineficazes.

15 de agosto - "Adler Tag" (o Dia da Águia): o auge dos esforços da *Luftwaffe* contra a Grã-Bretanha.

17 de agosto - Os italianos completam a ocupação da Somalilândia britânica. A guarnição britânica é evacuada por mar. Hitler anuncia um bloqueio marítimo total contra a Grã-Bretanha.

18 de agosto - "O Mais Duro dos Dias": os alemães infligem danos pesados aos aeródromos do Comando de Caças. O mau tempo força os alemães a reduzirem ataques durante os próximos dias.

de Hitler de agir militarmente sem consultá-lo era outra fonte de irritação para o ditador italiano, que se sentia marginalizado. Até certo ponto, tudo isso era responsabilidade do próprio Mussolini. Sua decisão de entrar na guerra somente quando parecia que a Grã-Bretanha estava à beira da derrota não angariara o respeito de Hitler.

A frustração de Mussolini é acentuada por sua suspeita das intenções de Hitler em relação aos Bálcãs. O colapso do Império Austro-Húngaro deu origem a Hungria, Romênia e Iugoslávia, ainda que nenhuma das três nações ficasse satisfeita com o território que lhes fora atribuído pelo tratado de paz.

Hitler se encontra com o líder romeno Ion Antonescu na chancelaria do Terceiro Reich, em Berlim.

AGOSTO

19 de agosto - Mussolini instrui Graziani para invadir o Egito no mesmo dia em que uma invasão da Grã-Bretanha pela Alemanha ocorre.

20 de agosto - Churchill faz seu famoso discurso sobre "os poucos".

22 de agosto - Parte um comboio britânico com reforços para o Egito.

24 de agosto - Começa a terceira fase da Batalha da Grã-Bretanha. Bombas alemãs caem em Londres.

25/26 de agosto - A RAF bombardeia Berlim.

26 de agosto - Duas divisões *Panzer* são enviadas para a Polônia para dar início aos preparativos de uma invasão da URSS.

30 de agosto - A frota britânica no Mediterrâneo é reforçada.

Os húngaros se irritaram porque a Transilvânia fora entregue à Romênia, particularmente a área ocupada por magiares étnicos. Apesar das discussões entre as duas nações, nenhum acordo aconteceu.

Ambas as nações se prepararam para um enfrentamento, que só não aconteceu porque Hitler avisou que interviria para evitar um conflito. A Alemanha dependia fortemente do petróleo romeno e Hitler não podia se dar ao luxo de permitir que um conflito nos Bálcãs ameaçasse os suprimentos de que seus exércitos precisavam. Mussolini também tinha seus interesses, que pendiam para as reivindicações húngaras na Transilvânia. O interesse das duas potências do Eixo persuadiu romenos e húngaros a recorrerem à arbitragem. As potências deram sua decisão em 30 de agosto de 1940, que não satisfez nem húngaros, nem romenos. A Transilvânia foi dividida entre os dois países, enfurecendo os romenos, que já haviam sido forçados a ceder território à URSS. Em 4 de setembro, o general Ion Antonescu força o rei Carol da Romênia a abdicar em favor de seu filho, o príncipe Michael, e impõe uma ditadura.

Uma vez que os italianos favoreciam os húngaros, Antonescu continuou a política de Carol de buscar o patrocínio alemão. Uma delegação militar romena visitou Berlim dois dias antes do golpe de Antonescu e convidou Hitler a fornecer ajuda militar. Uma divisão do exército alemão chega a Bucareste

Alegadamente, Mussolini nutria pouca admiração por Hitler, apesar do sucesso militar alemão.

1940

SETEMBRO

4 de setembro - Hitler faz um discurso declarando que as cidades britânicas serão arrasadas em retaliação aos ataques contra a Alemanha.

5/6 de setembro - Londres é bombardeada conforme a *Luftwaffe* passa a operar ataques noturnos.

7 de setembro - Londres é submetida a ataques aéreos maciços. Começa a *Blitz* Noturna.

10 de setembro - Hitler adia a Operação Sealowë até 24 de setembro e quatro dias depois até 27 de setembro.

13 de setembro - O Egito é invadido pela Itália.

em 7 de outubro de 1940. Mussolini informara seu ministro do exterior em 12 de outubro que já estava cansado da desconsideração de Hitler em consultá-lo e que, em vista da opinião pública desfavorável na Itália, era preciso restaurar um "equilíbrio" nos Bálcãs. Sua solução para isso foi invadir a Grécia.

A Campanha Grega

As forças italianas recebem ordens para invadir a Grécia apenas 12 dias após a decisão de Mussolini. O exército italiano se sobressalta, já que desmobilizara 500.000 homens recentemente. Solicitações de um adiamento somente são atendias no último momento. Assim é que tropas italianas cruzariam a fronteira entre a Albânia e a Grécia apenas em 28 de outubro. Um dia antes, Hitler, em uma visita à França de Vichy, fora avisado pelo embaixador alemão em Roma que os italianos estavam prestes a invadir a Grécia. Hitler se apressou a ir ao encontro de Mussolini no passo de Brenner, lá chegando às 10h do dia 28, somente para ouvir do orgulhoso ditador, "Estamos a caminho!".

Mussolini esperava uma vitória fácil, mas sua confiança era inadequada. Subestimando os gregos,

exigiu sua rendição após um ataque aéreo relativamente leve a diversos alvos em toda a Grécia. O monarca, rei George II, e seu primeiro-ministro, general Joannis Metaxas, rejeitaram a exigência e instituíram uma mobilização geral.

O mau tempo interferiu nas operações italianas, principalmente nas operações aéreas, deixando que a mobilização grega ocorresse com pouca dificuldade. Em uma semana, as forças gregas estavam prontas para contra-atacar, o que fizeram em 4 de novembro. Os gregos estavam em menor número, mas os italianos não estavam familiarizados com o combate em terreno montanhoso e começaram a recuar. Na verdade, tropas gregas cruzaram a fronteira com a Albânia em 21 de novembro de 1940 e tomaram diversas cidades. Todavia, o inverno estava chegando e, em 5 de dezembro, o avanço grego já perdera impulso. Ambos os lados, então, se preparam para o inverno.

Os Bálcãs e as Ambições de Hitler

Hitler não ficou nada impressionado, mas considerou que era necessário ajudar os italianos. A invasão tornara os gregos inimigos que agora poderiam permitir aos britânicos a instalação de

---

SETEMBRO

15 de setembro - "Dia da Batalha da Grã-Bretanha" – O auge dos combates de caças à luz do dia.

17 de setembro - Hitler adia a Operação Sealowë indefinidamente.

24 de setembro - Um comboio de reforço britânico chega ao Egito e atraca em Port Said.

29 de setembro - Um comboio partindo de Alexandria para Malta não provoca resposta naval dos italianos.

16 de setembro - O avanço italiano atinge Sidi Barani, depois é interrompido para permitir a construção de posições defensivas.

21 de setembro - O general *Sir* Archibald Wavell, o comandante britânico no Egito, inicia planos para um contra-ataque.

Após os gregos terem empurrado a força de invasão italiana de volta para os Bálcãs, Hitler envia tropas para garantir que a Grécia não se torne uma base de onde os Aliados possam ameaçar o flanco sul de seu ataque à União Soviética.

aeródromos em seu território, de onde poderiam atingir a infraestrutura de petróleo na Romênia. Sendo assim, ajudar Mussolini era a única maneira de remover a ameaça. Em 13 de dezembro de 1940, Hitler dá instruções para que seja assegurado o flanco sul de sua futura invasão da Rússia. Assim, tropas deveriam ser enviadas através da Hungria para a Romênia, de onde poderiam invadir a Grécia se forças britânicas começassem a desembarcar naquele país.

Romênia e Hungria já haviam assinado o Pacto Tripartite em novembro de 1940 e Hitler esperava forçar a adesão da Bulgária, para permitir o acesso à Rússia através de seu território. Negociações para permitir a passagem de tropas começam em 1 de janeiro de 1941, mas os búlgaros estão hesitantes. Em 13 de

1940

SETEMBRO

30 de setembro - Último grande ataque diurno à Grã-Bretanha.

OUTUBRO

8 de outubro - Parte o segundo comboio de suprimentos para Malta. Os italianos tentam interferir na viagem de retorno e diversas embarcações italianas são afundadas.

17-20 de outubro - Submarinos alemães afundam 32 embarcações dos comboios SC7 e HX79.

janeiro, Hitler exige que os búlgaros se juntem ao Pacto Tripartite, mas o governo de Sofia reluta.

Em 24 de janeiro, os italianos lançam um ataque contra as forças gregas na Albânia. Nesse momento, os britânicos interveem e tentam estabelecer um bloco contra o Eixo nos Bálcãs. O governo da Iugoslávia se recusa a negociar com os britânicos, mas os gregos se entusiasmam. Em 14 de fevereiro, suspeitando do governo da Iugoslávia, Hitler decide forçar aquele país a se unir ao Pacto Tripartite. Convida, então, o príncipe Paul para discutir a questão e exige permissão para que tropas alemãs passem através de seu território. Em 25 de março, o governo da Iugoslávia assina o Pacto Tripartite.

Nesse momento, tropas britânicas começam a chegar à Grécia, com um primeiro contingente desembarcando em 7 de março de 1941. O risco para a segurança dos campos petrolíferos romenos era um peso na mente de Hitler. Entretanto, uma série de eventos notáveis na Iugoslávia no final daquele mês acabaria com as dúvidas de Hitler sobre a necessidade de agir ou não. No dia 27, um grupo de oficiais da força aérea que se opunha ao Pacto Tripartite dá um golpe de estado.

O príncipe regente Paul é deposto e o príncipe Peter é instalado como monarca de fachada, já que o poder era exercido, de fato, pelo general Dusan Simovic, que liderava o novo governo. Simovic anuncia suas objeções ao Pacto Tripartite e deixa claro que está preparado para negociar com os britânicos sobre a formação de um governo de coalizão antifascista e buscar uma acomodação com a URSS.

Isso é demais para Hitler, que ordena a invasão da Grécia e da Iugoslávia.

Invasão e Colapso

As forças do Eixo invadem a Iugoslávia e a Grécia em 6 de abril de 1941. Um ataque aéreo a Belgrado deixa muitas baixas e grande parte da força aérea iugoslava é destruída no solo durante bombardeios aéreos alemães. Apesar de seus esforços, os iugoslavos têm dificuldade para defender seu território. Em dois dias, seus exércitos começam a ruir sob o peso do avanço alemão. Enquanto isso, os alemães fazem progresso em direção às linhas defensivas gregas em Metaxas e Aliakmon. A contribuição britânica para a defesa do país, a Força W, não conseguiu suportar o ataque e, em 10 de abril, suas tropas são forçadas a se retirar da Linha

---

OUTUBRO NOVEMBRO

28 de outubro - Tropas italianas invadem a Grécia.

4 de novembro - Os gregos montam um contra-ataque e empurram os italianos de volta para a Albânia.

11/12 de novembro - Batalha de Taranto - A força naval italiana é severamente reduzida por um ataque de aviões da marinha britânica.

Soldados italianos passeiam pela Acrópole depois da rendição grega.

Aliakmon para assumir novas posições próximas do Monte Olimpo.

Na Iugoslávia, os italianos avançam ao longo da costa do país e, em 13 de abril, os italianos entram em Belgrado. Três dias depois, cai Sarajevo, mostrando claramente que a resistência não podia continuar. Em 17 de abril, o governo iugoslavo capitula.

A situação na Grécia não era melhor para os Aliados. Em 18 de abril, os alemães rompem as posições na Linha Aliakmon, criando uma brecha entre forças britânicas e gregas. Para agravar a situação, o comandante grego, general Papagos, se recusa a retirar suas tropas da Albânia. Com isso, a parte oriental da Grécia fica protegida por pouco mais que quatro divisões da Força W da BEF. O ataque alemão acontece no momento em que os britânicos estão esperando a chegada de equipamentos, tornando ainda mais difícil a tarefa de enfrentar

1940

NOVEMBRO

14/15 de novembro - Um ataque aéreo a Coventry causa danos graves e marca o início de ataques pesados a cidades industriais britânicas.

26 de novembro - Exercício de Treinamento Número 1 da Força do Deserto Ocidental, em preparação para um contra-ataque contra forças italianas no Egito.

27 de novembro - O enfrentamento naval na costa da Sardenha termina sem vencedores quando os italianos se retiram e não são perseguidos.

Tropas italianas atacam posição iugoslava durante os primeiros dias da invasão daquele país em abril de 1941.

os alemães. No dia 19 de abril, sua posição se torna tão delicada que os gregos concordam que a Força W seja evacuada. O comandante britânico, general Henry Maitland Wilson, ordena uma retirada em direção aos portos do Peloponeso, mantendo uma proteção de retaguarda em Termópilas. A evacuação começa no dia 22 de abril, quando então o Primeiro Exército grego já se rendera por duas vezes. A primeira rendição aconteceu em 20 de abril para Sepp Dietrich, comandante da *SS Liebstandarte Adolf Hitler*. Os termos dessa rendição foram relativamente brandos e permitiam que os soldados gregos retornassem para casa. Mussolini se sentiu ultrajado e, em 21 de abril de 1941, novos termos de rendição, muito mais duros, são impostos aos desafortunados gregos.

DEZEMBRO

5 de dezembro - A primeira versão do plano de invasão da URSS é concluída pelo estado-maior alemão e apresentado a Hitler.

6 de dezembro - O Exército de Treinamento Número 2 britânico leva a Força do Deserto Ocidental até um ponto a 32 km de distância das posições defensivas italianas.

9 de dezembro - Os italianos acampam em Nibeiwa. Tummar Leste e Tummar Oeste são capturadas pela 4ª Divisão indiana. Belonaves britânicas bombardeiam Maktila e Sidi Barrani.

10 de dezembro - Sidi Barrani e Maktila são cercadas pelos britânicos.

11 de dezembro - Sidi Barrani cai em mãos britânicas.

Soldados alemães a caminho da Iugoslávia, verificando edificações à procura do inimigo em abril de 1941.

O rei George e seu governo são evacuados para Creta pela RAF em 23 de abril, evidenciando que o final da campanha dos Bálcãs se aproximava. A retaguarda britânica em Termópilas é forçada a recuar em direção aos portos de evacuação em 24 de abril e a última resistência grega fora de Atenas cai no dia 27, permitindo que tropas alemãs entrem na capital. A evacuação britânica é concluída no dia seguinte, com as tropas sendo retiradas para Creta. A evacuação em si é um sucesso, porém a Força W deixa quase todo o seu equipamento para trás.

Gregos e iugoslavos são deixados para lutar uma campanha de resistência contra as forças de ocupação.

Os Partisans Iugoslavos

Em 4 de julho de 1941, Jospi Broz, que antes da guerra fora um dos líderes do Partido Comunista iugoslavo, mais conhecido como "Camarada Tito", conclama uma revolta nacional contra as "hordas fascistas". Os *partisans* começam a combater quase que imediatamente, com atos de sabotagem em todo o país. Em Montenegro, as forças ocupantes italianas são fragorosamente derrotadas.

Tito presumiu que o conflito para liberar a Iugoslávia seria longo e difícil,

1941

DEZEMBRO

13 de dezembro - Hitler ordena a invasão dos países dos Bálcãs para proteger o flanco sul do ataque à URSS.

18 de dezembro - Hitler emite a Diretiva Número 18, confirmando seus planos de invadir a União Soviética, a Operação Barbarossa.

20 de dezembro - Todas as tropas italianas são expulsas do território egípcio.

JANEIRO

1 de janeiro - A Força do Deserto Ocidental é renomeada XIII Corpo.

5 de janeiro - Tropas australianas capturam Bardia.

6 de janeiro - Churchill dá prioridade aos reforços para a Grécia.

Uma multidão de soldados iugoslavos vagueia após o anúncio da rendição de seu governo.

uma conclusão que se mostrou correta. A tarefa foi dificultada por outro grupo de resistência, os *chetniks*, liderados por Draza Mihajlovic. Mihajlovic era um ardente monarquista, enquanto Tito queria estabelecer um estado comunista.

Assim, os *chetniks* consideravam os *partisans* de Tito uma ameaça ainda maior que os alemães e decidiram colaborar de fato com alemães e italianos para destruir os *partisans*.

JANEIRO

7 de janeiro - Tropas britânicas sitiam Tobruk.

8 de janeiro - Hitler anuncia sua intenção de dar apoio militar à Itália.

10 de janeiro - Roosevelt apresenta o projeto de lei *Lend-Lease* ao Congresso. A *Luftwaffe* ataca embarcações britânicas no Mediterrâneo, avariando seriamente o porta-aviões *HMS Illustrious*.

11 de janeiro - Aeronave alemã põe a pique o cruzador *HMS Southampton*.

Ofensivas Alemãs

O terreno da Iugoslávia, que atrapalhava as tentativas alemãs de controlar o país, juntamente com a necessidade de muitas tropas na URSS, permitiu que os *partisans* controlassem grandes áreas do território, administrando-as como regiões livres. No decorrer dos três anos seguintes, os alemães lançam uma série de ofensivas contra os *partisans*, mas sem jamais conseguir esmagar o movimento. A escala dessas operações é considerável. Por exemplo, em janeiro de 1943, os *partisans* enfrentavam mais de 150.000 soldados alemães, três divisões de tropas italianas e 18.000 *chetniks*, além de tropas do governo títere da Croácia. Mesmo assim, infligiram danos sérios aos italianos e expulsaram os Chetniks, que não conseguiriam se recompor

Tito (ao centro) posa para uma fotografia durante um intervalo no combate à quarta ofensiva do Eixo contra os partisans. As potências do Eixo não tinham homens suficientes para vencer o movimento de resistência iugoslavo.

1941

JANEIRO

17 de janeiro - Os italianos evacuam Kassala e Gallabat.

19 de janeiro - Tropas britânicas ocupam Kassala e entram na Eritreia.

22 de janeiro - Tobruk cai em mãos britânicas.

23 de janeiro - A 4ª Brigada Blindada Britânica chega à cidade egípcia de Mechili.

24 de janeiro - Forças britânicas comandadas pelo general Andrew Cunningham invadem a Somalilândia Italiana.

27 de janeiro - Os britânicos ocupam Mechili.

29 de janeiro - Começam as conversações entre Grã-Bretanha e Estados Unidos.

como força combatente pelo resto da guerra. As forças de Tito rumam para Montenegro, perseguindo as forças *chetnik* em fuga.

Outra ofensiva, a quinta, atinge duramente os *partisans*, mas estes continuam sendo uma força poderosa: ao final de 1943, Tito controla 300.000 homens e mulheres em sua organização e dois terços da Iugoslávia. Só esteve próximo da derrota na sétima ofensiva alemã, lançada em 1944. Tito quase é capturado, mas escapa e leva com ele a última chance dos alemães de derrotar os *partisans*.

A Liberação dos Bálcãs

Em 20 de agosto de 1944, o Exército Vermelho invade a Romênia e a frente romena desaba. O rei Carol II aproveita a oportunidade para se livrar de seu gabinete e deixa

Prisioneiros alemães são escoltados através de Bucareste por soldados romenos, após a Romênia se aliar aos soviéticos.

FEVEREIRO

3 de fevereiro - Começa a Batalha de Keren (Somalilândia).

4 de fevereiro - Reconhecimento aéreo revela que as forças italianas estão se retirando de Benghazi.

6 de fevereiro - Tropas australianas entram em Benghazi. Hitler nomeia o general Erwin Rommel para comandar as forças na Líbia.

6/7 de fevereiro - Batalha de Beda Fomm. A tentativa italiana de romper o cerco fracassa e as tropas são forçadas a se render. Agora, os italianos estão fora da Cirenáica.

8 de fevereiro - A Força H da marinha britânica bombardeia Gênova.

clara sua intenção de buscar um armistício com os Aliados. Cerca de 6.000 soldados da *SS* são enviados para Bucareste para intervir, mas a guarnição romena repele os alemães, que chegam à conclusão que, agora, a única maneira de sustentar sua posição é assassinando o rei. Uma tentativa de assassinato é feita em 24 de agosto, quando a *Luftwaffe* lança bombardeiros de mergulho contra o palácio do rei, que sobrevive. Muitos civis, porém, são mortos e, como consequência, os romenos se voltam contra seus antigos aliados. Ao invés de buscar um armistício, a Romênia declara guerra no mesmo dia em que tropas soviéticas entram no país.

Os alemães prontamente começam uma retirada para a Bulgária, causando grande preocupação à capital búlgara, Sofia. A Bulgária fazia parte do Eixo, mas não estava em guerra com a URSS. Permitir que as tropas alemãs usassem seu território provavelmente levaria a uma guerra com os soviéticos e, assim, tropas búlgaras desarmam os alemães e os enviam para campos de prisioneiros. Todavia, como os soviéticos controlavam a Romênia, ficou impossível manter a Bulgária longe de suas vistas.

Reviravoltas na Bulgária

Tentativas de negociar são em vão. O governo búlgaro proclama que não está mais em guerra com os aliados ocidentais, mas os soviéticos não estão convencidos. Em 5 de setembro de 1944, a URSS declara guerra, instando os búlgaros a declararem guerra contra a Alemanha e combater ao lado dos soviéticos. Isso dá aos soviéticos o controle de uma frente de mais de 676 km de extensão.

Os alemães são forçados a se reorganizar para confrontar a ameaça e se retiram da Grécia. Durante sua retirada, o país entra em colapso, com gregos monarquistas e comunistas se voltando uns contra os outros. Em 12 de outubro de 1944, tropas britânicas desembarcam na Grécia, na intenção de ajudar o governo no exílio a retomar o poder. O que encontram é um país dividido pela guerra civil. Os gregos se livrariam dos alemães em 4 de novembro de 1944, mas seu país continuaria em guerra civil até 1948.

Cai a Hungria

O governo húngaro temia, corretamente, ser o próximo a cair frente aos soviéticos. Os húngaros avançam pela Romênia em 5 de setembro de 1944, fazendo com que os soviéticos redirecionem algumas de

1941

FEVEREIRO

12 de fevereiro - A Batalha de Keren termina sem vencedores. Rommel chega à Líbia.

23 de fevereiro - O governo grego aceita a oferta britânica de tropas.

25 de fevereiro - A 11ª Divisão Africana toma Mogadishu dos italianos.

24 de fevereiro - Forças britânicas e alemãs se confrontam na Líbia pela primeira vez.

14 de fevereiro - Forças alemãs começam a chegar à Líbia.

suas unidades para a fronteira húngara. Isso leva pânico a Budapeste e o governo avisa os alemães que, a menos que mais tropas fossem enviadas, agiria nos interesses do país, ou seja, poderia agir exatamente como o governo romeno agira.

O líder húngaro, almirante Horthy, deu início a negociações secretas com os soviéticos. Essas negociações não impediram uma ofensiva soviética em 6 de outubro de 1944 contra Debrecen, que enfrentaria problemas nos três dias seguintes. Mesmo assim, as forças soviéticas chegam a menos de 113 km de Budapeste, preocupando o governo húngaro ainda mais. Para forçar Horthy a resistir aos soviéticos, Hitler ordena o sequestro de seu filho. O plano fracassa, mas persuade Horthy a renunciar em favor de Ferenc Szálasi.

Szálasi assume em 16 de outubro, porém há pouco a ser feito. Os soviéticos cercam as cidades gêmeas de Buda e Pest no Natal, atacando em seguida. As características urbanas de Pest dificultam o progresso, e a luta é renhida. Os soviéticos precisam explodir, literalmente, os defensores, prédio por prédio, rua por rua, até que os alemães e húngaros restantes se rendem em 18 de janeiro de 1945.

Buda foi igualmente difícil de tomar e os soviéticos subjugam a cidade usando a mesma abordagem metódica. Em 13 de fevereiro de 1945, certos de que continuar resistindo é inútil, os defensores remanescentes se rendem às 10h.

Peças de artilharia da Wehrmacht puxadas por cavalos entram na Bulgária durante a retirada alemã da Romênia, causando preocupação ao governo búlgaro.

MARÇO

1 de março - A 11ª Divisão Africana embarca em perseguição às forças italianas em direção ao Platô de Ogaden.

4 de março - Um contingente britânico parte do Egito para a Grécia.

7 de março - Tropas britânicas e da Comunidade Britânica chegam à Grécia.

8 de março - O *Lend-Lease* se torna lei nos Estados Unidos.

11 de março - Reunião do primeiro contingente de forças alemãs do *Afrika Korps* na Tripolitânia.

15 de março - Começa a segunda batalha por Keren.

16 de março - Tropas britânicas desembarcam em Berbera na Somalilândia Britânica.

O Último Ato

Os soviéticos agora avançam pela Áustria e chegam a Viena em 7 de abril. Após seis dias, a cidade cai.

A última grande atividade nos Bálcãs aconteceria na Iugoslávia. Os soviéticos entram no país em 11 de outubro de 1944, causando o colapso da resistência alemã em Belgrado. Em 7 de março de 1945, Tito forma um governo provisório, enquanto seus aliados soviéticos estão ocupados com a remoção das últimas tropas alemãs. Em 8 de maio de 1945, Zagreb é liberada. Alguns bolsões de resistência alemã persistem por mais

Tropas soviéticas avançam por uma rua durante a batalha pelo controle de Budapeste.

1941

MARÇO

19 de março - Churchill forma o Comitê para a Batalha do Atlântico para coordenar os esforços britânicos contra os submarinos alemães (os *U-boote*).

20 de março - A 11ª Divisão Africana e as forças em Berbera se reúnem depois de expulsar os italianos da Somalilândia Britânica e da Somalilândia Italiana.

24 de março - Rommel expulsa os britânicos de El Agheila.

27 de março - O terreno elevado acima de Keren é ocupado, forçando os italianos a se retirar da cidade.

uma semana, mas a guerra nos Bálcãs chega ao fim.

Operação Barbarossa

Hitler finalmente ataca a União Soviética em 22 de junho de 1941. O conflito entre os dois exércitos seria monumental, já que cada um contava com um efetivo de aproximadamente três milhões de homens.

Os alemães iniciam com vantagem. Stalin não acreditou que Hitler violaria o pacto de não-agressão e ignorou informações que avisavam sobre um ataque alemão, deixando de pôr suas forças em alerta. Além disso, o Exército Vermelho está enfraquecido: as purgas brutais ordenadas por Stalin em meados dos anos de 1930 fizeram com que muitos dos melhores líderes militares do país fossem executados, aprisionados ou exilados. Diversos dos melhores projetistas de aeronaves também haviam passado pela purga, o

Tropas com um canhão de infantaria de 76,2 mm modelo 1927 (76-27) na frente sudoeste, comandadas por D. Solodnov, aguardando em emboscada durante a Operação Barbarossa.

MARÇO

28 de março - Batalha de Cabo Matapan entre unidades navais britânicas e italianas. Cinco belonaves italianas são afundadas e o encouraçado *Vittorio Veneto* é avariado.

31 de março - Uma equipe dos EUA chega à Groenlândia para analisar seu uso como base para aeronaves de patrulha marítima.

ABRIL

1 de abril - Asmara, capital da Eritreia, é conquistada pelos britânicos. Raschid Ali toma o poder no Iraque.

2 de abril - Ataques navais desferidos pela Esquadra do Mar Vermelho italiana terminam em desastre, com cinco embarcações afundadas e duas capturadas pelos britânicos.

4 de abril - Alemães entram em Benghazi sem oposição.

6 de abril - Forças do Eixo invadem Iugoslávia e Grécia.

Blindado alemão atravessa uma vila em chamas durante o estágio inicial da Operação Barbarossa.

que causou atrasos no desenvolvimento de aparelhos modernos e deixou a força aérea soviética desesperadamente exposta. As consequências foram muitas e sérias. Comandantes de maior hierarquia careciam de aptidão, já que haviam sido nomeados mais por razões de lealdade que talento, as tropas estavam mal treinadas e faltavam projetistas talentosos para o programa soviético de equipamentos. Por fim, quando o ataque iniciou, os alemães eram mais experientes que seus adversários soviéticos.

O alto-comando alemão, conhecido pelas iniciais *OKW* (*Oberkommando der Wehrmacht*), sabia que os soviéticos poderiam simplesmente recuar para a vastidão do interior da Rússia e esperar pela chegada do inverno. Além disso, os soviéticos haviam aprendido muito sobre condições de combate de inverno durante a guerra com a Finlândia. Estava claro que somente um avanço rápido poderia levar à vitória, porém, nesse momento, Hitler e o *OKW* tinham uma séria diferença de

1941

ABRIL

8 de abril - Tropas do Eixo ocupam Skopje e Nis.

9 de abril - Os alemães capturam Salonica.

10 de abril - As forças britânicas começam a se retirar da Linha Aliakmon. Zagreb é capturada pelos alemães e a Croácia anuncia sua independência da Iugoslávia.

11 de abril - A zona de segurança pan-americana é ampliada, aumentando os limites em que a marinha americana poderia proteger navios mercantes. Rommel inicia um ataque a Tobruk.

12 de abril - Tropas americanas desembarcam na Groenlândia.

Unidade alemã com canhão antitanque nos arredores de uma vila russa durante a Operação Barbarossa. Essas armas foram extremamente úteis em combates urbanos, por sua capacidade de enfrentar muitos dos tipos de veículos blindados usados naquela época.

opinião. O OKW defendia um avanço para capturar a capital, enquanto Hitler desejava Leningrado, berço da revolução bolchevista. Hitler tinha certeza de que os soviéticos logo capitulariam e sua opinião prevaleceu.

As primeiras semanas da Barbarossa parecem confirmar as previsões de Hitler. Os soviéticos sofrem grandes perdas e os alemães avançam rapidamente. Em meados de julho de 1941, entretanto, os alemães começam a ter dificuldade para abastecer suas tropas avançadas, ao mesmo tempo em que diversos bolsões de forças soviéticas permanecem resistindo por toda a linha do avanço. A proporção da resistência mostrou-se desmoralizadora: ao final de agosto de 1941, 10% do exército de

ABRIL

13 de abril - Os alemães ocupam Belgrado. É assinado o pacto de neutralidade entre Japão e União Soviética.

17 de abril - A Iugoslávia se rende.

18 de abril - Uma brigada de tropas indianas desembarca em Basra.

20 de abril - O Primeiro Exército grego se rende aos alemães.

campo foram mortos ou feridos, ou estavam desaparecidos. Reposições eram feitas lentamente, significando que o exército alemão estava com 200.00 homens a menos do que precisava. Em setembro, já era óbvio que a URSS não seria derrotada facilmente.

Operação Taifun

Em 6 de setembro, Hitler emite uma diretiva tornando Moscou o próximo objetivo. A Operação Taifun (tufão) seria no já conhecido estilo *blitzkrieg*, com blindados penetrando profundamente nas linhas soviéticas e cercando posições inimigas para que fossem destruídas pela infantaria. Era um plano simples, mas que ignorava o fato de que os avanços ocorreriam no outono, quando as chuvas provavelmente deixariam as poucas estradas russas intransitáveis, prejudicando drasticamente a movimentação. Outro problema era o pressuposto de que aos soviéticos restariam somente 60 divisões naquele momento da campanha. Na verdade, eram 212.

Enquanto preparava sua estratégia, Stalin teve de considerar a possibilidade de um ataque vindo do leste. Terminou por decidir que esse ataque era improvável, já que a atenção do Japão estava voltada para seus preparativos para a guerra com os Estados Unidos. Isso deu confiança a Stalin para trazer do Extremo Oriente algumas de suas divisões mais experientes em combate, significando que o marechal Georgy Zhukov, cuja nomeação para o alto-comando no leste fora, de fato, um exílio, retornaria a Moscou para assumir o comando da resistência.

O ataque alemão começa em 30 de setembro, três dias depois do início das chuvas de outono. A resistência soviética é determinada e pontuada por uma série de contra-ataques bruscos que tomam os alemães de surpresa. Isso, combinado com as condições meteorológicas, reduz o ímpeto do avanço alemão até quase interrompê-lo em 30 de outubro. O *OKW* é forçado a admitir que o exército não conseguiria tomar Moscou antes de 1942. A chegada do frio de inverno, contudo, solidificou o solo, possibilitando que o avanço fosse retomado em 7 de novembro. Em 23 de novembro, os alemães estão a 48 km de Moscou. Foi o mais perto que conseguiram chegar.

Os soviéticos lançam um contra-ataque em 29 de novembro. O avanço alemão se estende demais, mas Hitler proíbe qualquer retirada. Ao invés disso, destitui todos os três

1941

ABRIL

22 de abril - Começa a evacuação de tropas britânicas da Grécia.

23 de abril - O rei George da Grécia e o governo grego são evacuados para Creta.

25 de abril - O *Afrika Korps* expulsa os britânicos do passo de Halfaya. Hitler ordena a captura de Creta.

27 de abril - Os alemães ocupam Atenas.

28 de abril - As últimas tropas britânicas deixam a Grécia.

29 de abril - As forças de Raschid Ali cercam a base britânica de Habbaniyah. A segunda brigada de tropas indianas desembarca em Basra.

comandantes de Grupo de Exércitos e remove diversos outros. É uma medida inócua, pois uma mudança de pessoal não mudaria o fato de que o inverno chegaria antes que os alemães estivessem em Moscou. Na noite de 4 de dezembro, a temperatura cai abaixo de -35 °C e Hitler é forçado a pôr fim ao ataque.

O Cerco a Leningrado

Não fosse a ânsia de Hitler por capturar Leningrado, a situação poderia ter sido outra. Tomar a cidade mostrou-se bem mais difícil do que o previsto, com os soviéticos no caminho do Grupo de Exércitos Norte impondo severa resistência. Os primeiros disparos da artilharia alemã atingem a cidade em 1 de setembro de 1941 e, uma semana depois, as comunicações por terra entre Leningrado e o restante da União Soviética são cortadas. A cidade é cercada em 15 de setembro e o sítio começou.

A decisão de desviar o ataque principal para Moscou deixou as forças alemãs fora de Leningrado sem força

Um comboio de caminhões com suprimentos se aproxima de Leningrado antes que a cidade seja cercada pelos alemães.

MAIO

5 de maio - Haile Selassie retorna para Addis Ababa. O general de divisão Bernard Freyberg nomeado comandante das forças britânicas em Creta.

6 de maio - A terceira brigada de tropas indianas desembarca em Basra.

8 de maio - O submarino U-110 é capturado pelo *HMS Bulldog*. Uma máquina de codificação *Enigma* é capturada.

9 de maio - A brigada britânica "Habforce" entra no Iraque, vinda da Palestina.

10 de maio - Rudolf Hess, substituto de Hitler, voa para a Escócia.

o bastante para um assalto à cidade. Os soviéticos, por sua vez, lutam para manter a cidade abastecida. O transporte de suprimentos por barcaça através do lago Lagoda é inadequado, evidenciando como foi insensata a decisão de não acumular estoques de alimentos antes do ataque.

Conforme a comida rareava, rações tiveram de ser drasticamente reduzidas. O Instituto Científico de Leningrado pesquisou fontes alimentares alternativas e desenvolveu uma farinha de concha de moluscos. Diversas substâncias, como serragem, são adicionadas ao "pão" feito com a farinha artificial. A população recebe apenas um décimo de suas necessidades diárias de calorias e as mortes por frio, fome, desnutrição e doenças chegam aos milhares.

Em 9 de novembro, os alemães tomam Tikhvin, de onde partiam os comboios com suprimentos para o lago Lagoda. Felizmente para quem estava em Leningrado, Tikhvin foi recapturada um mês depois, quando o lago Lagoda já estava congelado o bastante para ser cruzado por caminhões. Mesmo assim, a quantidade de suprimentos que poderia ser transportada até Leningrado era inadequada. Até que o cerco à cidade fosse levantado, seria uma longa e árdua luta, que duraria 900 dias.

A Batalha de Moscou

Em 6 de dezembro, forças soviéticas contra-atacam na linha de frente de Kalinin, logrando uma surpresa quase completa. O caos se instala nas linhas alemãs e os salientes ao norte e sul de Moscou colapsam. No mesmo dia, outras frentes também são atacadas e os alemães são incapazes de deter o avanço. O Exército Vermelho ainda não era capaz o bastante para explorar essa vantagem e os alemães estabelecem posições defensivas fortemente construídas, conhecidas como "ouriços". O contra-ataque soviético arrefece.

Não obstante, os alemães obtiveram vitórias em outros pontos. Odessa caíra em 16 de outubro, seguida por Taganrog um dia depois. Kharkov cairia no dia 24 e toda a Crimeia, com exceção de Sebastopol e Kerch, estava em mãos alemãs no dia 27.

Na primavera de 1942, contudo, ambos os lados estavam em um impasse. Hitler voltara sua atenção para o Cáucaso e o sul da Rússia, uma fonte importante de petróleo. Negar essa fonte aos soviéticos traria,

1941

MAIO

10/11 de maio - A última noite da *blitz* sobre a Grã-Bretanha é marcada pelos ataques mais pesados à Londres durante a guerra.

12 de maio - Um comboio chega a Alexandria com mais tanques e aeronaves para possibilitar uma ofensiva britânica contra o *Afrika Korps*.

15 de maio - Os britânicos lançam a Operação Brevity (brevidade), retomando o passo de Halfaya e tomando Sollum e Capuzzo.

16 de maio - Rommel contra-ataca e empurra os britânicos de volta para sua linha inicial.

18 de maio - A "Habforce" chega a Habbaniyah. O encouraçado *Bismarck* deixa o porto de Gdynia para operações no Atlântico, acompanhado pelo cruzador *Prinz Eugen*.

Infantaria e blindados alemães se deslocam para Kiev durante operações na Ucrânia. Inicialmente, os alemães foram bem-vindos como libertadores, mas sua brutalidade transformou possíveis aliados em oponentes.

obviamente, um segundo e igualmente importante benefício.

O Cáucaso

Durante a primeira fase das operações, o rio Volga deveria ser interceptado acima de Stalingrado, evitando que suprimentos de óleo chegassem aos soviéticos. A isso se seguiria um ataque contra os campos petrolíferos do Cáucaso. A península de Kerch é atacada em 8 de maio de 1942 e tomada em 16 de maio. Uma ofensiva soviética ao sul de Kharkov em 12 de maio repele os alemães, porém o Sexto Exército alemão avança sobre o saliente em Izyum no dia 18. Izyum e Barvenkova são capturadas no dia seguinte, deixando sem saída as forças soviéticas.

A atenção alemã se voltou para Sebastopol. Um ataque inicial em 1941 fora rechaçado, mas o combate ainda se arrastava. No início de junho, os

MAIO

19 de maio - Os britânicos tomam Fallujah dos iraquianos.

20 de maio - Começa o ataque alemão a Creta. Malme é tomada pelos alemães ao anoitecer.

21 de maio - O *Bismarck* é avistado por um avião de reconhecimento da RAF. A frota britânica é alertada e enviada em sua perseguição.

22 de maio - Soddu cai perante a 11ª e a 12ª Divisão Africana, pondo fim à campanha na África Oriental. O general Freyberg decide concentrar suas forças em Creta próximas ao porto de Suda.

23 de maio - O *Bismarck* e o *Prinz Eugen* são avistados pelo HMS *Suffolk* no Estreito da Dinamarca.

24 de maio - A frota britânica intercepta o *Bismarck*. O HMS *Hood* é posto a pique e o HMS *Prince of Wales* é avariado e forçado a abandonar a ação. O contato com o *Bismarck* é perdido.

Um soldado alemão se protege durante combate nas primeiras fases do ataque alemão a Kharkov.

alemães estão prontos para seu assalto final à cidade sitiada. Começando em 6/7 de junho de 1942, o ataque leva 27 dias para ser concluído. A guarnição luta desesperadamente, até ficar evidente que a única opção é a retirada. É iniciada uma evacuação em 30 de junho e em 4 de julho os alemães já dominam a cidade.

Em outro ponto, o Grupo de Exércitos B alcança o Don em Voronezh e toma a cidade, ao mesmo tempo em que o Grupo de Exércitos A ataca a bacia do Donets. Em 25 de julho, o Grupo de Exércitos A deixa suas cabeças de ponte no Baixo Don e se reúne ao Grupo de Exércitos B. Assim o avanço alemão prossegue firme no Cáucaso e, em 9 de agosto, os alemães tomam os campos petrolíferos de Maykop. Já com pouco combustível, descobrem que os soviéticos haviam destruído as instalações locais, negando-lhes os recursos de que tanto precisavam. Assim, o principal objetivo dos alemães não fora alcançado e as atenções se voltaram, então, para Stalingrado.

1941

MAIO

25 de maio - Reforços alemães chegam a Maleme, começando a segunda etapa da ofensiva alemã em Creta.

26 de maio - O *Bismarck* é localizado por um hidroavião da RAF. Aviões torpedeiros Swordfish do *HMS Ark Royal* atacam o *Bismarck* e danificam seu leme.

27 de maio - O *Bismarck* é interceptado e posto a pique pelos encouraçados *King George V* e *Rodney*. Primeiro comboio a contar com a proteção de uma escolta contínua parte do Canadá. Freyberg conclui que não pode vencer a batalha por Creta e organiza uma evacuação. No Iraque, forças britânicas começam a avançar em direção a Bagdá. Rommel recaptura o passo de Halfaya.

30 de maio - Raschid Ali deixa o Iraque.

31 de maio - Forças britânicas entram em Bagdá e concordam com um armistício com os iraquianos.

Stalingrado e Kharkov

Assim como Leningrado, Stalingrado tinha um significado simbólico. Hitler acreditava que sua captura seria um golpe devastador no moral soviético e traria grandes benefícios para os nazistas em termos de propaganda. O plano exigia inicialmente que Stalingrado fosse neutralizada ou capturada no decorrer da ofensiva no Cáucaso, mas quando o Exército Vermelho armou sua contraofensiva em Voronezh, Hitler mudou a ênfase: Stalingrado deveria ser atacada com a mesma prioridade que os campos petrolíferos. Isso exigiu um desvio de esforços, mas Hitler desconsiderou objeções e o Sexto Exército do general Friedrich von Paulus foi designado para tomar a cidade. Von Paulus não contava com tropas suficientes para cercar as posições soviéticas e, ao invés disso, foi forçado a conduzir um ataque frontal em terreno urbano, uma operação extremamente perigosa.

Stalingrado era defendida pelo Sexagésimo Segundo Exército do general de corpo Vasily Chuikov, que assumira o comando apenas três dias antes do início do ataque alemão e

Sapadores alemães avançam acompanhados por um tanque em uma área possivelmente minada durante o avanço para Moscou.

JUNHO

8 de junho - Forças da Grã-Bretanha e da França Livre invadem o Líbano e a Síria.

14 de junho - Todos os bens alemães e italianos nos Estados Unidos são congelados.

15 de junho - Hitler confirma a data da invasão da URSS. Os Britânicos começam a Operação Battleaxe (alabarda), no Deserto Ocidental.

17 de junho - A Operação Battleaxe fracassa e o *Afrika Korps* empurra os britânicos de volta para sua linha inicial. Os finlandeses começam a mobilização de suas forças.

21 de junho - Forças da França Livre ocupam a capital da Síria, Damasco.

22 de junho - Hitler lança a Operação Barbarossa.

que imediatamente buscou explorar a natureza urbana do combate para desbaratar o ataque. A batalha tem início em 14 de setembro de 1942, o primeiro dia de semanas de combate. Os alemães são incapazes de desalojar as forças defensoras. Enquanto isso, o alto-comando soviético prepara uma contraofensiva. A Operação Uran (Urano) empregaria mais de um milhão de tropas soviéticas, cercando Stalingrado pelo norte e pelo sul. Em 11 de novembro de 1942, os alemães iniciam outra série de ataques e as forças de Chuikov têm alguma dificuldade para contê-los, precipitando a decisão de dar início à Operação Uran no dia 19.

A ofensiva inicia com um ataque ao setor norte. A Frente Sudoeste do general Nikolai Batutin e a Frente Don do general Konstantin Rokossovsky atacam as forças romenas que se opõem a eles. O progresso soviético é lento, mas ganha ímpeto quando a Frente Stalingrado do general Andrei Yeremenko ataca em 20 de novembro. No final do dia, as linhas são penetradas em até 40 km em vários pontos. Vatutin captura a única ponte intacta sobre o Don em Kalach em

Soldados em motocicleta se aproximam de um local de combate recente durante as batalhas no Cáucaso.

1941

JUNHO

23 de junho - Uma força de invasão penetra 80 km dentro da URSS.

25 de junho - Dubno é capturada.

26 de junho - A Finlândia declara guerra à URSS. O Grupo de Exércitos Norte alemão entra na Lituânia. O Grupo de Exércitos Centro deixa as forças soviéticas sem saída no bolsão de Bialystok.

27 de junho - A Hungria declara guerra à URSS.

28 de junho - A Albânia declara guerra à URSS.

29 de junho - Os finlandeses atacam a península da Carélia.

JULHO

1 de julho - Cai Riga.

2 de julho - Os alemães rompem a Linha Stalin na fronteira com a Letônia.

3 de julho - Unidades do Exército Vermelho no bolsão de Bialystok se rendem.

Artilheiros antitanque alemães em ação em 1942. Os alemães infligiram pesadas perdas entre os tanques soviéticos, mas a capacidade industrial russa foi capaz de absorver as perdas.

22 de novembro, cortando a linha de comunicações do Sexto Exército, e no dia seguinte, as frentes do Sudoeste e de Stalingrado se unem. Isso deixa o Sexto Exército alemão e a 4ª Divisão *Panzer* sem saída em Stalingrado. Quanto aos romenos, seu Terceiro Exército fora totalmente destruído nos ataques e o Quarto Exército sofrera desgastes severos.

Von Paulus pode ter considerado uma saída de Stalingrado, mas em 26 de novembro Hitler ordena que von Paulus resista. Não seria a primeira, nem a última vez que Hitler daria uma ordem sem considerar a realidade da situação militar. Nessa época, o ditador era influenciado por Hermann Goering, que alegava que o Sexto Exército poderia ser abastecido pelo ar. Era uma alegação vazia, já que as necessidades diárias de von Paulus não poderiam ser atendidas pelo número de aeronaves de transporte disponíveis e somente um dos sete aeródromos próximos a Stalingrado poderia receber tráfego à noite.

JULHO

5 de julho - O general Wavell é destituído de seu comando das forças britânicas na África do Norte, sendo substituído pelo general *Sir* Claude Auchinleck.

7 de julho - Fuzileiros navais americanos substituem a guarnição britânica na Islândia.

12 de julho - É assinado o Pacto de Assistência Mútua entre Grã-Bretanha e URSS.

15 de julho - Forças soviéticas próximas a Smolensk são cercadas. A luta na Síria termina com a Convenção de Acre.

16 de julho - O Grupo de Exércitos Sul alemão cria um bolsão em Uman, entre Kiev e Odessa.

19 de julho - Hitler instrui que Moscou não deve ser o principal objetivo da ofensiva, que agora é direcionada contra Leningrado.

27 de julho - Cai Tallinin.

Seção de artilharia alemã em ação durante o combate em Stalingrado.

Operação Wintergewitter

Em 27 de novembro, Hitler cria o Grupo de Exércitos Don, sob comando do marechal de campo Erich von Manstein, que recebe a tarefa de levantar o cerco a Stalingrado. Von Manstein traça os planos para a Operação Wintergewitter (tempestade de inverno), que deveria avançar ao longo do eixo da ferrovia Kotelnikovo-Stalingrado e aliviar o cerco. A data escolhida é 3 de dezembro, mas é abortada em 30 de novembro quando os soviéticos lançam uma série de ataques para expulsar os alemães do Baixo Chir. Os ataques falham, mas as frentes do Don e de Stalingrado lançam em seguida uma ofensiva para dividir o bolsão alemão em Stalingrado. Após cinco dias de pesados combates, o ataque é cancelado.

Operação Kol'tso

Os soviéticos agora traçam um novo plano, a Operação Kol'tso (anel), a ser posto em prática em duas fases. O objetivo da primeira fase é destruir as partes sul e oeste do bolsão de Stalingrado, enquanto a segunda visa aniquilar as forças alemãs restantes. Programada para iniciar no dia 16 de dezembro, a operação corre o risco de ser adiada quando von Manstein lança

1941

AGOSTO

2 de agosto - Os Estados Unidos começam a enviar a ajuda do *Lend-Lease* para a URSS.

5 de agosto - Forças soviéticas no bolsão de Smolensk se rendem.

8 de agosto - Forças soviéticas no bolsão de Uman se rendem.

9-12 de agosto - Churchill e Roosevelt se reúnem em Newfoundland e elaboram a Carta do Atlântico.

17 de agosto - Odessa é sitiada.

25 de agosto - Tropas britânicas e russas invadem o Irã e capturam suprimentos de petróleo.

26 de agosto - Tropas britânicas ocupam os campos de petróleo de Abadan.

27 de agosto - O governo iraniano é deposto e o novo governo solicita um armistício.

a Operação Wintergewitter no dia 12. Contudo, os soviéticos bloqueiam esse ataque por tempo bastante para que mais tropas cheguem e o avanço do grupo de forças do general Hermann Hoth é retardado. A Operação Kol'tso, então, prossegue conforme planejada.

Durante a primeira fase, os soviéticos também lançariam a Operação Malyi Saturn (Pequeno Saturno). O Oitavo Exército italiano é completamente destruído e o aeródromo em Tatsinskaya, essencial para o reabastecimento das forças em Stalingrado, é perdido. As forças de Hoth chegam a 26 km de Stalingrado em 19 de dezembro, mas não conseguem romper o cerco. Von Manstein propõe que von Paulus rompa o cerco e se reúna a Hoth, mas as ordens que von Paulus recebera de resistir até ser substituído ainda valem e, assim, não há forças suficientes para a manobra.

Em 24 de dezembro, a contraofensiva soviética se amplia e o já prejudicado Quarto Exército romeno é arrasado pelas forças soviéticas que avançam pelas suas linhas. Von Manstein é forçado a recuar as forças de Hoth e a situação se deteriora a ponto de Hitler permitir uma retirada do Grupo de Exércitos A para uma posição a 200 km de Stalingrado. Hitler ainda declara que substituirá o Sexto Exército, mas o fato é que von Paulus está por sua própria conta.

O Fim em Stalingrado

Em 1 de janeiro, a Frente Stalingrado de Yeremenko é renomeada como Frente Sul e o general recebe a tarefa de continuar o ataque às forças de von Manstein. O ataque final a Stalingrado é programado para 6 de janeiro de 1943, mas é adiado por quatro dias para permitir o deslocamento da imensa quantidade necessária de tropas. Rokossovosky oferece termos de rendição a von Paulus no dia 8, que são rejeitados. O ataque soviético começa no dia 10 conforme planejado e avança continuamente. Em 12 de janeiro, a extremidade oeste do bolsão é dominada e o aeródromo de Karpova é capturado no dia seguinte. Os alemães correm perigo de perder sua capacidade de abastecer o Sexto Exército.

Em 22 de janeiro, começa a fase final da ofensiva soviética. Von Paulus envia a Hitler uma avaliação rigorosa da situação, deixando implícito que o Sexto Exército deve se render. Sua avaliação é ignorada. No mesmo dia,

---

SETEMBRO

4 de setembro - Leningrado é sitiada. Um submarino alemão é atacado pelo destróier *USS Greer* dos EUA.

16 de setembro - Roosevelt anuncia que embarcações transportando material do *Lend-Lease* serão escoltadas pela marinha americana até a longitude 26º oeste.

17 de setembro - Forças anglo-soviéticas ocupam Teerã.

19 de setembro - Cai Kiev.

24 de setembro - Quinze nações assinam a Carta do Atlântico.

25 de setembro - O Grupo de Exércitos Sul lança uma ofensiva na Crimeia.

26 de setembro - O primeiro comboio do Ártico transportando material para a URSS deixa a Grã-Bretanha. Formação do Oitavo Exército Inglês no Deserto Ocidental.

27 de setembro - A campanha na África Oriental é retomada após uma interrupção causada pelo mau tempo, com a captura do passo de Wolchefit.

forças soviéticas dividem o restante do bolsão alemão em dois bolsões menores ao norte e ao sul da cidade. A última aeronave alemã deixa a cidade no dia 23 e o fim é uma questão de tempo. Mais uma vez, Von Paulus pede permissão para tentar romper o cerco, que é novamente recusada. O Sexto Exército resiste, embora a escassez de comida seja tanta que os feridos e doentes não podem ser alimentados, já que os suprimentos vão somente para aqueles que podem lutar.

Em 30 de janeiro, Hitler promove von Paulus a marechal de campo. A promoção carrega uma mensagem nada sutil: nenhum marechal de campo alemão jamais se rendera, de modo que von Paulus, agora, poderia continuar em seu posto ou, caso contrário, fazer "a coisa mais decente" e cometer suicídio diante do fim inevitável da batalha.

No dia seguinte, 31 de janeiro, o Sexagésimo Segundo Exército soviético cerca o quartel-general de von Paulus e exige sua rendição. O bolsão norte luta por mais dois dias, mas capitula após maciço bombardeio de artilharia. A Batalha de Stalingrado chega ao fim e o curso da guerra sofre uma reviravolta.

O Papel da Indústria

O fracasso alemão em derrotar a URSS no final de 1942 mostrou que outros fatores além de habilidades militares e boa sorte tiveram papel importante na Frente Oriental. Em uma situação de guerra total, a capacidade de um dos lados de superar a produção do outro pode ser imensamente significativa, especialmente se combinada com vastos recursos humanos para a linha de frente. A União Soviética contava tanto com uma capacidade de produção superior em relação à da Alemanha quanto com homens e mulheres capazes de usar plenamente os equipamentos enviados das fábricas para a linha de frente.

Para entender como eram impressionantes as conquistas industriais da URSS, consideremos um fato simples: as fábricas soviéticas produziram duas vezes a quantidade do material de guerra produzida pela indústria alemã em 1942, apesar de ter acesso a apenas aproximadamente um terço dos suprimentos de aço e carvão disponíveis para Hitler. A razão disso foi um cuidadoso desenvolvimento da capacidade industrial. Antes da guerra, fábricas soviéticas que produziam tratores passaram a produzir, também, alguns tanques. Assim, quando veio

1941

SETEMBRO

29 de setembro - Conferência tripartite em Moscou entre EUA, URSS e Grã-Bretanha para discutir a ajuda à Rússia.

30 de setembro - O ataque em direção a Moscou, Operação Taifun, é lançado. Sirgem bolsões em Vyazma e Bryansk.

OUTUBRO

6 de outubro - Churchill promete a Stalin o envio de um comboio de suprimentos da Grã-Bretanha para a URSS a cada 10 dias.

10 de outubro - O general Zhukov assume o comando da Frente Oeste para defender Moscou.

14 de outubro - O bolsão de Bryansk capitula.

16 de outubro - Começa a evacuação do governo e das indústrias de Moscou. Stalin declara que permanecerá na capital. Cai Odessa.

17 de outubro - O destróier americano *USS Kearney* é torpedeado e seriamente avariado por um submarino alemão.

a guerra, a proporção da produção entre tratores e tanques se inverteu, garantindo uma rápida estruturação da força blindada do Exército Vermelho. Inevitavelmente, a produção agrícola decresceu, mas não desapareceu, possibilitando atingir um equilíbrio entre suprir a linha de frente com armamentos e alimentar a nação como um todo.

A indústria soviética foi capaz de produzir cerca de 240 milhões de toneladas de munição em 1942, um aumento dramático em relação aos números de 1940, aumento este que impressiona mais ainda quando se considera a perturbação causada pela evacuação do parque industrial. A produção geral da indústria soviética foi prodigiosa. Entre 1943 e 1945, mais de 80.000 aeronaves, 73.000 veículos blindados e 324.000 peças de artilharia saíram das fábricas. Para citar apenas um exemplo, somente do avião de ataque ao solo Ilyushin Il-2 "Sturmovik" foram construídas 36.000 unidades, fazendo dele a aeronave com maior produção em massa da história (uma marca que quase certamente nunca será superada).

Não foi a produção industrial sozinha que derrotou Hitler na Frente Oriental, mas qualquer avaliação do conflito a partir de 1943 em diante deve levá-la em consideração. É difícil calcular a dimensão absoluta de tropas, máquinas e outros equipamentos envolvidos, mas sem sua capacidade industrial, a URSS não poderia alcançar a vitória na Frente Oriental.

Posição de metralhadora alemã nos arredores de Stalingrado.

OUTUBRO

19 de outubro - O bolsão em Vyazma se rende.

24 de outubro - O Grupo de Exércitos Sul captura Kharkov.

27 de outubro - Cai a Crimeia.

30 de outubro - O mau tempo torna o solo intransitável e interrompe o avanço alemão.

31 de outubro - Um submarino alemão torpedeia e afunda o destróier americano USS *Reuben James*.

NOVEMBRO

3 de novembro - Kursk é capturada pelos alemães.

7 de novembro - É retomado o avanço para Moscou.

13 de novembro - Os EUA revogam sua Lei de Neutralidade.

16 de novembro - Kerch é perdida para as forças alemãs.

18 de novembro - Os britânicos lançam a Operação Crusader (cruzado) no Deserto Ocidental.

A Guerra do Atlântico

A guerra no mar era fundamental para a Grã-Bretanha,

já que dependia da importação de alimentos e materiais

de guerra. A frota de superfície da Alemanha era pequena

em comparação com a marinha britânica, a Royal Navy,

e a grande ameaça aos britânicos vinha dos submarinos alemães,

os U-boote.

Infelizmente, o almirantado britânico decidira que a ameaça submarina se tornara irrelevante face ao desenvolvimento do sistema de detecção ASDIC (mais conhecido hoje como sonar), ignorando o fato de que o ASDIC era eficaz somente quando os submarinos estavam submersos, sendo que os submarinos naquela época operavam na superfície o máximo de tempo possível, para estender sua autonomia. Submergir oferecia proteção durante o ataque a uma embarcação, mas nem sempre era necessário, já que os comandantes dos *U-boote*

À esquerda: Navio mercante é escoltado através do Atlântico pela Royal Navy.
Abaixo: O Graf Spee queima ao ser posto a pique pela própria tripulação na entrada do porto de Montevidéu, em dezembro de 1939.

desenvolveram uma técnica de ataque à noite, quando avistá-los era impossível.

A decisão do almirantado mostrava que os britânicos estavam mais interessados na ameaça representada pela frota alemã de superfície do que pelos *U-boote*. Os alemães contavam com apenas 57 submarinos no início da guerra. Seu uso era limitado conforme um edital de Hitler, que estipulava que os *U-boote* não deveriam ser envolvidos em uma grande ofensiva. Hitler ainda acreditava que poderia chegar a um acordo com os Aliados e também receava que uma ofensiva submarina irrestrita pudesse afastar nações neutras que perdessem embarcações. Assim, operações submarinas foram permitidas somente contra embarcações militares ou navios mercantes claramente identificados.

A primeira grande atividade naval aconteceu no dia em que a guerra começou, quando um *U-boot* afundou o navio de cruzeiro *SS Athenia*. Isso convenceu os britânicos de que alemães haviam iniciado uma guerra submarina sem restrições e, como resultado, as embarcações britânicas passaram a trafegar em comboio. Mas o pior ainda estava por vir. O porta-aviões *Courageous* é posto a pique em 17 de setembro de 1939 pelo U-29, como resultado da má decisão de usar grupos de porta-aviões para caçar submarinos alemães. O *Ark Royal* quase fora atingido pelo U-39 apenas alguns dias antes, escapando somente porque os torpedos explodiram antes de atingir o alvo. Na verdade, durante o primeiro ano da guerra, torpedos alemães defeituosos foram a salvação de diversas embarcações.

Imagem do Graf Spee queimando no porto de Montevidéu, em dezembro de 1939.

1941

NOVEMBRO

20 de novembro - A guarnição de Tobruk recebe ordens de romper o cerco. Os alemães capturam Rostov-on-Don.

22 de novembro - Os britânicos capturam Gondar, dando fim à campanha na África Oriental.

23 de novembro - Tropas alemãs chegam a 48 km de Moscou.

24 de novembro - Rommel ruma célere para a fronteira entre Egito e Líbia, em uma tentativa de interromper as rotas de suprimentos do Oitavo Exército britânico.

26 de novembro - Rommel começa a se retirar da fronteira conforme o suprimento de combustível escasseia.

29 de novembro - Contra-ataque soviético em Rostov.

O Rio da Prata

A primeira grande ação de superfície da guerra aconteceu a 12.875 km da Europa, quando os encouraçados de bolso alemães *Deutschland* e *Graf Spee* recebem ordens para atacar embarcações britânicas no Atlântico em 27 de setembro e se dedicam a sua missão com afinco. O *Graf Spee* afunda cinco embarcações em três semanas, antes de rumar para o Oceano Índico. O almirantado britânico organiza diversas forças-tarefas para encontrar os encouraçados de bolso, mas sem sucesso, pelo menos por algum tempo.

A marinha britânica ainda passaria pelo pior. Em 14 de outubro, o U-47 consegue se esgueirar pelo ancoradouro de Scapa Flow adentro e afunda o encouraçado *Royal Oak*. Isso foi um golpe para o moral britânico e uma peça de propaganda para os alemães, que tinham mais ainda do que se gabar, já que o *Graf Spee* continuava sua bem-sucedida campanha contra embarcações britânicas. O comandante do *Graf Spee*, Hans Langsdorff, ruma de volta para o Atlântico Sul e afunda mais duas embarcações mercantes, uma em 3 de dezembro e outra quatro dias depois.

Nesse momento, havia seis forças-tarefas britânicas caçando a embarcação. O *Graf Spee* é finalmente localizado fora do Rio da Prata pela Força G, comandada pelo comodoro Henry Harwood. Divisando a fumaça, Langsdorff confunde a Força G com destróieres escoltando um comboio e ataca. Após duas horas de combate, o *HMS Exeter* e o *Ajax* mostram avarias extensas, o que deixa somente o *HMS Achilles* para perseguir o *Graf Spee*, que estava bem danificado e precisava de reparos. Langsdorff não tem escolha, então, senão rumar para o porto de Montevidéu.

As autoridades uruguaias lembram ao comandante alemão que Montevidéu é um porto neutro e, com isso, o tempo para reparos é limitado. Os britânicos percebem que sua melhor chance de lidar com o *Graf Spee* é quando este deixar o porto, mas não há forças disponíveis na região que sejam capazes de lidar com o encouraçado. Assim, criam um plano ousado para enganar Langsdorff e fazê-lo crer que uma força muito superior está à sua espera. A comunicação entre os britânicos é deliberadamente descuidada para que possa ser interceptada, enquanto agentes em Montevidéu espalham rumores de que uma esquadra de encouraçados chegara. Em 17 de dezembro, o *Graf*

DEZEMBRO

5 de dezembro - O avanço alemão em direção a Moscou é interrompido. A Grã-Bretanha declara guerra a Finlândia, Hungria e Romênia. A Frente Kalini, do general Konev, contra-ataca através do Alto Volga.

6 de dezembro - A Frente Oeste de Zhukov inicia um contra-ataque.

7 de dezembro - Zhukov inicia outro ataque ao sul de Moscou. O *Afrika Korps* recua para Gazala e o cerco a Tobruk é levantado.

9 de dezembro - Hitler autoriza os *U-boote* a operar em águas dos EUA.

11 de dezembro - A Alemanha declara guerra aos EUA.

12 de dezembro - Todas as embarcações da França de Vichy em portos do EUA são apreendidas.

13 de dezembro - A Frente Sudoeste do general Timoshenko contra-ataca entre Yelets e Livny. O marechal de campo von Brauchitsch ordena a retirada alemã.

O TEATRO EUROPEU

Spee deixa o porto e Langsdorff põe a própria embarcação a pique antes de chegar a mar aberto.

Para os britânicos, esse seria um dos poucos pontos altos na guerra marítima ainda por algum tempo.

Chegam os U-boote

Em 17 de agosto de 1940, a Alemanha inicia o bloqueio marítimo da Grã-Bretanha. A captura das bases francesas proporcionou aos submarinos alemães um tempo de travessia bem menor até suas áreas operacionais no Atlântico, aumentando sua autonomia. Durante julho e agosto, 700.000 toneladas de embarcações são afundadas pelas frotas de *U-boote*, o que preocupou consideravelmente os britânicos. A situação é parcialmente aliviada

quando a Lei de *Lend-Lease* entra em vigor em 2 de setembro e os Estados Unidos transferem 50 destróieres, já um tanto antigos, para a Grã-Bretanha, entregando os primeiros oito destróieres quatro dias depois. Todavia, os britânicos continuavam em desvantagem, já que não havia escolta suficiente para todos os comboios. Além disso, praticamente não havia cobertura aérea para os britânicos, já que a RAF não contava com aeronaves suficientes e as poucas que havia não tinham o alcance necessário para atuar dentro do Atlântico.

Assim, os *U-boote* ficaram livres para acossar diversos comboios em setembro e outubro, ajudados pelo fato de poderem ler as mensagens das embarcações mercantes aliadas. A única coisa que os britânicos tiveram ao seu favor foi o mau tempo em novembro e dezembro, que diminuiu o número de afundamentos. Mesmo

O cruzador Gneisenau e seu navio gêmeo, o Scharnhorst, estavam entre as embarcações mais poderosas a serviço da Alemanha.

1941

DEZEMBRO

14 de dezembro - Hitler destitui von Brauchitsch e cancela sua ordem de retirada.

15 de dezembro - Stalin instrui seus ministros de governo para que voltem a Moscou. O Oitavo Exército ataca Gazala.

18/19 de dezembro - Forças navais especiais italianas avariam os encouraçados *HMS Valiant* e *Queen Elizabeth* no porto de Alexandria.

19 de dezembro - Hitler anuncia que está assumindo o comando do exército alemão.

21 de dezembro - Iniciam ataques aéreos em maior escala a Malta.

22 de dezembro - Churchill e Roosevelt se reúnem em Washington.

assim, o total de tonelagem perdida (mais de 600.000 toneladas) era alarmante. Para agravar a situação, os alemães retomam as ações de superfície. O encouraçado de bolso *Admiral Scheer* e os cruzadores *Scharnhorst* e *Gneisenau* causam avarias consideráveis aos comboios entre novembro de 1940 e março de 1941, afundando mais de 115.000 toneladas em embarcações antes de retornar ao porto.

Havia, contudo, esperanças. Em março de 1941, a *Royal Navy* põe a pique os submarinos U-47, U-99 e U-100 no intervalo de 10 dias. Uma combinação de mais embarcações e melhor treinamento, além da introdução de um radar capaz de detectar os *U-boote* na superfície, facilitou a tarefa para os britânicos, enquanto o uso das comunicações para localizar submarinos alemães permitiu rotas mais seguras para os comboios aliados. Não obstante, a batalha não estava decidida e Churchill ordena, em 19 de março de 1941, a criação do Comitê para a Batalha do Atlântico, para coordenar atividades. Apesar dos sucessos da marinha britânica, as perdas em março chegam a 517.000 toneladas, um número insustentável.

A situação não melhora até 8 de maio de 1941, quando o *U-boot* U-110 é forçado a emergir após atacar o comboio OB318. Quando o submarino chega à superfície, seu comandante vê não um, mas dois destróieres rumando para sua embarcação, aparentemente se preparando para abalroá-la. O comandante do *U-boot* ordena que a tripulação abandone a embarcação e, na pressa, os explosivos para pôr a pique o submarino não são armados. O comandante de uma das duas embarcações britânicas, comandante A. J. Baker-Cresswell, percebe que o *U-boot* não está naufragando e vislumbra uma chance de capturá-lo. Ele ordena toda

A máquina de códigos Enigma foi fonte importante de informações sobre posições inimigas.

1942

JANEIRO

6 de janeiro - O Congresso dos EUA aprova gastos adicionais na produção de guerra.

12 de janeiro - *U-boote* lançam a Operação Paukenschlag (rufar de tambor), ataques a embarcações fora da costa leste dos EUA. O encouraçado alemão *Tirpitz* recebe ordens de rumar para a Noruega.

17 de janeiro - Bardia é recapturada pelo Oitavo Exército.

21 de janeiro - Rommel lança uma ofensiva na Cirenáica.

a máquina à ré e seu navio, o *HMS Bulldog*, para uns poucos metros antes de atingir o U-110. A outra embarcação, o *HMS Broadway*, também para. Um grupo de abordagem faz uma busca no submarino e descobre que o operador de rádio não destruiu sua máquina de codificação *Enigma*, nem seus manuais de código. Essa descoberta viria a desempenhar um papel fundamental na redução da capacidade dos *U-boote*.

O Fim dos "Tempos Felizes"
Com a *Enigma* e seus livros de código em mãos britânicas, a situação muda. Capazes de interpretar a comunicação alemã, os especialistas em decodificação britânicos de Bletchley Park podem, agora, fornecer informações que permitam que os comboios se distanciem de submarinos inimigos. O número de afundamentos declina drasticamente, enquanto diversas embarcações de suprimentos alemãs são localizadas e afundadas pela marinha britânica.

A Grã-Bretanha ainda recebe um alento quando, apesar de tecnicamente neutros, os Estados Unidos oferecem ajuda. Em 11 de abril, Roosevelt dá instruções para que as patrulhas de neutralidade da marinha americana operem mais dentro do Atlântico. Essas patrulhas deveriam proteger embarcações mercantes americanas até a posição de 26° oeste, significando que britânicos e canadenses poderiam cobrir menos comboios. As embarcações de escolta também informavam por rádio às embarcações escoltadas quando submarinos alemães eram avistados. A comunicação dos *U-boote* era, então, facilmente interceptada e decodificada pelos Aliados (conforme provavelmente fora intenção de Roosevelt), tornando quase impossível para os alemães um ataque surpresa. Para aumentar as suspeitas de Hitler de que Roosevelt iniciara, de fato, uma guerra naval não declarada contra a Alemanha, tropas americanas ocupam a Groenlândia em 12 de abril, obtendo, assim, uma ótima base para patrulhamento aéreo e, em 7 de julho, tropas americanas substituem tropas britânicas na guarnição da Islândia. Isso possibilita que Roosevelt escolte comboios chegando e partindo da Islândia, aumentando ainda mais a pressão sobre os submarinos alemães. Em meados do verão, os *U-boote* já não conseguem perseguir as embarcações britânicas da mesma maneira e o moral entre suas tripulações começa a cair. O período

1942

JANEIRO

22 de janeiro - O *Afrika Korps* captura Agedabia.

26 de janeiro - Tropas americanas chegam à Irlanda do Norte.

29/30 de janeiro - Um ataque aéreo contra o *Tirpitz* não tem sucesso.

23 de janeiro - O *Tirpitz* chega a Trondheim.

29 de janeiro - Rommel captura Benghazi.

de sucessos conhecido como "Tempos Felizes" chega ao fim.

Afundem o Bismarck!

Nesse momento, os alemães recebem mais um golpe. O encouraçado *Bismarck* havia deixado o porto e rumado para o Atlântico em 18 de maio, acompanhado pelo cruzador pesado *Prinz Eugen*. As duas embarcações são avistadas por uma aeronave de reconhecimento e no dia 21 a Frota Doméstica Britânica é enviada para interceptá-las no Estreito da Dinamarca. Ambas as embarcações são localizadas no dia 23 e a Frota Doméstica as intercepta no dia seguinte. Na batalha que se segue, o *Bismarck* atinge o cruzador *HMS Hood*, que explode e afunda. Apenas três de seus tripulantes sobrevivem.

É um golpe duro para o orgulho britânico, já que o *Hood* era considerado a joia da Royal Navy. O *Bismarck*, agora, tinha de ser afundado. Quando as duas embarcações se separam, o almirantado ordena que a Força H de Gibraltar, completa com seus porta-aviões e encouraçados, o interceptem.

O contato com o *Bismarck* é perdido, até que é avistado por um hidroavião Catalina da RAF em 26 de maio. Uma surtida por aviões torpedeiros Swordfish provenientes do *HMS Ark Royal* quase termina em desastre quando atacam o *HMS Sheffield* por engano. Entretanto, o incidente veio a ser uma bênção disfarçada, já que os poucos torpedos lançados explodiram no impacto. As

O encouraçado Bismarck sendo lançado. O navio foi a mais notória embarcação alemã durante a Segunda Guerra Mundial.

FEVEREIRO

1 de fevereiro - Os novos códigos da *Enigma* são adotados pelos *U-boote*, tornando o tráfego de comunicações ininteligível para os britânicos.

2 de fevereiro - Um comboio de suprimentos para Malta parte de Alexandria, porém todas as três embarcações de suprimentos são postas a pique por um ataque aéreo.

4 de fevereiro - A ofensiva alemã é interrompida na linha de frente Gazala-Bir Hachim.

7 de fevereiro - Um comboio de suprimentos parte de Malta, transportando caças Spitfire a bordo dos porta-aviões *HMS Argus* e *Eagle*. As aeronaves decolam assim que a ilha está ao alcance.

8 de fevereiro - O Exército Vermelho isola 90.000 soldados alemães em Demyansk.

Aqui visto no mar, o Bismarck teve uma carreira curta, mas espetacular. Foi posto a pique em 27 de maio de 1941.

aeronaves envolvidas no incidente retornam ao *Ark Royal* e recebem cargas com detonadores diferentes. Um novo ataque é lançado e, ao anoitecer do dia 26, o *Bismarck* é atingido e seu leme é avariado. Isso diminui sua velocidade consideravelmente, tornando sua interceptação pela Força H apenas uma questão de tempo. Os encouraçados *King George V* e *Rodney* encontram o *Bismarck* no dia 27 e bombardeiam a embarcação alemã com toda sua força. A tripulação do *Bismarck* luta bravamente, mas a embarcação incendeia de proa a popa. O cruzador *HMS Dorsetshire* aplica o golpe de misericórdia com torpedos e o *Bismarck* desliza sob as ondas, levando com ele mais de 2000 homens.

No mesmo dia em que o *Bismarck* é posto a pique, parte o primeiro comboio com escolta contínua por todo o Atlântico.

Os Estados Unidos Entram na Briga

A participação dos Estados Unidos na Batalha do Atlântico aumenta de intensidade ao longo da zona de segurança panamericana. Em 4 de setembro, o *USS Greer* troca disparos com um *U-boot*, fazendo com que Roosevelt avise que qualquer embarcação do Eixo que entre naquela zona o faz

1942

FEVEREIRO

11 de fevereiro - A "Arremetida para o Canal" começa, com as embarcações alemãs *Scharnhorst*, *Gneisenau* e *Prinz Eugen* partindo do porto de Brest para a Alemanha.

13 de fevereiro - A "Arremetida para o Canal" termina com as embarcações alemãs chegando à segurança dos portos na Alemanha.

16 de fevereiro - *U-boote* lançam uma grande ofensiva contra embarcações aliadas na costa leste dos EUA, afundando 71 embarcações até o final do mês.

23 de fevereiro - O marechal do ar *Sir* Arthur Harris assume a liderança do Comando de Bombardeiros da RAF.

por sua conta e risco. Ato contínuo, 12 dias depois, os EUA anunciam que não somente embarcações registradas naquele país seriam escoltadas, como também qualquer embarcação transportando material coberto pelo *Lend-Lease*.

Agora, um confronto entre embarcações americanas e alemãs é quase inevitável. Em 17 de outubro, o USS *Kearney* é torpedeado e seriamente avariado, e exatamente duas semanas mais tarde o USS *Reuben James*, escoltando o comboio HX156, é afundado juntamente com a maioria de sua tripulação. Em 6 de novembro de 1941, o furador de bloqueio *Odenwald* é capturado pelas embarcações americanas *Sommers* e *Omaha*. O fato de a embarcação alemã estar disfarçada como uma embarcação dos EUA torna a Alemanha ainda mais impopular naquele país, permitindo que Roosevelt revogue as Leis de Neutralidade em 13 de novembro. Isso dá ao presidente poderes para declarar guerra, embora a opinião pública permaneça dividida. Nesse momento, o destino intervém: em 7 de dezembro de 1941, os japoneses atacam Pearl

O destróier americano Reuben James foi a primeira belonave dos EUA vitimada pelos submarinos alemães.

MARÇO

19 de março - O Segundo Exército de Choque soviético é cercado entre Novgorod e Gruzino.

20 de março - Os ataques aéreos a Malta se intensificam.

21 de março - Segundo comboio de suprimentos com caças Spitfire para Malta.

22 de março - Batalha do Golfo de Sirte.

28/29 de março - A RAF bombardeia Lübeck, infligindo danos pesados. Hitler ordena ataques de retaliação contra cidades históricas britânicas.

29 de março - Terceiro comboio de suprimentos com caças Spitfire para Malta.

30/31 de março - Segundo ataque aéreo sem sucesso contra o *Tirpitz*.

Harbor e, no dia 11, Hitler declara guerra aos EUA.

Outros "Tempos Felizes"

Os Estados Unidos poderiam, agora, fazer sentir seu vasto poderio industrial. Mas sua entrada na guerra também significou que os *U-boote* poderiam atacar embarcações americanas sem se preocuparem com consequências políticas. Inicialmente, os EUA não estavam preparados para lidar com a chegada dos submarinos alemães à costa leste, pois faltavam embarcações, aeronaves e experiência para enfrentar a ameaça. Durante janeiro de 1942, a maioria das embarcações afundadas foi atacada fora da costa leste. Sua silhueta contra as luzes costeiras de cidades e centros urbanos fazia delas alvos fáceis para os *U-boote* e leva algum tempo para as vantagens dos blecautes se fazerem notar.

Para agravar, os alemães adotam um novo código para a máquina *Enigma* em 1 de fevereiro. Os analistas em Bletchley Park precisam começar o trabalho todo novamente para decodificar as mensagens. Isso rende sucessos maiores ainda aos *U-boote*. Contudo, em abril, os EUA já começam a responder de maneira eficaz. A

Almirante Karl Dönitz, líder dos U-boote e, mais tarde, da marinha alemã.

1942

ABRIL

1 de abril - Autoridades americanas começam a introduzir um sistema de comboio ao longo da costa leste dos EUA para reduzir as perdas causadas pelos *U-boote*.

5 de abril - Hitler ordena uma ofensiva de verão na Rússia.

8 de abril - Iniciam em Londres as conversações entre Grã-Bretanha e EUA para abertura de uma segunda frente contra Hitler.

10 de abril - O embaixador soviético em Washington exige a abertura de uma segunda frente.

20 de abril - O porta-aviões *USS Wasp* transporta 46 Spitfire para Malta.

24 de abril - Ataque aéreo alemão contra Exeter, o primeiro em retaliação por Lübeck.

26 de abril - A intensidade dos ataques aéreos força a retirada de uma esquadra de submarinos britânicos de Malta.

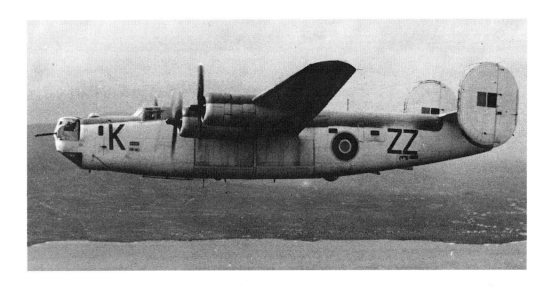

Bombardeiro B-24 Liberator com as cores do Comando Costeiro da RAF. A aeronave foi usada para patrulhas de longo alcance, tendo sido vital para proporcionar cobertura aérea para comboios no meio do Atlântico.

prática do comboio é introduzida ao longo da costa leste, ajudando a reduzir os afundamentos, e em 18 de abril é instituído o blecaute, após as autoridades locais entenderem que negar aos submarinos alemães a capacidade de divisar seus alvos contra a linha costeira era mais importante que qualquer prejuízo ao setor turístico. Em 1 de agosto, os EUA introduzem um sistema de interconexão de comboios que liga todas as embarcações desde o Caribe até a costa leste. O almirante Karl Dönitz, comandante da frota de *U-boote*, sempre soubera que uma medida assim reduziria os afundamentos e, assim, desloca suas forças para o Atlântico Norte. Os outros "Tempos Felizes" chegam ao fim.

A Crise Final

Nesse momento, contudo, os Aliados tomam medidas que aumentariam drasticamente a eficácia de suas medidas contra a ameaça dos *U-boote*. O uso de radar nas embarcações de escolta aumenta, enquanto

ABRIL

27/28 de abril - Terceiro ataque de bombardeiros contra o *Tirpitz*, sem sucesso.

30 de abril - Hitler e Mussolini estabelecem a data para uma invasão de Malta: 10 de julho.

MAIO

8 de maio - Von Manstein lança um ataque à Crimeia para liberar a península de Kerch.

9 de maio - Mais 60 Spitfire seguem para Malta.

10 de maio - O general Albert Kesselring, comandante em chefe do Sul alemão, informa erroneamente que as defesas de Malta foram destruídas. Aeronaves do Eixo sobre Malta se veem em menor número pela primeira vez.

Fotografia aérea de um comboio aliado, feita por uma aeronave de escolta durante 1942. A escolta aérea e marítima dificultou o trabalho dos U-boote.

equipamentos de orientação permitem que embarcações de escolta localizem os submarinos alemães por suas transmissões de rádio.

O Comando Costeiro da RAF, anteriormente mal equipado, agora está mais forte e conta com aeronaves mais modernas. É fato que alguns tipos dessas aeronaves haviam sido rejeitados pelo Comando de Bombardeiros ou foram considerados de segunda classe, mas entre elas também estavam os hidroaviões de longo alcance Catalina e os bombardeiros B-24 Liberator, cujo alcance permitia que cobrissem toda a "Brecha do Atlântico" em que os *U-boote* podiam operar sem medo de um ataque aéreo, a não ser de pequenos grupos de aeronaves transportadas por porta-aviões de

1942

MAIO

12 de maio - Ofensiva soviética ao sul de Kharkov.

13 de maio - Chefes do estado-maior britânico aprovam um ataque anfíbio contra Dieppe.

16 de maio - Von Manstein libera a península de Kerch.

18 de maio - Contra-ataque alemão contra forças soviéticas próximas a Kharkov.

23 de maio - O marechal do ar Harris ordena um ataque de 1.000 bombardeiros contra Hamburgo.

26 de maio - Rommel lança uma nova ofensiva no Deserto Ocidental.

escolta. Essa brecha não poderia ser fechada completamente até 1943, já que o número de bombardeiros Liberator inicialmente disponíveis era pequeno. Contudo, as escoltas agora estavam mais bem armadas, com o sistema de lançamento de bombas conhecido como *Hedgehog* (ouriço) possibilitando que os bombardeiros cobrissem uma área com bombas, cada uma delas capaz de destruir um submarino.

Não obstante, os últimos meses de 1942 são de considerável preocupação para os Aliados, já que o número de afundamentos no Atlântico Norte permanece em níveis alarmantes. Em novembro, são afundados aproximadamente 126 embarcações e o almirantado britânico observa que a situação das escoltas nunca esteve "tão apertada". Os *U-boote* parecem estar em vantagem novamente.

O mês de dezembro traz melhores notícias, quando os técnicos em Bletchley Park decifram o novo código da *Enigma*, revelando a movimentação dos submarinos alemães. Contudo, os especialistas em decodificação agora precisam lidar com uma montanha de material ainda não lido, o que os impossibilita de atualizar informações e, assim sendo, os afundamentos continuam. Os comboios ONS154 e TM1 são severamente golpeados pelos *U-boote* entre 26 de dezembro de 1942 e 8 de janeiro de 1943. Outras perdas aumentam a sensação de ameaça e, quando os comboios HX229 e SC122 sofrem pesadas baixas entre 15 e 19 de março de 1943, uma vitória alemã parece estar a caminho.

A Vitória Final

Entre 4 e 7 de abril, o comboio HX231 é atacado por uma matilha de *U-boote*, mas dessa vez os submarinos alemães são caçados vigorosamente. O *HMS Tay* do comandante Peter Gretton afunda o U-635, enquanto um Liberator põe a pique o U-632. Outros quatro submarinos alemães sofrem avarias tão pesadas que retornam claudicantes para suas bases. Os três navios mercantes naufragados representam pouco frente às baixas sofridas pelos alemães.

Nas primeiras horas de 4 de maio de 1943, o comboio ONS5 é acossado por 40 *U-boote* e seis embarcações do comboio são naufragadas. Durante o dia, o U-630 é posto a pique por um hidroavião Canso da Real Força Aérea Canadense, mas os submarinos alemães retornam e afundam mais sete navios. Ainda assim, o custo para os

MAIO

26 de maio - O tratado Anglo-Soviético é assinado. Ambas as nações se comprometem a não fazer a paz em separado com a Alemanha.

27 de maio - O *Afrika Korps* avança para nordeste da Linha de Gazala.

29 de maio - Forças soviéticas ao sul de Kharkov são isoladas e forçadas a se render.

30/31 de maio - Acontece o primeiro "Ataque de 1.000 Bombardeiros", mas contra Colônia ao invés de Hamburgo, que é salva pelo mau tempo sobre a cidade.

31 de maio - Começa a "Batalha do Caldeirão", com um ataque combinado do exército italiano e do *Afrika Korps* à 150ª Brigada britânica.

Um U-boot é atacado com cargas de profundidade lançadas por um avião antissubmarino. Essas aeronaves podiam localizar submarinos mesmo à noite.

1942

JUNHO

1/2 de junho - Segundo "Ataque dos 1.000 Bombardeiros", dessa vez contra Essen.

2 de junho - Von Manstein lança um ataque a Sebastopol. Tropas do Eixo aniquilam o "caldeirão".

11 de junho - Comboios de suprimentos de Gibraltar e Alexandria rumam para Malta. Rommel conquista Bir Hakim e começa a Batalha de Knightsbridge.

13 de junho - Batalha de Knightsbridge com uma retirada britânica.

alemães é alto, já que o mesmo número de *U-boote* é perdido. Então, na manhã do dia 5, o U-192 é afundado pelo *HMS Pink* e os *U-boote* não conseguem encontrar outra vítima até o anoitecer. Eles afundam mais quatro embarcações, mas as escoltas agora estão em vantagem. O U-638 sucumbe a cargas de profundidade; o *HMS Vidette* explode o U-125 em pedaços com seu sistema de bombas *Hedgehog*; o U-531 é abalroado pelo navio de escolta *HMS Oribi* e vai ao fundo; e o U-438 é localizado pelo radar do *HMS Pelican* e também soçobra. Quando o quartel-general dos *U-boote* cancela o ataque na manhã seguinte, oito submarinos haviam sido perdidos e outros cinco estavam seriamente avariados.

Em seguida, foi a vez do comboio HX237 ser atacado. O comboio completou sua travessia do Atlântico em 16 de maio de 1943, tendo perdido três embarcações, mas sua escolta afundara três *U-boote* e danificara outros dois. Por fim, no início da noite de 18 de maio, o comboio SC130 é fustigado por 33 *U-boote*.

O comboio fora avisado da presença dos submarinos e sua escolta quase afunda um deles na noite seguinte. Na primeira luz do dia, um Liberator sobrevoa o comboio e informa que os *U-boote* o cercaram. Nas 12 horas seguintes, os submarinos tentam atacar, sem sucesso. O U-381 é afundado por um bombardeiro de bombas *Hedgehog* de duas unidades de escolta; o U-954 é posto a pique pelo Liberator; o U-273 é afundado por uma aeronave Lockheed Hudson que viera reforçar o apoio aéreo; e o U-258 é localizado na superfície por outro Liberator que chega sobre o comboio e também é afundado. Na manhã de 21 de maio, os *U-boote* recebem ordem de cancelar o ataque, tendo perdido cinco de seus pares e sem disparar um torpedo sequer.

Até 22 de maio, 32 *U-boote* foram perdidos. Dönitz sabe que está vencido e ordena que seus submarinos saiam do Atlântico Norte para as águas dos Açores. A luta continuaria até 1945, mas a Batalha do Atlântico chegara ao fim.

JUNHO

14 de junho - Os comboios de suprimentos para Malta sofrem pesado ataque aéreo.

15 de junho - Os comboios de suprimento para Malta são novamente atacados e a força do ataque impede que completem sua missão.

18 de junho - Tobruk é cercada pelo Afrika Korps. Churchill inicia conversações com Roosevelt sobre planos para lançar operações ofensivas contra a Alemanha.

21 de junho - Rommel vence em Tobruk.

23 de junho - Rommel retoma seu avanço.

A Guerra do Deserto

Com o acirramento da Segunda Guerra Mundial, a Grã-Bretanha percebe que o resultado da guerra poderia ser decidido no Mediterrâneo e no Oriente Médio, fonte vital de suprimentos de petróleo e principal linha de comunicações com a Índia e o Extremo Oriente.

A declaração de guerra italiana em 10 de junho de 1940 representou, assim, uma séria ameaça para a posição da Grã-Bretanha no Mediterrâneo. As hostilidades começam em 11 de junho, quando a força aérea italiana ataca Malta nove vezes e bombardeia Porto Sudão e Aden. Enquanto isso, o Comando de Bombardeiros da RAF ataca Turín e Gênova e blindados britânicos entram na Líbia para emboscar transportes italianos próximos do Forte Capuzzzo. O forte e sua vizinhança próxima em Maddalena são capturados em 14 de junho, mas a limitada força britânica apenas destrói os canhões de cada posição defensiva antes de se retirar. Enquanto isso, os britânicos traçam uma linha defensiva em Mersa Matruh.

Acima: Destroços de um caça CR42 italiano jazem à beira de uma rodovia ligando Sollum a Sidi Barrani.
À esquerda: General Bernard Montgomery visto no deserto na época da segunda batalha de El Alamein.

O Primeiro Ataque

Os italianos iniciam as primeiras operações de grande porte com um ataque no Sudão em 4 de julho, tomando posições britânicas em Kassala e Gallabat nas fronteiras com a Abissínia e a Eritreia, mas seu avanço para por ali. Em seguida, em 4 de agosto, uma força de 25.000 homens invade a Somalilândia Britânica. A pequena guarnição não tem opção melhor a não ser recuar, sendo evacuada em 17 de agosto pela marinha britânica. Assim, os italianos estão em posição de ameaçar a entrada do Mar Vermelho, mas precisam lidar com uma revolta insuflada pelos britânicos na Abissínia. Embates esporádicos continuam na região, enquanto os britânicos reúnem suas forças no Oriente Médio.

Em 13 de setembro, os italianos invadem o Egito, cruzando a fronteira e ocupando Sollum. A Força Britânica do Deserto Ocidental, ou *WDF* (*British Western Desert Force*) conduz um combate de retirada previamente planejado em direção a Mera Matruh, visando retardar o avanço italiano. Sidi Barrani cai em 16 de setembro e, nesse momento, os italianos interrompem seu avanço. O general *Sir* Archibald Wavell, comandante em chefe para o Oriente Médio, inicia planos para um contra-ataque em 21 de setembro, quando então a chegada de reforços já teria garantido aos britânicos uma força blindada muito superior à dos italianos. Percebendo a situação, o comandante italiano, general Rodolf Graziani, se recusa a avançar ainda mais, apesar da pressão nesse sentido. Frustrado por não poder avançar em direção ao Egito, Mussolini volta suas atenções para a Grécia.

Em 28 de outubro, tropas italianas cruzam a fronteira entre a Albânia e a Grécia. Os gregos montam um vigoroso contra-ataque e, além disso, aceitam o apoio britânico. Embora recusando uma assistência direta, os gregos aceitam de bom grado a oferta britânica de enviar uma brigada proveniente do Oriente Médio para guarnecer Creta no lugar dos gregos.

Wavell Contra-Ataca

O general Wavell, ciente da situação na África Oriental e da possibilidade de ter de enviar tropas para a Grécia, consegue traçar uma ofensiva para a África do Norte. Em 26 de novembro de 1940, a *WDF* começa o Exercício de Treinamento Número 1, um ensaio da ofensiva em si. Em 6 de dezembro, é realizado o Exercício de Treinamento

---

1942

JUNHO

25/26 de junho - O terceiro "Ataque de 1.000 Bombardeiros", dessa vez contra Bremen, é o último ataque desse porte até 1944.

26 de junho - O *Afrika Korps* ataca Mersa Matruh.

27 de junho - As posições britânicas em Mersa Matruh são flanqueadas, forçando uma retirada.

27 de junho - 5 de julho - O comboio PQ17 para a Rússia é dizimado por ataques de aeronaves e submarinos alemães, perdendo 23 de suas 33 embarcações.

28 de junho - Os alemães capturam Fuqa.

29 de junho - Mersa Matruh é capturada pelo *Afrika Korps*.

30 de junho - A guarnição em Sebastopol começa a ser evacuada pelo mar. O Sexto Exército alemão ataca a Frente Sudoeste soviética. O Oitavo Exército britânico está de volta à linha defensiva de El Alamein.

Tropas britânicas se exercitando no Egito no final de 1940.

Número 2, envolvendo uma marcha até o ponto "Picadilly", 96 km ao sul de Maktila. A *WDF* se concentra ali e, em 9 de dezembro, lança a Operação Compass (bússola). Os acampamentos italianos em Nibeiwas e Tummar são capturados e, no dia seguinte, Sidi Barrani é cercada. Em 20 de dezembro, os italianos haviam sido expulsos do Egito, sendo perseguidos pelos britânicos Líbia adentro. Bardia é tomada em 5 de janeiro de 1941 e Tobruk é sitiada no dia 7. Após duas semanas de luta, cai Tobruk e Wavell recebe ordens de avançar sobre Benghazi, que é capturada por australianos em 6 de fevereiro. Tentativas italianas de fender as posições britânicas em Beda Fomm fracassam. Essa é maior vitória terrestre britânica na guerra, mas o sucesso não duraria. No dia da queda de Benghazi, Hitler nomeia o general Erwin Rommel comandante do *Afrika Korps*, para ajudar os italianos.

Chega o Afrika Korps

Rommel desembarca em Trípoli em 12 de fevereiro. Dois dias depois, acontece o primeiro confronto em Nofilia, onde tropas britânicas e alemãs se cruzam durante manobras de reconhecimento ao longo da estrada costeira de Sirte. Mesmo com os alemães acumulando

JULHO

1 de julho - Rommel ataca a linha de El Alamein, sem sucesso.

2 de julho - Outros ataques infrutíferos do *Afrika Korps* próximos a El Alamein e de Ruweisat Ridge.

3 de julho - O *Afrika Korps* avança 14 km ao longo de Ruweisat Ridge antes de interromper seu avanço. Rommel põe suas tropas na defensiva. Von Manstein toma Sebastopol.

4 de julho - Primeiro ataque aéreo no Teatro de Operações Europeu feito por uma aeronave da Força Aérea dos Estados Unidos contra aeródromos nos Países Baixos. Auchinleck lança um contra-ataque blindado a posições alemãs, sem sucesso.

5 de julho - Os britânicos tentam flanquear as posições do *Afrika Korps*, sem sucesso. O Grupo de Exércitos B alemão chega ao rio Don.

forças, os britânicos são forçados a enviar quatro divisões para a Grécia, para ajudar na defesa daquele país. Isso enfraquece seriamente a força britânica e, em 24 de março, o *Afrika Korps* captura El Agheila. Uma semana depois, outro ataque a Mersa Brega é o prenúncio de um avanço alemão sobre Agedabi, de onde os britânicos se retiram. Rommel captura Benghazi em 4 de abril e, no dia 25, os britânicos já haviam sido empurrados de volta para as mesmas posições de cinco meses atrás, sendo a sitiada Tobruk o que restava de suas conquistas.

Soldados italianos se rendem em Bardia, na Líbia, durante o avanço do general Wavell na Cirenáica. Quando a fortaleza em Bardia cai, os britânicos tomam mais de 32.000 prisioneiros e capturam armas e blindados valiosos.

Um comboio transportando tanques e aeronaves chega ao Egito em 12 de maio, permitindo que Wavell

1942

JULHO

7 de julho - O Grupo de Exércitos B ataca a Bacia do Donets.

8 de julho - O Primeiro Exército *Panzer* cruza o Donets.

9 de julho - Rommel ataca as tropas neozelandesas que guarnecem Deir el Munassib, mas a guarnição já havia recuado para novas posições logo antes do ataque.

10 de julho - Tropas australianas e sul-africanas atacam vindas de El Alamein, com pouco sucesso.

12/13 de julho - O *Afrika Korps* desfere outro ataque malsucedido contra as posições em El Alamein.

15 de julho - Tropas neozelandesas atacam em Ruweisar, mas com pouco progresso.

18 de julho - O Grupo de Exércitos B retoma seu avanço sobre Stalingrado.

22 de julho - O XII Corpo avança em Ruweisar durante a ofensiva britânica, sem avanços significativos.

lance uma nova ofensiva. A Operação Brevity pretende expulsar Rommel de volta para a Líbia, sendo iniciada em 15 de maio. Os passos de Halfaya, Sollum e Capuzzo são capturados, mas os alemães contra-atacam no dia seguinte e retomam as duas últimas destas posições. Rommel aguarda a chegada da 15ª Divisão *Panzer* e retoma o passo de Halfaya em 27 de maio. O fracasso da Operação Brevity aumenta a pressão de Churchill sobre Wavell para que dê fim ao cerco de Tobruk. Isso leva à Operação Battleaxe, que começa no dia 15 de junho. A operação é um fracasso desanimador e, no início da noite de 17 de junho, a ofensiva já havia sido empurrada de volta à sua linha inicial, após pesada perda de tanques. Como resultado, Wavell é substituído pelo general *Sir* Claude Auchinleck em 5 de julho de 1941.

Uma Nova Ofensiva

Auchinleck ordena uma nova ofensiva, a Operação Crusade, para socorrer Tobruk e reconquistar a Cirenáica. A operação deveria ser conduzida pelo XIII Corpo (a renomeada Força Britânica do Deserto Ocidental) do general de corpo *Sir* Alan Cunningham. Em 26 de setembro, o Corpo 30 chega ao Oriente Médio e o Oitavo Exército é formado para abranger ambos, sob comando de Cunningham. A Operação Crusade começa em 18 de novembro de 1941 e progride bem. A guarnição em

General Erwin Rommel, comandante do Afrika Korps, em novembro de 1941.

JULHO

23 de julho - O general von Bock é destituído do comando do Grupo de Exércitos B.

25 de julho - Roosevelt decide que a Operação Torch (tocha) – a invasão da África do Norte Francesa – acontecerá no final de outubro.

27 de julho - Tropas australianas atacam em Miteriya Ridge, mas rapidamente param. Auchinleck cancela a ofensiva, encerrando a primeira Batalha de El Alamein.

30 de julho - Auchinleck informa ao governo britânico que não poderá fazer outro ataque até setembro.

Um Panzer do Afrika Korps se move ao longo de uma estrada no deserto nos primeiros dias da campanha alemã. Os Panzer eram superiores aos blindados aliados na África do Norte.

Tobruk recebe ordens para se deslocar, mas é bloqueada pelo *Afrika Korps*.

Reorganizando suas forças, Rommel contra-ataca em 24 de novembro e, ao final do dia, chega à fronteira egípcia. Nesse momento, Wavell visita Cunningham e o encontra à beira de um colapso por exaustão nervosa. Cunningham é, então, substituído pelo general de corpo Neil Ritchie. A ofensiva de Rommel arrefecera graças aos ataques da Força Aérea do Deserto e à falta de suprimentos de combustível. Assim, em 26 de novembro, Rommel é forçado a mudar de direção e lidar com a guarnição de Tobruk que se reunia às tropas da Divisão Nova Zelândia em El Duda. Tentativas de impor sítio a Tobruk falham novamente e Rommel se retira para Gazala em 7 de dezembro. O Oitavo Exército ataca oito dias depois e Rommel recua novamente, chegando à fronteira da Tripolitânia em 6 de janeiro de 1942. Bardia cai em mãos britânicas em 17 de janeiro. A Operação Crusade fora uma luta árdua, porém um sucesso para os britânicos. Mas o sucesso não seria duradouro.

Prisioneiros de guerra britânicos na Líbia rumam para o cativeiro. Apesar dos fortes contra-ataques na região, Rommel se saiu melhor que Wavell.

1942

AGOSTO

1 de agosto - Os Aliados introduzem um sistema de interconexão de comboios, reduzindo o sucesso dos *U-boote* em águas americanas.

3 de agosto - Churchill viaja para o Oriente Médio para avaliar a situação e decide dividir o Comando do Oriente Médio em dois, dando ao general de corpo William Gott o comando do Oitavo Exército.

7 de agosto - Gott morre em um desastre aéreo. O general de corpo Bernard Montgomery é designado para comandar o Oitavo Exército. A ideia de dividir o Comando do Oriente Médio é abandonada. Auchinleck é transferido para a Índia e o general de exército *Sir* Harold Alexander recebe o comando do Oriente Médio.

9 de agosto - O general Dwight D. Eisenhower é nomeado comandante da Operação Torch.

9 de agosto - Os alemães ocupam os campos petrolíferos de Maikop.

10 de agosto - Von Paulus, comandante do Sexto Exército alemão, cruza o rio Don e chega aos arredores de Stalingrado.

A Ameaça a Malta

O contratempo causado pela Operação Crusade não deteve Rommel. Em 21 de janeiro de 1942, após receber mais tanques, Rommel lança um ataque à Cirenáica, tomando Agedabia no dia seguinte, Msus no dia 25 e Benghazi no dia 29, antes de interromper seu avanço em frente à linha Gazala-Bir Hachim em 4 de fevereiro. O avanço foi interrompido por não haver forças nem combustível suficientes para um ataque. O general alemão também tinha certeza de que os britânicos estariam impossibilitados de levar a cabo uma ação ofensiva por algum tempo, considerando-se as perdas que sofreram. Como o *Afrika Korps*

Comboio de transporte avança por uma estrada no deserto. Manter uma linha de abastecimento robusta era vital para o sucesso na campanha da África do Norte e as potências do eixo perceberam que capturar a ilha de Malta era vital para sua linha de suprimentos.

também não poderia conduzir uma ação ofensiva, Rommel solicita mais tropas a Berlim para que possa explorar seu sucesso e continuar em direção ao Canal de Suez, recebendo instruções para aguardar, já que tanto o alto-comando alemão quanto o italiano acreditam que Malta deveria ser capturada para proteger as linhas

AGOSTO

12-16 de agosto - Churchill visita Moscou para conversações com Stalin e convence o líder soviético de que a abertura de uma segunda frente em 1942 seria impossível.

13 de agosto - Montgomery assume o comando do Oitavo Exército.

15 de agosto - Tropas alemãs chegam às montanhas do Cáucaso.

19 de agosto - A Operação Jubilee (jubileu) é lançada contra Dieppe. A incursão fracassa.

21 de agosto - Eisenhower traça um plano geral revisado para a Operação Torch.

30 de agosto - Rommel lança uma ofensiva em direção a Alam Halfa Ridge.

31 de agosto - O ataque alemão a Alam Halfa é repelido.

de suprimentos do Eixo. Rommel aguarda, então, até maio, quando é instruído a lançar uma ofensiva limitada contra Tobruk.

Nesse momento, italianos e alemães tentavam subjugar a guarnição na ilha de Malta. A partir de 20 de dezembro de 1941, a ilha passa a sofrer pesado ataque aéreo, em preparação para uma invasão. A defesa de caças de Malta era inicialmente limitada e, embora os britânicos designassem mais caças Hurricane para defender a ilha, os últimos modelos do caça Bf109 alemão eram superiores. Inevitavelmente, foi decidido suprir Malta com caças Spitfire, uma tarefa difícil, já que estes teriam de partir de porta-aviões britânicos. Quarenta e sete aeronaves são enviadas em três dias em março (dias 7, 21 e 29), porém a atividade dos caças que defendem a ilha é muito intensa, exigindo mais aeronaves. Além disso, os ataques aéreos se intensificam a partir de 20 de março, aumentando ainda mais a demanda pelos Spitfire. O porta-aviões americano USS *Wasp* (maior que os porta-aviões britânicos) envia 46 Spitfire em 20 de abril. A intensidade do combate é tanta que quase todos são destruídos ou postos fora de operação em 72 horas. O peso do ataque aéreo força a retirada da

Malta sob pesado bombardeio aéreo. Os cidadãos da ilha foram condecorados com a Cruz de Jorge, em 1942, em reconhecimento de sua bravura durante a campanha do Eixo.

10ª Flotilha de submarinos da ilha, um golpe para a *Royal Navy*, que vinha conduzindo ataques eficazes a comboios de suprimentos do Eixo com a flotilha: a RAF também lograva

1942

SETEMBRO

1 de setembro - O segundo ataque alemão a Alam Halfa é repelido.

2 de setembro - O *Afrika Korps* recua para sua linha inicial, marcando o fim das tentativas de Rommel de chegar ao Canal de Suez. O comboio PQ18 parte da Grã-Bretanha para a Rússia. Treze navios são afundados durante a viagem.

5 de setembro - Churchill e Roosevelt concordam sobre o melhor conceito de planejamento para a Operação Torch.

13/14 de setembro - Falha um ataque britânico a Tobruk para destruir instalações portuárias.

14 de setembro - Von Paulus retoma o ataque a Stalingrado, sem resultado. Montgomery traça um plano para a Operação Lightfoot ("na ponta dos pés"), uma ofensiva contra os alemães que fazem frente a El Alamein.

sucessos com ataques lançados da ilha contra embarcações.

Em 30 de abril, tanto alemães quanto italianos acreditam que Malta esteja, nesse momento, sem defesa e concordam que a ilha deva ser invadida após Rommel capturar Tobruk. Em 10 de maio, Albert Kesselring, comandante em chefe do sul, anuncia que Malta está neutralizada, Contudo, a determinação dos defensores da ilha fora subestimada. Justamente um dia antes do anúncio de Kesselring, outros 60 Spitfire chegam dos porta-aviões *HMS Eagle* e *USS Wasp*. Assim, as tripulações das aeronaves italianas e alemãs enviadas para atacar a ilha têm uma surpresa desagradável, se vendo em desvantagem numérica pela primeira vez. Entretanto, a luta prossegue. Dois comboios aliados partindo de Gibraltar e Alexandria são enviados em 11 de junho, mas são forçados a voltar, deixando Malta quase sem suprimentos.

A Terceira Ofensiva

Rommel começa sua terceira ofensiva em 26 de maio de 1942, avançando rapidamente em direção à Linha de Gazala e atacando a área conhecida como "Caldeirão" em 31 de maio, abrindo caminho em 2 de junho. Um contra-ataque britânico fracassa e o pior acontece: a Batalha de Knightsbridge, em 11 de junho, é um desastre para o Oitavo Exército. A retirada britânica deixa Tobruk exposta e, no dia 18, o *Afrika Korps* isola a fortaleza, que cai em 21 de junho, em uma grande derrota dos britânicos. Ritchie é destituído do comando do Oitavo Exército quatro dias depois, sendo substituído por Auchinleck. Isso não é suficiente para impedir que Rommel tome Mersa Matruh, fazendo com que o Oitavo Exército retorne à linha de El Alamein em 30 de junho.

Soldados Panzergrenadier alemães avançando na África do Norte.

SETEMBRO

17 de setembro - Churchill exige que a operação Lightfoot comece antes do final do mês.

20 de setembro - A data da Operação Torch é marcada para 8 de novembro.

23 de setembro - Alexander convence Churchill de que a Operação Lightfoot não pode ser realizada antes de outubro. Rommel retorna à Alemanha para se recuperar de uma doença.

30 de setembro - A 44ª Divisão britânica ataca o Baixo de Munassib para testar a resistência das defesas alemãs.

Rommel lança outro ataque no dia seguinte, que arrefece em 3 de julho. Auchinleck contra-ataca e as três semanas seguintes são pontuadas por uma série de ataques e contra-ataques, até que a primeira Batalha de El Alamein chega a um impasse. Os reveses no deserto levam Churchill a dividir os comandos existentes na África, com Auchinleck comandando o Oriente Médio e o general de exército *Sir* Harold Alexander comandando o Oriente Próximo. O general de campo William Gott deveria assumir o comando do Oitavo Exército, mas morre em um desastre aéreo em 7 de agosto e o general de campo Bernard Montgomery é nomeado em seu lugar. A decisão de dividir o Comando do Oriente Médio é abandonada e Alexander assume o comando, enquanto Auchinleck é transferido para a Índia.

O primeiro desafio de Montgomery é um ataque lançado por Rommel em 30 de agosto, no mesmo dia em que a Operação Pedestal teve sucesso em levar um comboio com suprimentos até Malta, aliviando a pressão sobre a ilha. Para Rommel, a situação era menos afortunada. Quatro de suas seis embarcações de suprimentos foram afundadas, significando que, para capturar Alam Halfa Ridge e abrir caminho até o Cairo, seria preciso capturar os estoques britânicos de combustível. Não obstante, o *Afrika Korps* ataca, mas é repelido pelo Oitavo Exército em 31 de agosto e 1 de setembro. Rommel é forçado a recuar e o fracasso em Alam Halfa marca o final de suas tentativas de atingir o Cairo.

Montgomery agora se prepara para a ofensiva. Contudo, para frustração de Churchill, que queria uma vitória rápida, o general passa vários meses assegurando que suas forças sejam adequadamente treinadas. Assim, somente na noite de 23/24 de outubro é que Montgomery desfecha o ataque a El Alamein.

El Alamein

A batalha começa com um maciço bombardeio pelos canhões britânicos e o ataque inicial tem sucesso. Entretanto, em 20 de outubro, o avanço arrefece e Montgomery ordena uma parada temporária. Enquanto Montgomery altera seus planos, Rommel contra-ataca, mas é rechaçado. Então, em 29 de outubro, Montgomery libera os planos para a Operação Supercharge (supercarga), alterando a direção do avanço do

1942

OUTUBRO

22 de outubro - O general Mark Clark faz uma reunião secreta com o comandante de Divisão Argelina Francesa, assegurando sua concordância com os desembarques da Operação Torch.

23 de outubro - Os elementos de vanguarda da Força Tarefa Ocidental americana, que deverão desembarcar em Casablanca, partem dos Estados Unidos.

23/24 de outubro - Começa a segunda Batalha de El Alamein.

25 de outubro - O ataque britânico se faz sentir. Rommel retorna à África.

26 de outubro - Montgomery interrompe seus ataques para permitir que suas forças se reagrupem. A primeira leva de tropas deixa a Escócia, para ser desembarcada em Oran e Argel.

27 de outubro - Contra-ataques italianos e alemães são rechaçados.

29 de outubro - Montgomery modifica seu plano, direcionando o peso do próximo ataque para o interior ao invés do litoral.

Tropas australianas usam cobertura de fumaça para tomar de assalto um ponto forte alemão, durante a segunda Batalha de El Alamein. O sucesso dos aliados nessa batalha marcou o fim dos planos expansionistas da Alemanha na guerra.

litoral para o interior. A operação começa nas primeiras horas de 2 de novembro de 1942 e logo pressiona o *Afrika Korps*. Rommel decide que é preciso recuar antes que o combustível acabe, o que tornaria impossível para ele desenredar suas forças. O Oitavo Exército persegue os alemães em sua retirada rumo à Líbia ocidental. Tobruk é retomada em 13 de novembro e em 20 de novembro, Benghazi está em mãos britânicas novamente. Rommel interrompe seu avanço em El Agheila e, apesar de ordens para permanecer ali, deixa a posição em 13 de dezembro para se unir às forças do Eixo na Tunísia.

Esse não era o único motivo de aflição para o Eixo, uma vez que a derrota em El Alamein coincide com a invasão da África do Norte pelos Aliados.

Operação Torch

Os Aliados traçaram diversos planos para a invasão da África do Norte no decorrer de 1942, decidindo finalmente

NOVEMBRO

2 de novembro - O Grupo de Exércitos A é bloqueado pelo Exército Vermelho fora de Ordhonikidze, marcando o limite do avanço alemão no Cáucaso.

3 de novembro - Forças britânicas irrompem nas posições do Eixo.

4 de novembro - O caminho começa a ser aberto conforme blindados britânicos iniciam perseguição ao *Afrika Korps*.

5 de novembro - Os comboios da Operação Torch começam a entrar no Mediterrâneo.

6/7 de novembro - Chuvas fortes impedem que os britânicos persigam Rommel.

Caminhões transportando infantaria através de um campo minado inimigo na África do Norte sofrem pesado bombardeio.

por um plano geral em setembro. O objetivo da operação, de codinome "Torch", era duplo. Primeiro, satisfazer as demandas de Stalin por uma segunda frente e, segundo, atacar as forças do Eixo na Tunísia. O primeiro soldado dos Aliados a desembarcar na África do Norte foi o general Mark Clark, que fora levado à Argélia por um submarino britânico para se encontrar com o general Charles Mast, comandante das forças francesas na Argélia. Mast concorda em facilitar os desembarques, marcados para 8 de novembro. As duas frotas de invasão virão dos Estados Unidos e da Escócia, e partem em 23 e 26 de outubro respectivamente, chegando ao Mediterrâneo em 5 de novembro. Os desembarques acontecem em Casablanca, Oran e Argel em 8 de novembro, encontrando pouca resistência. A França de Vichy protesta, porém o marechal Pétain instrui secretamente o Alto Comissário em Argel, almirante François Darlan, a negociar com os Aliados. Em 10 de novembro, Darlan ordena que as tropas da França de Vichy cessem a resistência e um armistício é assinado. Os Aliados agora começam a se mover em direção à Tunísia, visando encurralar as forças do Eixo entre as forças de invasão da Operação Torch e as unidades do Comando do Oriente Médio, após a vitória em El Alamein.

A Última Rodada

A posição do Eixo na África do Norte é delicada. A resistência aos desembarques da Operação Torch é

1942

NOVEMBRO

8 de novembro - Começa a Operação Torch. O marechal Pétain declara que a França resistirá, mas instrui secretamente o almirante Darlan, Alto Comissário em Argel, a abrir negociações com os Aliados.

10 de novembro - Darlan ordena que as forças da França de Vichy cessem a resistência.

11 de novembro - Os franceses no Marrocos e na Argélia assinam um armistício com os Aliados. Em retaliação, os alemães ocupam a França de Vichy. Elementos do Primeiro Exército do general Anderson desembarcam em Bougie. O Sexto Exército renova seu ataque a Stalingrado.

12 de novembro - Tropas britânicas fazem desembarques anfíbios e aerotransportados em Bône.

13 de novembro - Os britânicos retomam Tobruk.

15 de novembro - O Oitavo Exército captura Derna.

16 de novembro - Os britânicos capturam Souk el Arba com um assalto aerotransportado.

tenaz e retarda consideravelmente os Aliados, mas isso não é o bastante para deter um inimigo numericamente superior por muito tempo. Além disso, conforme as tropas aliadas ganham mais experiência, vão se tornando oponentes formidáveis para o *Afrika Korps*. O que ajuda os alemães em sua retirada de El Alamein e impede uma debandada de suas forças é o comportamento metódico de Montgomery, que chega a Sirte em 25 de dezembro de 1942 e interrompe seu avanço para assegurar suas linhas de suprimentos.

Em 12 de janeiro de 1943, aviões da Força Aérea do Deserto lançam ataques para apoiar uma ofensiva do Corpo 30 ao sul de Buerat. O progresso é lento, pois as tropas atacantes precisam lidar com campos minados e terreno difícil. Montgomery instrui a 51ª Divisão *Highland* a pressionar. A divisão entra em Homs em 19 de janeiro, o que convence Rommel a abandonar sua linha defensiva. Ao contrário das expectativas do general alemão, porém, Montgomery faz seu ataque principal ao longo da estrada costeira, rumando para Trípoli. Na noite de 22/23 de janeiro, Rommel abandona a cidade e forças Britânicas entram em Trípoli sem oposição.

Agora as forças de Rommel já haviam sido expulsas do Egito, da

Desembarque de pessoal e equipamentos de um comboio combinado britânico-americano em St. Leu.

NOVEMBRO

17 de novembro - Montgomery alcança Msus.

19 de novembro - A Frente Sudoeste e a Frente Don soviéticas lançam uma ofensiva contra forças alemãs e romenas no norte de Stalingrado.

20 de novembro - A Frente Stalingrado ataca. A Frente Sudoeste penetra as linhas alemãs em até 40 km. Benghazi é retomada pelo Oitavo Exército.

22 de novembro - A Frente Sudoeste de Vatutin captura a ponte sobre o Don em Kalach.

23 de novembro - A reunião das forças da Frente Sudoeste e da Frente Stalingrado cerca o Sexto Exército alemão e parte da 4ª Divisão *Panzer*.

Desembarque de tropas americanas durante a Operação Torch.

Cirenáica e de quase toda a Líbia e Tripolitânia. A posição do Eixo na África do Norte é crítica.

Tunísia

Rommel recua para a posição defensiva na Linha Mareth, chegando à Tunísia em 13 de fevereiro. O general, contudo, não havia desistido, e no dia seguinte lança um ataque contra o inexperiente 2º Corpo dos EUA. Concluindo que os Aliados podem atacar a costa a partir de Gafsa, decide que a melhor defesa seria atacar as tropas americanas antes que estivessem prontas.

Entretanto, as dificuldades eram diversas. Tanto Rommel quanto o coronel-general Jürgen von Arnim tentam, sem sucesso, obter as forças móveis um do outro para os ataques em planejamento. Von Arnim planeja um ataque através de Faid até Sidi Bou Zid e simplesmente não pode ceder tropas a Rommel.

O ataque de von Arnim começa primeiro, em 14 de fevereiro, e progride bem. Às 6h do primeiro dia, tropas alemãs estão a 8 km a oeste do passo de Faid. As inexperientes tropas americanas não conseguem impedir as forças alemãs de se reunir ao norte de Sidi Bou Zid. Um Rommel com confiança renovada ordena que o ataque a Gafsa inicie em 15 de fevereiro. Um contra-ataque das forças americanas passa por dificuldades e não logra nada além de recuar.

Em 17 de fevereiro, os americanos ordenam que Feriana e Sbeitla sejam

1942

NOVEMBRO

24 de novembro - Rommel interrompe a retirada em El Agheila quando os britânicos fazem uma pausa operacional para evitar estender demais suas linhas de abastecimento. Os Aliados retomam o avanço Tunísia adentro partindo da África do Norte francesa. Goering anuncia que pode manter o Sexto Exército abastecido pelo ar.

26 de novembro - Hitler ordena que o Sexto Exército permaneça em Stalingrado ao invés de tentar romper o cerco.

27 de novembro - Hitler cria o Grupo de Exércitos Don para substituir o Sexto Exército. A frota francesa em Toulon é afundada para impedir que caia em mãos alemãs.

28 de novembro - A 36ª Brigada do Primeiro Exército é bloqueada pelos alemães em Bald al Green e Green Hills.

abandonadas. Gafsa e Tozeur, Sbeitla e Sidi Bou Zid caem logo em seguida. Rommel ordena ao *Afrika Korps* que tome o passo de Kasserine.

O Passo de Kasserine

Os alemães enfrentam um combinado de unidades americanas conhecido como Força Stark, comandada pelo comandante do 26º Regimento de Infantaria dos EUA, coronel Alexander N. Stark, e atacam em 19 de fevereiro, obrigando as inexperientes forças americanas a recuar para Djebel el Hamra.

Em 21 de fevereiro, os alemães avançam rumo a Thala e Djebel el Jamra, mas são bloqueados pelos americanos em el Hamra. A 26ª Brigada Blindada britânica é repelida ao sul de Thala, mas impõe feroz resistência e Rommel percebe que não poderia prosseguir em seu avanço. Na tarde de 22 de fevereiro, encerra a ofensiva e volta sua atenção para o sul

Tanques Sherman se deslocam durante o avanço em Kasserine, na Tunísia, em fevereiro de 1943. A defesa combinada britânico-americana do passo de Kasserine resultou em outra derrota das forças de Rommel.

DEZEMBRO

2 de dezembro - Os soviéticos começam uma tentativa de abrir uma brecha entre as forças alemãs ao redor de Stalingrado.

12 de dezembro - Von Manstein lança a Operação Wintergewitter para tentar substituir o Sexto Exército.

13 de dezembro - Rommel começa a retirada rumo à Tunísia.

16 de dezembro - Os soviéticos iniciam a Operação Malyi Saturn, uma tentativa de cortar as linhas de comunicação de Von Manstein. O principal aeródromo de transporte alemão em Tatsinskaya é dominado.

19 de dezembro - Tropas alemãs alcançam Myshkova, mas não conseguem maior penetração em direção a Stalingrado.

da Tunísia, pensando em desfechar um golpe contra o Oitavo Exército.

A Batalha de Medenine

O próximo ataque planejado por Rommel é contra a posição de Montgomery em Medenine. Mensagens interceptadas revelam essa intenção e, no início de março, os britânicos já quadruplicaram seu efetivo. Quando os alemães atacam em 6 de março, enfrentam sérias dificuldades.

Os tanques alemães sofrem graves perdas e a artilharia defensiva pesada torna quase impossível o avanço da infantaria alemã. Rommel cancela o ataque.

A Linha Mareth

O fracasso em Medenine convence Rommel de que as forças alemãs e italianas devem abandonar a África do Norte, mas o general não consegue

Tanques alemães na Batalha de Kasserine. Rommel capturou Kasserine em 19 de fevereiro de 1943.

1942

DEZEMBRO

21 de dezembro - Churchill e Roosevelt concordam com uma reunião de cúpula em Casablanca.

24 de dezembro - A Frente Stalingrado irrompe pelas posições do Quarto Exército Romeno e ataca em direção às posições alemãs no Baixo Don. Von Manstein é forçado a uma retirada.

22-25 de dezembro - Batalhas por Longstop Hill.

26 de dezembro - Rommel chega a Buerat.

28 de dezembro - Outras retiradas alemãs posicionam grupos de exército a mais de 160 km de distância de Stalingrado.

29 de dezembro - O alto-comando soviético ordena que o Grupo de Exército A no Cáucaso seja atacado, visando tomar Rostov e cortar a rota de fuga alemã da Crimeia.

30 de dezembro - O alto-comando soviético ordena que uma ofensiva para destruir as formas alemãs seja iniciada em 6 de janeiro de 1943, posteriormente adiada para 10 de janeiro.

fazer com que Hitler ou Mussolini entendam a extensão do perigo.

Nesse meio tempo, Montgomery faz planos para romper as posições defensivas alemãs na Linha Mareth. Em 20 de março, Montgomery lança um assalto contra posições defensivas inimigas, mas que pouco afeta as linhas do Eixo e é repelido no final do dia 22 de março. O ataque secundário, um movimento de flanco em El Hamma, logra maior sucesso inicial, mas é detido. Montgomery, então, modifica seu plano e concentra suas forças no flanco do interior, uma manobra detectada por uma aeronave de reconhecimento do Eixo, o que leva von Arnim a retirar suas forças logo antes do novo ataque em 26 de março com apoio de pesada cobertura aérea e de artilharia.

Os britânicos chegam a El Hamma no amanhecer de 27 de março, mas o avanço perde força em face a um contra-ataque alemão que permite que a maioria das forças do Eixo recue para Wadi Akarit. Entretanto, sem reforços seria impossível manter Wadi Akarit e, assim, as tropas recuam para Enfidaville. Enquanto as forças do Eixo se reúnem para defender seu último bastião na África do Norte, os Aliados traçam planos para assegurar a vitória.

Para os Aliados, a melhor aproximação de Túnis seria através do vale Medjerda, limpando as elevações em cada lado de Medjez el Bah e abrindo, dessa forma, uma brecha que os blindados poderiam explorar. Alexander espera tomar os portos da Tunísia e ordena que o Primeiro Exército ataque, em 22 de abril, as forças do Eixo entre Medjez al Bab e Bou Arada. Montgomery, contudo, propõe um ataque com quatro divisões (três de infantaria e uma blindada) para penetrar pelo menos 32 km dentro das linhas inimigas. Alexander decide que o ataque de Montgomery é possível, significando que os recursos não foram concentrados na área do Primeiro Exército tanto quanto originalmente planejado.

Fazendo o Inimigo Saltar

O plano de Montgomery é fazer os alemães "saltarem" para fora de Enfidavile. Contudo, quando percebe a força das defesas inimigas, sua confiança diminui.

Na noite de 19/20 de abril, a 4ª Divisão indiana lança o ataque. A resistência inimiga é feroz e, até o raiar do dia, pouco do terreno necessário para a próxima fase da operação é conquistado. Isso obriga o comandante

1943

JANEIRO

3 de janeiro - O Grupo de Exércitos A começa a se retirar do Cáucaso. Forças francesas tomam o passo de Akirouan e o passo de Karachoum, mas perdem o passo de Fondouk.

8 de janeiro - Termos de rendição são entregues a von Paulus, que os rejeita.

10 de janeiro - Forças soviéticas começam uma ofensiva contra o bolsão de Stalingrado.

12 de janeiro - O lado oeste do bolsão de Stalingrado é dominado. É lançada a Operação Iskra, em uma tentativa de levantar o cerco de Leningrado.

13 de janeiro - A Frente Voronezh ataca pelo Don. Rommel começa uma retirada de Buerat.

16 de janeiro - Os soviéticos tomam o aeródromo de Pitomnik.

do 10° Corpo, *Sir* Brian Horrocks, a fazer uma escolha desconfortável: continuar adiante, com probabilidade de baixas significativas, ou manter sua posição, com probabilidade de baixas similares, mas com maior oportunidade de prejudicar o inimigo em um contra-ataque. Qualquer das duas opções implicava uma lenta batalha de atrito.

Durante o dia, a 50ª Divisão toma Enfidaville, mas o restante do Corpo não consegue ter nenhuma participação decisiva no campo de batalha. Fica claro que o esforço principal deve passar para o Primeiro Exército e para o 2° Corpo dos EUA.

A área mais importante para o novo assalto está coberta pelo 5° Corpo Britânico. A tomada das áreas conhecidas como "Longstop Hill" e "Peter's Corner" permitiria uma aproximação direta de Túnis. Os alemães sabem disso e atacam para desbaratar a ofensiva em 20/21 de abril, em ambas as frentes do 5° Corpo e do 9° Corpo. Eles conseguem, de fato, retardar uma brigada da 46ª Divisão, mas todo o 5° Corpo consegue avançar para sua linha inicial conforme previsto.

O Avanço Britânico

Embora os ataques alemães tenham sido repelidos, isso não garantiria o sucesso das formações de ataque na manhã seguinte. Conforme o general de corpo Kenneth Anderson, comandante do Primeiro Exército, previra, as defesas antitanque à frente do 9° Corpo se mostraram particularmente difíceis. Entretanto, durante a noite de 22/23 de abril, os aclives a oeste de Longstop Hill são tomados e após mais três dias de combates, os alemães são removidos dali.

Von Arnim percebe que sua posição é insustentável e tenta um contra-ataque, mas é rechaçado em 30 de abril. Nesse momento, a ofensiva aliada se desarticula e, assim, Montgomery oferece a Alexander a 7ª Divisão Blindada e a 4ª Divisão indiana, além da 201ª Brigada de Guardas, permitindo que o Primeiro Exército seja reforçado.

Isso não passa despercebido aos alemães. Von Arnim entende que um assalto ao vale Medjerda estava a caminho, havendo pouco a fazer para impedi-lo. O avanço final começa às 3h de 6 de maio e, às 9h30, um grande rombo havia sido aberto nas defesas inimigas, permitindo a passagem de blindados. No dia seguinte, tropas britânicas capturam Túnis, enquanto o 2° Corpo dos EUA chega a Bizerta. Em 12 de maio, von

1943

JANEIRO

18 de janeiro - O general von Arnim começa uma ofensiva para retomar os passos de Kariouan e Karachoun. Tropas húngaras e italianas no rio Don são cercadas.

23 de janeiro - O Oitavo Exército entra em Trípoli.

24 de janeiro - Hitler ordena que não haja tentativa de romper o cerco a Stalingrado. As frentes soviéticas Bryansk e Voronezh começam a cercar o Segundo Exército alemão.

22 de janeiro - Começa a fase final da ofensiva soviética ao redor de Stalingrado. O Sexto Exército alemão é dividido em dois pelos ataques, deixando pequenos bolsões ao norte e ao sul da cidade.

Arnim se rende à 4ª Divisão indiana e o comandante italiano, marechal de campo Messe, faz o mesmo no dia seguinte.

Em 13 de maio, às 13h16, horário local, Alexander envia a Londres uma mensagem simples, terminando assim: "Somos os senhores das praias da África do Norte". As atenções se voltam, então, para a Itália.

....

Desfile da vitória em Túnis após a vitória dos Aliados na África do Norte em 1943. Tropas francesas são saudadas em sua passagem diante dos generais Eisenhower, Alexander, Anderson e Giraud.

JANEIRO

25 de janeiro - O Exército Vermelho toma Voronezh.

27 de janeiro - O Grupo Don do Exército alemão recua para aquém do Baixo Don.

30 de janeiro - Hitler promove von Paulus a marechal de campo. Os franceses são expulsos de Faid pelos alemães.

31 de janeiro - Von Paulus e o restante do Sexto Exército ao sul de Stalingrado se rendem; o bolsão ao norte continua a lutar.

Derrota no Leste e na Itália

Após esmagar o Sexto Exército alemão, os soviéticos continuam suas operações ofensivas durante o novo ano. Em 29 de janeiro de 1943, a Operação Galop (galope) é lançada, com ataques consideravelmente bem-sucedidos ao longo de toda a frente alemã.

A frente cedera e os soviéticos avançam profundamente até a retaguarda alemã. Apesar de oferecerem forte resistência, os alemães não conseguem impedir o avanço das forças soviéticas. Em 14 de fevereiro, os alemães correm o risco de serem cercados na própria Kharkov. Seus comandantes hesitam e a resistência se fragmenta. Após violento combate urbano em 15/16 de fevereiro, Kharkov é retomada.

A Quarta Batalha de Kharkov

O sucesso da ofensiva soviética preocupa o marechal de campo Erich von Manstein, comandante do Grupo de Exércitos Don. A frente sob seu controle é extensa demais para as forças disponíveis e a necessidade de encurtar a linha é premente. O general convence Hitler a permitir uma retirada do saliente perto de Rostov e da área de Donbas para uma posição melhor no rio Mius. Frente ao avanço soviético, entretanto, essa posição também parece insustentável e von Manstein precisa encarar a possibilidade do Grupo de Exércitos Don ser isolado. Assim, lança um contra-ataque. O ritmo das recentes operações, segundo acreditava, teria desgastado seus oponentes, os deixando vulneráveis. A ofensiva começa em

À esquerda: Tanques T-34 soviéticos atravessam Kharkov. A cidade trocou de mãos várias vezes no decorrer da guerra. À direita: O general Erich von Manstein examina um mapa.

20 de fevereiro e faz rápido progresso contra os soviéticos, que estavam mal posicionados para enfrentar o inesperado contra-ataque. Em 25 de fevereiro, os soviéticos estão exaustos e passam para a defensiva, permitindo que von Manstein lance uma segunda fase de sua campanha.

Os alemães se aproximam de Kharkov mais uma vez e em 10/11 de março a cidade está perto de cair em suas mãos, o que acontece após mais alguns dias de combate. Apesar do sucesso, a posição das forças alemãs em abril de 1943 não é invejável, pois haviam sofrido perdas imensas, com três exércitos alemães destruídos entre novembro de 1942 e a interrupção de seu avanço no final de março de 1943.

Operação Zitadelle

O término da contraofensiva de von Manstein contra Kharkov deixou os soviéticos dominando um saliente importante, cujo centro era a cidade de Kursk. Hitler decide que essa é uma excelente oportunidade para destruir as duas frentes de exército soviéticas que ocupam a área, a Frente Central e a Frente Voronezh.

Tropas da SS em Kharkov imediatamente após o combate que levou os alemães a recapturarem a cidade pela última vez. Kharkov seria libertada em agosto de 1943.

1943

FEVEREIRO

2 de fevereiro - O bolsão norte de Stalingrado se rende.

4 de fevereiro - O Exército Vermelho realiza um desembarque anfíbio próximo a Novorossisk na costa do Mar Negro, para isolar o Décimo Sétimo Exército alemão.

7 de fevereiro - Montgomery começa um avanço na Tunísia, que é prejudicado pela chuva forte.

8 de fevereiro - Os soviéticos recapturam Kursk.

14 de fevereiro - Os soviéticos retomam Rostov e Vososhilovgrad. Von Arnim isola as forças americanas próximas a Sidi Bou Zid.

15 de fevereiro - Rommel toma Gasfa. O Oitavo Exército chega à Linha Mareth. Começa a ofensiva soviética contra o saliente de Demyansk.

Contudo, Hitler comete um erro crucial ao adiar a ofensiva até que tanques Panther e Tiger, e canhões autopropulsados estejam disponíveis em número suficiente. Assim, os soviéticos podem reforçar seus efetivos, tornando uma ofensiva mais difícil. Para agravar a situação, a capacidade do serviço soviético de informações melhorara drasticamente desde a invasão de junho de 1941. De fato, é possível que Zhukov soubesse que Kursk seria o alvo da próxima ofensiva alemã antes mesmo de Hitler informar a seus generais quem conduziria o ataque.

Zhukov traz tropas de outras frentes para defender o saliente e planeja responder a um ataque alemão com uma grande contraofensiva ao longo de toda a parte sul da frente. Em julho, os alemães já concentram aproximadamente 3.000 tanques, mas os soviéticos haviam preparado, discretamente, uma série de fortes posições defensivas. Entre abril e julho, sete linhas de defesa foram construídas, além de uma linha final de defesa atrás do saliente, para lidar com a possibilidade de um ataque.

Assim, a força que se opunha aos alemães era imensa, contando com aproximadamente um milhão de homens e 3.300 tanques, além de outros 380.000 homens e 600 tanques na reserva. Esses números, embora bastante impressionantes, representam somente as defesas em nível tático contra um assalto. A linha operacional por trás do saliente contava ainda com 500.000 homens e outros 1.500 tanques disponíveis, prontos para serem empregados quando necessário. Além disso, havia um grande número de aeronaves soviéticas na área que poderiam proporcionar apoio aéreo direto contra o ataque.

Assim, a ofensiva começa com as forças atacantes francamente em desvantagem numérica em relação a seus oponentes, que contam com o respaldo de fortes posições defensivas e imensas reservas.

Após operações preparatórias do dia anterior, os alemães começam a Operação Zitadelle (cidadela) às 4h40 de 5 de julho de 1943. Logo após as 5h, chegam de posições da linha de frente soviética os primeiros informes de ataques de tanques e infantaria. Os alemães ganham terreno com uma penetração de 7 a 10 km e o general Rokossovsky consegue a anuência de Stalin para que o Vigésimo Sétimo Exército seja enviado em auxílio.

FEVEREIRO

16 de fevereiro - Os alemães evacuam Kharkov.

17 de fevereiro - As forças alemãs no saliente de Demyansk se retiram organizadamente. Rommel toma Feriana e ruma para o passo de Kasserine.

19 de fevereiro - Rommel toma o passo de Kasserine.

20 de fevereiro - Rommel é bloqueado em Sbiba. Pavlograd e Korasnograd são recapturadas pela Frente Sudoeste do general Vatutin. Von Manstein lança uma contraofensiva.

24 de fevereiro - Os Aliados retomam Sbiba.

25 de fevereiro - Os Aliados retomam o passo de Kasserine, Sheitla e Sidi Bou Zid. Vatutin ordena que o Sexto Exército passe para a defensiva.

Quando fica claro que a situação da Frente Voronezh é ainda mais séria que a da Frente Central, Stalin decide enviar as forças para lá. Às 18h de 6 de julho, ambos os lados estão trazendo homens e materiais para a batalha, com os blindados de cada lado se movimentando em escala jamais vista, em formações de até 200 unidades. Cerca de 4.000 tanques soviéticos e 3.000 tanques alemães, além de canhões de assalto, estão prestes a entrar no combate, que continuaria com ferocidade ainda maior. O alto-comando soviético estima que 600 tanques alemães teriam sido destruídos no primeiro dia dos enfrentamentos.

Na manhã de 7 de julho, os alemães ameaçam o terreno elevado próximo de Olkhovatka, que domina o campo de batalha. Rokossovsky prontamente reforça os acessos a Olkhovatka e ambos os lados sofrem grandes perdas. Em 10 de julho, os alemães já se reagrupam e ficou claro que o clímax da batalha se aproximava.

O Choque do Combate

Os alemães penetram 32 km em direção a Oboyan, mas esse avanço não é suficientemente profundo. O fulcro do ataque é deslocado, então, para o entroncamento ferroviário em

General Vonstantin Rokossovsky, comandante da Frente Central soviética e vitorioso na Batalha de Kursk.

Prokhorovka, que logo se tornaria o local do maior combate entre tanques que o mundo jamais vira.

Em resposta à ameaça em Prokhorovka, os soviéticos deslocam blindados e homens para fortalecer a Frente Voronezh. Se os alemães abrirem caminho ali, estarão em posição de desarticular as defesas soviéticas. Todavia, o general Vatutin vê a ameaça como uma oportunidade.

1943

MARÇO

3 de março - A ofensiva alemã empurra as forças de Vatutin de volta para o Donets ao norte.

6 de março - Um ataque alemão é rechaçado na Batalha de Medenine.

4 de março - A segunda fase da ofensiva de von Manstein começa, visando recapturar Kharkov.

9 de março - Uma enfermidade força Rommel a deixar a África do Norte, sendo substituído por von Arnim como comandante em chefe do Grupo de Exércitos África.

Os alemães haviam sofrido perdas maciças e um ataque em direção a Prokhorovka os forçaria a deslocar suas unidades de flanco para apoio. Os flancos vulneráveis poderiam, então, ser atacados, e os alemães cercados.

No amanhecer de 11 de julho, os alemães atacam Prokhorovka e Oboyan. Ocorre uma batalha feroz entre três divisões da SS e o 5º Exército de Tanques da Guarda. Ao anoitecer, a batalha por Prokhorovka permanece sem vencedor e o 5º Exército de Tanques da Guarda é enviado à luta uma vez mais, contra-atacando vigorosamente. Ambos os lados sofrem baixas pesadas. Os alemães perdem mais de 300 tanques (incluindo 70 Tigers), enquanto aproximadamente 50% do 5º Exército de Tanques da Guarda é destruído. Mesmo assim, os soviéticos atingem seu objetivo. Os ataques alemães haviam sido bloqueados, enquanto os soviéticos ainda tinham suas reservas.

Os alemães continuam a desferir ataques de reconhecimento por mais três dias, mas está evidente que não poderão abrir caminho em Prokhorovka, ou mesmo contorná-la. Efetivamente, a batalha terminara, particularmente porque a invasão da Sicília exigira a transferência de forças

Um tanque LT-34S avança sobre o inimigo na estação de Prokhorovka, cenário do maior embate de tanques da história, durante a Batalha de Kursk.

para a Frente Oeste, prejudicando a Operação Zitadelle. Os alemães, então, não têm outra opção senão recuar para os mesmos pontos iniciais de 5 de julho. A operação para tomar Kursk terminara.

Os soviéticos estão agora na ofensiva, com a Frente Steppe do general Knoen e a Frente Voronezh do general Vatutin lançando sua própria ofensiva, a Operação Polkovodets Rumyantsev ("comandante Rumyantsev"). Quando a Operação Rumyantsev

---

MARÇO

15 de março - Os alemães conseguem retomar Kharkov.

17 de março - As forças do general George S. Patton capturam Gafsa e avançam para proteger o flanco esquerdo de Montgomery.

18 de março - Belgorod é capturada pelos alemães.

20 de março - Montgomery começa seu ataque à Linha Mareth.

inicia em 3 de agosto, os alemães são pegos de surpresa e, ao anoitecer do segundo dia, Belograd está de volta a mãos soviéticas. Isso permite um avanço em direção a Bogodukhov e Kharkov. Em 21 de agosto, Kharkov trocaria de mão pela quarta e última vez.

A ofensiva continua e em 25 de outubro os soviéticos já isolam as forças alemãs na Crimeia. Outro contra-ataque alemão impõe reveses a algumas forças soviéticas de vanguarda próximas a Krivoi Rog, mas não impede os soviéticos de avançarem sobre Kiev. A ofensiva começa em 3 de novembro e a cidade estaria de volta em mãos soviéticas em 48 horas. Com o Natal se aproximando, os alemães detêm apenas algumas pequenas seções da margem oeste do Dnepr, onde esperam resistir o suficiente para que a ofensiva soviética arrefeça.

Ucrânia e Crimeia

Os soviéticos agora pretendem iniciar a reconquista da Ucrânia ocidental. Em 24 de dezembro, a 1ª Frente Ucraniana lança um bombardeio preparatório maciço contra as posições do Grupo de Exércitos Sul a oeste de Kiev. Conforme o dia vai chegando ao fim, os soviéticos avançam 32 km adentro nas linhas alemãs, que são desbaratadas.

Blindados alemães rumam para o campo de batalha em Kursk, julho de 1943. A perda de tanques alemães foi enorme.

1943

ABRIL

6 de abril - O Oitavo Exército abre caminho em Wadi Akarit.

12 de abril - Stalin decide que as forças soviéticas no saliente de Kursk devem permanecer na defensiva para enfrentar um esperado ataque alemão.

22 de abril - O Primeiro Exército Aliado lança uma série de ataques.

MAIO

4 de maio - Hitler adia a ofensiva em Kursk (Operação Zitadelle) até que haja mais tanques Panther e Tiger disponíveis.

6 de maio - Ataque final dos Aliados contra as últimas posições do Eixo.

7 de maio - Os Aliados tomam Bizerta e Túnis.

DERROTA NO LESTE E NA ITÁLIA

Apesar do mau tempo, o avanço continua. A ligação ferroviária entre o Grupo de Exércitos Centro e o Grupo de Exércitos Sul é cortada em 5 de janeiro de 1944, criando uma brecha de 240 km de largura e 80 km de profundidade na frente alemã antes que o ataque comece a perder ímpeto, o que, para os alemães, é apenas um alívio temporário. A 2ª Frente Ucraniana lança sua própria ofensiva, que atinge os arredores de Kirovgrad. Em seguida, um ataque combinado da 1ª Frente Ucraniana e da 2ª Frente Ucraniana deixa 50.000 alemães sem escapatória no saliente de Korsun Shevchenkovsky.

Os alemães recuam, em uma manobra que vai bem a princípio, mas os soviéticos percebem o que está acontecendo e as tropas remanescentes são bombardeadas pela artilharia. A retirada se torna uma debandada sem comando ou controle, já que os oficiais estão mortos, feridos ou separados de suas unidades. Milhares de soldados morrem ao tentar cruzar o rio Gniloi Tikitsch, que está fortemente caudaloso por causa do degelo.

O ímpeto soviético não diminui e, em 4 de março, um novo ataque força os alemães a recuar cruzando o Dniestr. Em 12 de abril, os alemães têm que se retirar da península da Crimeia e quatro dias depois são empurrados de volta para Sebastopol. Os soviéticos atacam em 6 de maio, deixando claro que os alemães não conseguiriam resistir. Os alemães haviam precisado de nada menos que 250 dias para tomar a cidade dos soviéticos e agora os soviéticos a recapturam em três. Em seguida, se dedicam a destruir o restante das forças alemãs na Crimeia. Os soviéticos atacam maciçamente e com rapidez, e em meados de 12 de maio, o restante do Décimo Sétimo Exército se rende, cerca de 25.000 homens de um exército que já contara com 100.000.

A Libertação de Leningrado

Enquanto isso, os soviéticos tentam levantar o cerco a Leningrado. A cidade está sitiada há quase três anos e o corredor aberto para a cidade em 1943 está ao alcance da artilharia alemã e, assim não traz alívio ao sofrimento da cidade. Além disso, Stalin está ansioso para lidar com o problema representado pelos finlandeses, que lutam como cobeligerantes com os alemães para derrubar o tratado de paz assinado após a Guerra de Inverno.

A Frente Leningrado do general Govorov e a Frente Volkhov do

MAIO

8 de maio - Os Aliados começam o bombardeio aéreo da ilha italiana de Pantelleria.

16/17 de maio - A Esquadrilha 617 da RAF ataca as represas alemãs no Ruhr.

11 de maio - As forças do Eixo na península do Cabo Bon se rendem, pondo fim à guerra na África do Norte.

JUNHO

11 de junho - Tropas britânicas desembarcam em Pantelleria para receberem a rendição da guarnição italiana.

JULHO

4 de julho - Começa a Batalha de Kursk.

10 de julho - Lançamento da Operação Husky, o desembarque dos Aliados na Sicília.

Blindados soviéticos esperam fora de Kiev durante os pesados combates para a liberação da cidade e da maior parte da Ucrânia durante o inverno de 1943. Durante sua ocupação, os alemães massacraram milhares de civis.

general Meretsov recebem ordens de se reunirem para operações ofensivas no setor Novgorod-Luga a partir de 14 de janeiro de 1944. O avanço é precedido de um ataque de bombardeiros pesados durante toda a noite sobre a artilharia alemã em Bezabotny. Então às 9h35 começa um bombardeio de artilharia contra as posições alemãs, com uma barragem de 100.000 disparos que dura 65 minutos. O Segundo Exército de Choque avança assim que o bombardeio termina, conquistando 2.740m em uma frente de 8 km, com algumas unidades chegando até a segunda linha de defesa alemã.

Em 19 de janeiro, o 2º Exército de Choque e o 42º Exército se reúnem nas proximidades de Ropsha e, no dia seguinte, o ataque soviético está concluído. Os soviéticos passam para uma fase de perseguição, caçando os alemães em retirada. O cerco a Leningrado termina em 26 de janeiro, quando todas as tropas alemãs são expulsas da linha ferroviária Moscou-Leningrado.

Tudo o que resta, então, é remover as forças finlandesas do território que ocupavam desde 1941. Os finlandeses percebem que o sucesso soviético contra o Grupo de Exércitos Norte os deixa em posição difícil e tentam abrir negociações com Stalin por canais diplomáticos. Nesse meio tempo, o general Meretskov recebe o comando

1943

JULHO

12 de julho - Patton começa o avanço para o interior partindo das praias sicilianas. Começa o contra-ataque soviético em Kursk.

15 de julho - A Frente Central soviética começa o ataque ao Nono Exército alemão.

17 de julho - A Frente Sudoeste soviética ataca em direção a Kharkov.

13 de julho - Hitler cancela a Operação Zitadelle.

16 de julho - Patton começa a atacar em direção a Palermo.

23 de julho - Tropas americanas entram em Palermo.

da Frente Carélia e lança a ofensiva Svir-Petrozavodsk em 10 de junho, com a Frente Leningrado atacando o istmo da Carélia próximo a Vyborg. As operações continuam até o dia 9, quando os finlandeses são empurrados de volta à linha da fronteira finlandês-soviética de 1939. Cientes de que não há mais nada que possam fazer, os finlandeses buscam a paz e assinam um armistício em 4 de setembro.

Operação Bagration

Já no fim das ofensivas de primavera de 1944, o alto-comando soviético começa a planejar a próxima ofensiva, um ataque às posições do Grupo de Exércitos Centro na Bielorrússia, com o objetivo inicial de recapturar Minsk. A ofensiva, chamada Bagration em homenagem a um famoso comandante russo de mesmo nome do século XIX, cercaria os grupos de exércitos alemães no triângulo Minsk-Vitebsk-Rogachev para destruí-los.

A operação começa em 23 de junho de 1944 e em três dias a 1ª Frente Bielorrussa abre caminho nas posições alemãs próximas de Bobruisk.

Os soviéticos avançam, cercando primeiro o LIII Corpo alemão e em

Prisioneiros de guerra alemães marcham através de Leningrado.

JULHO

24/25 de julho - A Operação Gomorrah, ataques aéreos combinados de bombardeiros contra Hamburgo, inflige danos maciços à cidade.

25 de julho - Mussolini é preso e deposto como líder italiano.

26 de julho - Começa a retirada alemã de Orel.

31 de julho - Os americanos capturam San Stefano.

seguida o Quarto Exército. Em cada uma dessas situações, uma retirada providencial teria preservado as formações alemãs, mas Hitler não permitiu. O IX Corpo é destruído em Vitebsk, após a permissão para abandonar a posição ter chegado tarde demais, deixando 70.000 homens do Nono Exército isolados no bolsão de Bobruisk. Em 29 de junho, a cidade é invadida e o restante das forças alemãs é aniquilado.

O Quarto Exército escapa graças a um subterfúgio de seu comandante, general Tippelskirch, que manda relatórios a Hitler informando que está mantendo posição quando, na verdade, ordena a retirada de suas tropas. Apesar disso, em 30 de junho, o grosso dessas tropas é encurralado a leste do rio Berezina, onde os soldados são mortos ou capturados em massa.

O Grupo de Exércitos Norte também sofre nas mãos do avanço soviético. Forças alemãs próximas de Minsk são encurraladas em 3 de julho. A própria cidade cai em 4 de julho e mais de 43.000 alemães perecem na luta desesperada que se desenrola na semana seguinte.

Tropas da 3ª Frente Ucraniana avançam durante a Operação Bagration.

1943

AGOSTO

3 de agosto - As Forças do Eixo iniciam a evacuação da Sicília, começando com as unidades italianas.

5 de agosto - Montgomery captura a Catânia. Os soviéticos libertam Orel e Belgorod, conforme os alemães recuam para a Linha Hagen.

6 de agosto - Os americanos tomam Troina.

11 de agosto - Início de contra-ataques alemães à Frente Voronezh, forçando os soviéticos à defensiva no decorrer da semana seguinte.

12 de agosto - Stalin ordena que três ofensivas separadas sejam iniciadas tão logo Kharkov seja recapturada. Os alemães começam a sair da Sicília.

13 de agosto - A conferência anglo-americana de codinome "Quadrante" começa em Quebec. Tropas soviéticas chegam a Kharkov.

DERROTA NO LESTE E NA ITÁLIA

Elementos da 1ª Frente Ucraniana avançam por veículos inimigos destruídos. A ofensiva conjunta da 1ª e 2ª Frente Ucraniana expulsou os alemães de Kirovgrad.

Canhão alemão em ação, junho de 1944. Apesar dos fracassos na Frente Oriental, Hitler se recusou a ordenar que suas tropas recuassem.

Os soviéticos, então, avançam Lituânia adentro rumo a Vilnius, onde chegam em 8 de julho, cercam a cidade e a capturam cinco dias depois. A 2ª Frente Bielorrussa chega a 80 km da Prússia Oriental, enquanto a 1ª Frente Bielorrussa avança pela Polônia e cruza o Vistula. Finalmente, em 29 de agosto, a Operação Bagration chega ao fim. As forças soviéticas haviam avançado entre 547 km e 604 km ao longo de 1.125 km de frente. O Grupo de Exércitos Centro fora inutilizado e outras formações alemãs estão deterioradas. Nesse momento, os soviéticos estão em posição ideal para avançar sobre a própria Alemanha.

Avanço Inexorável

Os soviéticos começam a planejar suas ofensivas de 1945 em outubro de 1944, no momento em que, segundo Hitler, os soviéticos deveriam estar na defensiva, se recuperando das perdas sofridas durante a Operação Bagration. Mas não estavam.

No início de janeiro, aproximadamente 2,2 milhões de

AGOSTO

14 de agosto - A nova liderança italiana inicia, secretamente, negociações de um armistício com os Aliados.

17 de agosto - Patton entra em Messina. O ataque da *USAAF* (força aérea do exército americano) a Schweinfurt sofre pesadas baixas.

20 de agosto - Uma delegação italiana é informada de que os Aliados aceitarão uma rendição incondicional da Itália. É imposto um prazo de 10 dias para uma resposta italiana.

23 de agosto - Os alemães se retiram de Kharkov para evitar um cerco. Um ataque da RAF a Berlim sofre baixas pesadas.

26 de agosto - A Frente Central soviética ataca o Grupo de Exércitos Centro.

30 de agosto - Tangarog é libertada pela Frente Sul soviética.

soldados soviéticos estão reunidos em frente ao rio Vistula, prontos para atacar. A ofensiva começa durante uma nevasca, às 4h30 de 12 de janeiro de 1945, com um intenso bombardeio contra as posições alemãs. Quando o bombardeio diminui, as tropas soviéticas avançam, penetrando até 32 km nas linhas alemãs antes de terem seu avanço interrompido.

Às 10h, um segundo e imenso bombardeio cai sobre as linhas alemãs. O quartel-general do Quarto Exército *Panzer* é aniquilado e, sem liderança, a formação é desbaratada quando os tanques e a infantaria soviética atacam. Tropas de exploração soviéticas abrem caminho rapidamente e, no anoitecer de 12 de janeiro de 1945, já penetram até 23 km em uma frente de 40 km. No dia seguinte, mais de 2.000 tanques soviéticos cortam as linhas de comunicação entre Varsóvia e Cracóvia. Os alemães se retiram de Varsóvia, fazendo com que Cracóvia e a Silésia sejam os novos alvos dos soviéticos.

Mais ao norte, o marechal Zhukov põe suas tropas em ação em 14 de janeiro. Após ganhos iniciais impressionantes, Zhukov envia o Primeiro e o Segundo Exército de Tanques da Guarda ao combate. O peso do assalto foi tanto que o Nono Exército alemão começa a debandar, permitindo que o Segundo Exército de Tanques da Guarda se desvie para noroeste e ameace Varsóvia. Na noite de 16 de janeiro, está claro para o alto-comando alemão que permanecer em Varsóvia é suicídio. O XLVI Corpo *Panzer* recebe ordens de se retirar da cidade sem que Hitler seja consultado. Ultrajado por essa "covardia", Hitler destitui alguns generais e impõe uma rígida estrutura de comando.

....
A infantaria do Exército Vermelho pega "uma carona" nos tanques enquanto avançam para a batalha em agosto de 1944.

1943

SETEMBRO

1 de setembro - Os Aliados são informados que os italianos concordam com um armistício. As forças alemãs são postas em alerta para desarmarem unidades italianas em caso de armistício.

2 de setembro - A Frente Central soviética chega à ferrovia Bryansk-Konotop.

3 de setembro - Começam os desembarques aliados na Itália continental.

4 de setembro - Merefa é capturada.

6 de setembro - Konotop cai em mãos soviéticas. Os americanos retomam as missões de bombardeio contra a Alemanha, com um ataque a Stuttgart.

Todos os comandantes de divisão ou superiores são instruídos a pedir autorização para qualquer movimento que façam, ficando sujeitos, caso contrário, a pena de morte. Isso prejudica sua capacidade de responder aos eventos de maneira flexível e oportuna, justamente no momento em que isso é de importância crucial. Zhukov, agora, envia o Primeiro Exército Polonês para retomar Varsóvia.

Cracóvia e Silésia

Em 17 de janeiro, a 1ª Frente Ucraniana do marechal Konev recebe ordens para tomar Cracóvia e a Silésia, como preâmbulo para um avanço rumo à cidade alemã de Breslau. O Quinquagésimo Nono e o Sexagésimo Exército são empregados na tarefa e avançam sobre Cracóvia. Os alemães recuam para evitar um cerco e os soviéticos entram na cidade.

A Silésia é um objetivo mais difícil para os soviéticos, por ser altamente industrializada. Como em Stalingrado, a natureza de áreas industrializadas, com suas grandes fábricas e áreas urbanas, oferece boas oportunidades defensivas, só que dessa vez para os alemães. Assim, é necessária uma abordagem inovadora. Konev ordena

o avanço do Terceiro Exército de Tanques da Guarda, que cruza a fronteira alemã em 20 de janeiro. Ao chegar à margem do rio Oder, Konev instrui o exército a fazer uma curva de 90° e seguir ao longo do rio ao invés de cruzá-lo. Os alemães veem o Terceiro Exército chegando do oeste e o Quinquagésimo Nono e o Sexto Exército chegando do leste e percebem que um cerco é iminente. Assim, os alemães recuam para as montanhas dos Cárpatos, deixando a Silésia para os soviéticos.

Às Margens do Oder

Nesse momento, Zhukov envia a 1ª Frente Bielorrussa para Poznám, a última grande cidade polonesa antes da fronteira alemã e do rio Oder. Como acontecera na Silésia, as tropas evitam áreas urbanas e perseguem os alemães velozmente através da Polônia central. Em seguida, manobram ao redor do lado sul de Poznam em 26 de janeiro, em uma manobra que encurrala 60.000 alemães. Em seguida, Zhukov avança rumo ao Oder, ali chegando no último dia de janeiro. O Quinto Exército de Choque cruza o rio e toma a cidade de Kienitz. Essa seria a última ação da ofensiva, que é interrompida por Stalin em 2 de fevereiro.

SETEMBRO

8 de setembro - É anunciada a rendição italiana.

9 de setembro - Stalin propõe uma reunião entre britânicos, soviéticos e americanos em Teerã, além de uma conferência de ministros do exterior em Moscou. Os Aliados desembarcam em Salerno.

9/10 de setembro - A Frente Transcáucaso começa sua ofensiva contra a península de Taman.

Ciente de que a elevação das temperaturas e o inevitável degelo retardariam a ofensiva, Stalin decide que é melhor parar e permitir que suas tropas se preparem para a última batalha, o avanço sobre a capital nazista. Enquanto isso, preparativos contra os alemães nos países do Báltico estão em andamento. As tropas estacionadas ali poderiam ter sido ignoradas, mas fazê-lo era perigoso, já que poderiam atacar pelos flancos das tropas soviéticas rumando para Berlim.

....

Forças soviética entram em Königsberg em janeiro de 1945.

O Báltico

Em 13 de janeiro de 1945, a 3ª Frente Bielorrussa ataca em direção a Königsberg. Os alemães impõem feroz resistência e o ataque corre o risco de fracassar. O marechal Chernyakovsky reorganiza suas forças e abre caminho em 20 de janeiro, rumando para Königsberg. Em uma semana, as forças soviéticas já quase cercam a cidade, mas canhões de assalto alemães repelem os blindados soviéticos. A chance dos soviéticos de tomar a cidade em um ataque rápido se fora e, assim, o cerco a Königsberg é concluído somente em 29/30 de janeiro, dando início ao sítio.

O sítio seria levantado em 19 de fevereiro, quando a 5ª Divisão *Panzer* e a 1ª Divisão de Infantaria alemã abrem caminho nas linhas soviéticas, reunindo-se a elementos do XXVII Corpo que ataca vindo de Samland. O resultado desse ataque é a criação de um estreito corredor desde Königsberg até Pillau,

1943

SETEMBRO

10 de setembro - Os alemães ocupam Roma. Mariupol é capturada por ataques anfíbios.

11 de setembro - A Sardenha é evacuada por forças alemãs.

12 de setembro - Forças especiais alemãs resgatam Mussolini do cativeiro.

14 de setembro - Os alemães começam contra-ataques contra as praias de Salerno.

16 de setembro - Novorossisk cai em mãos soviéticas. Os alemães evacuam Bryansk.

que pode ser usado para a evacuação de civis.

A seguir, o combate abranda, contribuindo para isso o fato de Chernyakovsky ter sido morto no dia em que o sítio fora levantado. Seu substituto, o general Vasilevsky, chega e reorganiza as forças, incorporando a 1ª Frente do Báltico ao seu novo comando. Isso feito, os soviéticos estão prontos para retomar o ataque.

Pelo menos dessa vez, Hitler permite uma evacuação limitada e o comandante alemão, general Otto Lasch, inicia uma retirada. Todavia, em 2 de abril, antes que a retirada esteja concluída, os soviéticos retomam a ofensiva e, em 6 de abril, rompem as linhas alemãs. Dois dias depois, o Décimo Primeiro Exército de Guardas reúne-se ao Quadragésimo Terceiro Exército, cortando o último elo entre Königsberg e o restante da Prússia Oriental. O general Lasch sabe que a posição é insustentável e se rende em 10 de abril.

A Prússia Ocidental

A área final de preocupação dos soviéticos é a Prússia Ocidental, de onde também é preciso eliminar as tropas alemãs para assegurar que não sejam empregadas em um ataque aos flancos das forças soviéticas durante seu avanço. São feitos progressos, mas o degelo transforma o solo em pântano, forçando o marechal Rokossovsky a cancelar o ataque em 19 de fevereiro de 1945. No início de março de 1945, a 1ª e a 2ª Frente Bielorrussa atacam novamente. O ataque corta a ferrovia a leste de Koeslin, para depois rumar para Danzig e Gdynia. Ali estão as principais bases de suprimentos para Königsberg e Courland, dificultando ainda mais a defesa de ambas as áreas. Em meados de março, as forças alemãs estão reduzidas a alguns enclaves na Prússia Ocidental. Em 18 de março, cai

Georgi Zhukov, o líder militar que ajudou a levantar o cerco de Stalingrado.

SETEMBRO

21 de setembro - Os soviéticos retomam Chernigov, levando a Frente Central até o Dnieper.

22 de setembro - As travessias do Dnieper são tomadas pela Frente Voronezh.

25 de setembro - Smolensk e Roslavl são capturadas pela Frente Bryansk, que em seguida é dissolvida e redistribuída entre outras frentes. Mussolini anuncia a formação de uma República Socialista Italiana no norte da Itália.

Blindados soviéticos, liderados por um tanque pesado IS-2, cruzam uma cidade alemã capturada. O assalto à própria Alemanha começaria em abril de 1945.

Soldados russos se deslocando através de uma parte capturada de Berlim, com os edifícios danificados mostrando a ferocidade da luta.

Kolberg; Gdynia, 10 dias mais tarde; e em seguida, em 30 de março, Danzig.

No fim de março de 1945, contudo, os soviéticos estão em posição para um assalto final a Berlim e não seria apenas o poderio do Exército Vermelho que os alemães enfrentariam, mas também o das forças anglo-americanas que agora se deslocavam a oeste da capital. A derrota é inevitável.

A Guerra na Itália

Na conferência de Casablanca, durante janeiro de 1943, Roosevelt e Churchill discutem estratégia. Roosevelt defende uma invasão à França, argumentando que operações em outra região se desviariam do objetivo principal de derrotar Hitler. Churchill não está convencido. Descrevendo a Itália como "o ventre desprotegido" da Europa, alega que os Aliados podem chegar ao coração do continente através dela. Também ressalta que uma invasão da Itália poderá persuadir a Turquia a deixar de lado sua neutralidade e entrar na guerra ao lado dos Aliados.

1943

OUTUBRO

1 de outubro - Os Aliados entram em Nápoles e Foggia.

6 de outubro - As frentes de Kalinin e do Báltico lançam uma ofensiva para abrir o caminho em direção aos países do Báltico.

9 de outubro - O Décimo Sétimo exército alemão completa sua retirada através dos estreitos de Kerch para dentro da Crimeia. O Quinto Exército dos EUA (general Mark Clark) avança em direção ao Rio Volturno.

16 de outubro - Os soviéticos iniciam um ataque à curva do Dnieper para encurralar o Primeiro Exército *Panzer* e o Sexto Exército. Um ataque da Frente Voronezh para ampliar a cabeça de ponte em Bukrin é repelido.

20 de outubro - Reorganização das frentes soviéticas. As frentes Voronezh, Steppe, Sudoeste e Sul são renomeadas 1ª, 2ª, 3ª e 4ª Frentes Ucranianas; a Frente Central se torna a Frente Bielorrussa; as frentes de Kalinin e do Báltico são renomeadas como 1ª e 2ª Frentes do Báltico.

Apesar da oposição do chefe do estado-maior do exército dos EUA, general George C. Marshall, Roosevelt entende a lógica de Churchill e entra em um acordo. Pesa para Roosevelt, ainda, o fato óbvio de que os Aliados não contam com as forças necessárias para invadir a França. Assim, uma pausa na luta prejudicaria o ímpeto alcançado durante as últimas etapas da campanha na África do Norte, além de provocar reclamações de Stalin sobre a falta de uma segunda frente.

Os Aliados concordam que a Sicília deve ser ocupada para, em seguida, ser considerada uma invasão ao continente. Eisenhower é nomeado comandante supremo, com três britânicos como segundos no comando: general Harold Alexander, marechal em chefe do ar *Sir* Arthur Tedder e almirante da frota *Sir* Andrew Cunningham. O plano prevê um ataque no dia 10 de julho de 1943 ou próximo a essa data. O Oitavo Exército de Montgomery desembarcaria no canto sudeste da Sicília, enquanto o Sétimo Exército de Patton desembarcaria à esquerda dos britânicos, para proteger o flanco. Montgomery, então, avançaria pela costa leste da ilha até Messina. O plano é impopular entre os comandantes americanos, que acreditam (corretamente) que Montgomery destinara a eles um papel secundário para levar todo o crédito pela vitória.

Não estava claro se os defensores da ilha reagiriam. As forças do Eixo eram comandadas pelo general Alfredo Guzzoni, que contava com aproximadamente 200.000 soldados italianos apoiados por 30.000 solados alemães, todos em seu controle. Guzzoni era um general competente, porém, por segurança, os alemães tinham uma cadeia de comando separada, liderada pelo marechal de campo Albert Kesselring, comandante em chefe do sul.

Roosevelt, Churchill e seus principais consultores militares em Casablanca.

OUTUBRO

23 de outubro - Denpropetrovsk é recapturada pelos soviéticos.

31 de outubro - Os ministros do exterior se reúnem em Moscou.

NOVEMBRO

3 de novembro - É lançada uma ofensiva através do Dnieper partindo da cabeça de ponte de Lyutezh.

5 de novembro - Começa a Batalha de Monte Camino.

6 de novembro - Os soviéticos libertam Kiev. O marechal de campo Albert Kesselring é nomeado comandante supremo alemão na Itália.

8 de novembro - Tropas britânicas chegam ao rio Sangro.

12 de novembro - Zhitomir é recapturada pelos soviéticos.

Operação Husky

Em 9 de julho de 1943, 2500 embarcações e navios de desembarque, transportando uma força de invasão de mais de 160.000 homens, rumam para águas italianas. A frota parte de Malta, demonstrando como fora importante salvaguardar a ilha e evitar que esta se tornasse uma base do Eixo. O mau tempo traz preocupações de que a força de invasão precise retornar, mas Eisenhower decide continuar.

Na Tunísia, uma frota de aeronaves de transporte aguarda uma decisão. Quando esta chega, as aeronaves levantam voo, rebocando os planadores da 1ª Brigada Aerotransportada britânica rumo à Sicília. Infelizmente, sua rota as leva direto para o meio de uma tempestade. As aeronaves saem de curso e os planadores ficam à mercê do temporal. Isso causa uma tragédia: os pilotos e navegadores de 69 aeronaves de reboque de planadores, confundidos pela tempestade, liberam seus planadores muito antes do ponto correto e as frágeis aeronaves caem no mar, causando muitas baixas entre as tropas aerotransportadas. Enquanto isso, aeronaves transportando 3.000

Paraquedistas americanos preparam seu equipamento antes de embarcarem na aeronave que os levará para a invasão da Sicília.

1943

NOVEMBRO

13 de novembro - Os Aliados reconhecem a Itália como cobeligerante e aceitam formalmente que os italianos desejam mudar de lado.

18 de novembro - Os alemães lançam um contra-ataque contra a cabeça de ponte em Kiev. Zhitomir é retomada.

18/19 de novembro - O Comando de Bombardeiros da RAF ataca Berlim e Mannheim, sendo esta a primeira ocasião em que dois grandes ataques aéreos são lançados em apenas uma noite. Início da "Batalha de Berlim".

20 de novembro - O Oitavo Exército cruza Sangro.

23 de novembro - Conferência sobre estratégia entre os chefes de estado-maior britânicos e americanos.

26 de novembro - Chuvas torrenciais interrompem a ofensiva alemã. A Frente Bielorrussa liberta Gomel. A conferência do Cairo é suspensa para permitir a realização da reunião em Teerã.

28 de novembro - A conferência dos "Três Grandes" começa em Teerã. Montgomery começa o ataque à Linha Gustav.

DERROTA NO LESTE E NA ITÁLIA

paraquedistas americanos não conseguem manter seu curso em meio à tempestade. Umas poucas aeronaves lançam seus paraquedistas no local correto e apenas 200 homens saltam em pontos razoavelmente próximos de seus objetivos. Na verdade, a confusão é tanta que o general James M. Gavin, comandante da tropa aerotransportada americana, se convence, em um primeiro momento, de que saltara na Itália continental. A única nota positiva do desembarque aerotransportado é ter consternado o inimigo. Há tantos relatórios sobre a chegada de paraquedistas e planadores que alemães e italianos pensam que estão sendo invadidos por pelo menos 20.000 e possivelmente 100.000 soldados aerotransportados. Na verdade, são pouco mais de 4.500.

Conforme a frota de invasão se aproxima das praias, as condições do tempo melhoram, embora o Sétimo Exército dos EUA, que deveria desembarcar no oeste da Sicília, esteja um tanto atrasado. O Oitavo Exército está no horário e seu desembarque encontra somente ligeira oposição. Os defensores italianos haviam concluído que os Aliados não tentariam um desembarque anfíbio com mau tempo e, assim, relaxaram após as aeronaves de transporte aliadas partirem. As primeiras tropas de assalto não encontram oposição e avançam pelas praias para tomar as defesas costeiras. Ao perceberem o que acontece, os italianos abrem fogo, mas

Navios de desembarque descarregam em Gela, Sicília, em 10 de julho de 1943. A invasão aliada da Sicília, de codinome Operação Husky, foi o maior ataque anfíbio da guerra até aquele momento.

DEZEMBRO

1 de dezembro - Termina a reunião em Teerã.

2 de dezembro - Clark retoma o ataque. Os britânicos capturam Monte Camino.

4 de dezembro - É retomada a conferência do Cairo.

6 de dezembro - Eisenhower é nomeado comandante supremo da invasão da Europa. Termina a conferência do Cairo.

7 de dezembro - Começa a Batalha de San Pietro.

16/17 de dezembro - Ataques de bombardeiro contra bases das armas V na França.

24 de dezembro - A ferrovia que corre a oeste de Vitebsk é bloqueada por forças soviéticas. Montgomery é nomeado comandante do 21° Grupo de Exércitos para a invasão da França.

27 de dezembro - O Oitavo Exército captura Ortona, encerrando a ofensiva britânica.

sua artilharia é suprimida pelo fogo de artilharia naval disparado por encouraçados britânicos ao largo.

Não demorou muito até que os elementos das forças nas praias da Sicília se deslocassem para o interior: às 8h, a cidade de Cassibile estava nas mãos da 5ª Divisão Britânica. Os americanos têm sorte similar. As defesas no oeste da Sicília haviam sido alertadas para os desembarques britânicos e abrem fogo sobre as embarcações da invasão tão logo estão ao alcance das baterias costeiras de artilharia. Contudo, são atacadas e neutralizadas pelo fogo naval e, assim, os americanos desembarcam sem problemas.

Em Licata, soldados americanos descobrem um posto de comando abandonado e, quando entram, ouvem o telefone tocar. Por coincidência, o correspondente de guerra Michael Chinigo acompanha a tropa e atende ao telefone. Quem chama é um oficial italiano, ansioso por saber se os rumores de que americanos desembarcaram são verdadeiros. Chinigo fala italiano fluentemente e diz ao oficial que os rumores são falsos. O oficial italiano celebra a notícia e desliga, sem saber de nada do que de fato acontece.

Durante a manhã, as forças invasoras avançam para o interior, ajudadas pelo fato de as tropas aerotransportadas americanas terem contornado o problema de não terem saltado no lugar certo: diversos paraquedistas se encontram enquanto tentam chegar às suas zonas de pouso planejadas e decidem, ao invés disso, formar pequenas unidades isoladas. Em seguida, causam devastação atrás das linhas italianas, impedindo que reservas cheguem à área de invasão.

Uma fotografia posada mostrando prisioneiros italianos se rendendo a tropas britânicas durante a campanha na Sicília.

1944

JANEIRO

1 de janeiro - O general Carl Spaatz é nomeado comandante das forças aéreas estratégicas americanas. O general James Doolittle é nomeado comandante da Oitava Força Aérea da *USAAF*.

3 de janeiro - Montgomery realiza a primeira reunião de planejamento da Operação Overlord.

8 de janeiro - Eisenhower e Montgomery partem da Itália para preparar a invasão da Europa, sendo substituídos pelo marechal de campo Henry Maitland Wilson e pelo general *Sir* Oliver Leese, respectivamente.

17 de janeiro - Clark ataca através do Garigliano.

20 de janeiro - O avanço dos Aliados é interrompido abaixo de Monte Cassino.

22 de janeiro - Desembarques dos Aliados em Anzio.

FEVEREIRO

3 de fevereiro - Os alemães contra-atacam em Anzio.

15 de fevereiro - Os aliados bombardeiam o mosteiro em Monte Cassino antes de novo assalto às posições alemãs.

As forças aerotransportadas britânicas também tentam tirar o melhor de uma situação difícil. Apenas cerca de 100 dos 1.500 homens enviados para a ilha efetivamente desembarcam e, mesmo assim, conseguem capturar e ocupar a Ponte Grande sobre o rio Cavadonna. Os italianos finalmente os desalojam da posição no final da tarde de 10 de julho. Nesse momento, restam apenas 15 soldados britânicos e sete são mortos no assalto italiano. Destemidos, os oito sobreviventes se dividem em dois grupos: dois homens tomam posições em uma elevação próxima e disparam contra os italianos sempre que têm oportunidade, para evitar que o inimigo se mova, enquanto os outros seis retornam à área de invasão para encontrar as tropas aliadas. Em seguida, lideram uma coluna móvel da 5ª Divisão até a ponte. A coluna irrompe através das defesas italianas, abrindo caminho para um avanço até Siracusa.

O segundo dia da campanha italiana, contudo, mostra que a batalha pela ilha não será fácil. Alemães e italianos haviam se reorganizado durante a noite e sua reação é mais coordenada. Um ataque de 60 tanques alemães chega a 32 km das praias e leva tempo até ser forçado a recuar com a ajuda da artilharia naval.

Canhão alemão PAK 41 de 88 mm em ação na Sicília em julho de 1943. Embora o primeiro dia da campanha siciliana fosse bem para os aliados, alemães e italianos logo se reagrupariam e lançariam um contra-ataque.

No dia seguinte, os alemães lançam seus próprios paraquedistas, desembarcando reforços na Catânia. A manobra marca o início de um grande reforço de tropas alemãs na ilha. Enquanto as tropas alemãs estão desembarcando, os Aliados continuam seu avanço.

O Avanço para Palermo

No restante de julho, os dois exércitos aliados abrem caminho, com a rivalidade entre Patton e Montgomery

---

FEVEREIRO

16 de fevereiro - Outros contra-ataques alemães em Anzio são consideravelmente bem-sucedidos.

17 de fevereiro - Os ataques aliados em Monte Cassino são suspensos.

19 de fevereiro - Os Aliados conseguem evitar que a cabeça de praia em Anzio seja dividida em duas pelos alemães.

21 de fevereiro - Início da ofensiva aérea dos aliados contra os alemães, conhecida como "Grande Semana".

29 de fevereiro - O general Vatutin é mortalmente ferido em uma emboscada por guerrilheiros pró-alemães, sendo substituído pelo general Zhukov. Os alemães começam outra rodada de contra-ataques em Anzio.

MARÇO

3 de março - Os alemães abandonam as operações em Anzio.

4 de março - A 1ª Frente Ucraniana inicia operações ofensivas na Ucrânia. Primeiro ataque aéreo diurno dos americanos a Berlim.

aumentando conforme suas forças se movem mais para o norte. Quando o XXX Corpo Britânico é detido próximo a Lentini, Montgomery ordena uma mudança de rumo próximo à base do monte Etna, para possibilitar um assalto a Messina pelo oeste. Para realizar a manobra, o comandante do XXX Corpo, general *Sir* Oliver Leese, precisa usar a Rota 124, uma estrada que vai de Vizzini a Caltagiore. A estrada fica no setor americano, porém Montgomery envia Leese sem avisar os americanos que suas tropas se uniriam às deles. Unidades americanas e britânicas, que haviam sido informadas de que trabalhariam independentemente entre si, agora se veem atacando o mesmo objetivo, a cidade de Enna. A cidade foi tomada, mas a ação irritou Patton, já que isso queria dizer que o papel americano de proteger os flancos se tornara mais importante, impedindo, assim, sua participação na tomada de Messina.

Patton, então, pede pessoalmente ao general Alexander que o ordene a tomar Palermo, um pedido que foi quase uma exigência. Patton faz as coisas a seu modo, e a 2ª Divisão Blindada e a 3ª Divisão de Infantaria dos EUA cobrem 160 km em quatro dias, entrando na cidade em 22 de julho. Houve pouca resistência no caminho e as poucas tropas inimigas que os americanos encontraram em Palermo foram italianos esperando para se render. Os alemães já haviam abandonado a cidade alguns dias antes.

O avanço sobre Palermo deixa Patton em posição de avançar para Messina e o general está determinado a chegar lá antes dos britânicos. O avanço para Messina seria mais difícil que a tomada de Palermo, já que o terreno por onde o Sétimo Exército deverá passar é montanhoso, com estradas que podem ser facilmente bloqueadas. O avanço é realmente

Patton, Bradley e Montgomery.

1944

MARÇO

5 de março - A 2ª Frente Ucraniana junta-se à ofensiva ucraniana.

6 de março - A 3ª Frente Ucraniana inicia uma ação ofensiva.

10 de março - A 2ª Frente Ucraniana captura Uman.

11/12 de março - Inicia a Operação Diadem (diadema), uma grande ofensiva dos Aliados para reter as forças alemãs na Itália e evitar que sejam empregadas na defesa contra uma invasão na Normandia.

13 de março - Kherson é libertada pela 3ª Frente Ucraniana.

15 de março - Começa a terceira ofensiva contra Monte Cassino. Kesselring ordena uma retirada para a Linha Dora.

17 de março - A 2ª Frente Ucraniana do general Konev chega ao rio Dniester.

lento, parando em Troina. Um ataque com a força de uma divisão, apoiado por incursões aéreas pesadas, expulsa os defensores alemães em 6 de agosto.

Em meados do mês, unidades britânicas e americanas estão nos arredores de Messina. Em 17 de agosto, uma patrulha americana entra na cidade, sendo acompanhada mais tarde por blindados britânicos. A cidade estava deserta, já que os alemães haviam se retirado através dos estreitos de Messina para o continente. Kesselring decidira que a ilha não valia o sacrifício de um grande número de tropas alemãs e, assim, em 8 de agosto, ordenara uma evacuação e quando Messina caiu, quarenta mil soldados e seus equipamentos haviam sido retirados. Após 38 dias de luta, os Aliados controlam Messina.

As atenções, agora, podem se voltar para a Itália continental, que é palco de um dramático desenvolvimento: Mussolini é deposto.

.....

Mussolini a caminho de embarcar em um avião leve Storch que o levará para a liberdade, após o ousado resgate do cativeiro por tropas especiais alemãs. A ação foi tarde demais para impedir o clamor do povo italiano pela paz, em 1943.

O Fim de Mussolini

Em meados de julho de 1943, conforme crescem os sucessos dos Aliados, aumenta o descontentamento com Mussolini. Um bombardeio aéreo aliado em 19 de julho não somente destrói pátios ferroviários, que eram os alvos, mas também mata e fere 4.000 civis. Agora surgem reclamações públicas de que mais desastres serão inevitáveis enquanto a guerra continuar. Mussolini parece ser o único obstáculo à paz e, assim, o Grande Conselho do Fascismo vota pela substituição de seu líder. Mussolini surpreende-se ao ser levado ao cativeiro.

Um novo governo, liderado pelo marechal Pietro Badoglio, é

MARÇO

19 de março - Tropas alemãs entram na Hungria para evitar que o país conclua uma paz em separado com a URSS.

21 de março - Os Aliados cancelam os ataques a Monte Cassino.

24/25 de março - Termina a Batalha de Berlim.

25 de março - A 2ª Frente Ucraniana chega à fronteira da Rússia com a Romênia.

28 de março - Zhukov e Konev cercam o Primeiro Exército *Panzer*.

30 de março - O Primeiro Exército *Panzer* rompe o cerco.

30/31 de março - A *RAF* sofre a maior perda durante a Ofensiva de Bombardeiros, quando mais de 90 bombardeiros são perdidos em um ataque a Nuremberg.

estabelecido. Hitler, certo de que os italianos se renderão, ordena que Mussolini seja resgatado. Ele é libertado de uma fortaleza no alto de uma montanha por tropas especiais desembarcadas por planadores e, em seguida, levado para Berlim. Hitler tinha razão ao duvidar da continuidade do apoio italiano. Mussolini fora deposto em 25 de julho e, no dia seguinte, Badoglio anunciara que a Itália permanecerá um aliado inabalável da Alemanha, sendo que, no dia 31, envia emissários para negociar a paz com os Aliados.

As negociações começam e os aliados planejam uma invasão ao continente com a cumplicidade do novo governo, que está ansioso para assegurar que os alemães não instalem seu próprio governo. É acordado que os Aliados desembarcarão em Salerno em 9 de setembro, apenas algumas horas depois de um anúncio da rendição italiana. Prevendo os acontecimentos, os alemães optam por entregar a maior parte da Itália e se retiram para uma linha defensiva entre Pisa e Rimini.

A Campanha Italiana

A invasão da Itália começa com um desembarque do Oitavo Exército no "bico" do país. As únicas tropas

Soldados britânicos do 2/6 Queens Regiment avançam na área de Salerno, passando por um tanque alemão Mark IV "Especial" destruído. Os alemães impuseram severa resistência em Salerno, mas não contavam mais com o apoio italiano em 1943.

1944

ABRIL

2 de abril - As forças de Konev entram na Romênia.

8 de abril - A 4ª Frente Ucraniana ataca a Crimeia.

10 de abril - Odessa é liberada, isolando o Décimo Sétimo Exército Alemão.

17 de abril - Zhukov libera Ternopol. O parlamento finlandês rejeita os termos do armistício soviético.

MAIO

5 de maio - Os soviéticos iniciam um ataque contra Sepastopol.

9 de maio - Sebastopol cai em controle soviético.

12 de maio - O Décimo Sétimo Exército alemão se rende. Agora, a Crimeia está livre das tropas alemãs.

15 de maio - Reunião final de planejamento da Operação Overlord.

italianas encontradas se oferecem para ajudar a descarregar o navio de desembarque. Algumas horas mais tarde, o Quinto Exército dos EUA (que inclui tropas britânicas e americanas), comandado pelo general de corpo Mark Clark, desembarca em Salerno e encontra oposição bem mais dura dos alemães. Completando a invasão, a 1ª Divisão Aerotransportada Britânica desembarca em Taranto e captura o porto.

O comando de Kesselring impõe severa resistência. Contra-ataques começam no dia 11 de setembro, expulsando unidades britânicas do passo de Molina no dia seguinte. Agora, os Aliados consideram seriamente abandonar a cabeça de praia no setor sul, uma medida que é evitada quando a artilharia das embarcações da *Royal Navy* impede maiores avanços alemães. O inimigo havia chegado a 1,6 km das praias no momento em que é forçado a parar. Os Aliados mandam reforços e, entre o dia 13 e o dia 16, a luta é especialmente feroz. Quando os sapadores constroem pistas de pouso na cabeça de praia, o apoio aéreo pode ser iniciado e a situação começa a melhorar. A 1ª Divisão Aerotransportada britânica começa a se deslocar para fora de Taranto para se reunir com outras tropas aliadas, o que acontece em 20 de setembro.

Em seguida, os Aliados avançam para Nápoles e, em 1 de outubro, entram na cidade sem oposição. Alexander ordena que blindados do Quinto e do Oitavo Exército persigam o inimigo e, em 5 de outubro, os Aliados chegam ao rio Volturno. A noção de que a vitória será rápida, contudo, é prematura.

Os alemães contam com diversas vantagens na defesa de suas posições. Os passos montanhosos, que os Aliados não podem evitar em seu deslocamento para o norte, são relativamente simples de defender e o

Forças soviéticas em Sebastopol.

MAIO			JUNHO
17 de maio - Eisenhower escolhe 5 de junho como data para a Operação Overlord. Os poloneses atacam Monte Cassino, chegando ao cume na manhã seguinte.	**22/23 de maio** - O Oitavo Exército ataca no vale Liri. **23 de maio** - O VI Corpo dos EUA abre caminho da cabeça de praia em Anzio. **25 de maio** - O Oitavo Exército cruza o rio Melfa. O VI Corpo dos EUA se reúne ao II Corpo.	**30/31 de maio** - O VI Corpo americano abre caminho pelas defesas em Alban Hills.	**3 de junho** - Kesselring recebe permissão para abandonar Roma. **4 de junho** - As últimas tropas alemãs deixam Roma. O mau tempo força um adiamento da Operação Overlord por 24 horas.
19 de maio - Os americanos tomam Gaeta e Itri.			

avanço diminui. No início de outubro, aproximadamente um mês antes do usual, chuvas torrenciais causam deslizamentos de terra, encharcando o solo e tornando impossível uma movimentação rápida. Em 16 de outubro, os alemães aproveitam a oportunidade para conduzir um combate de retirada até nova posição defensiva, 24 km ao norte do Volturno, conhecida como "Linha Gustav" e que se tornaria um grande obstáculo para os Aliados, bloqueando o caminho para Roma.

O plano de Alexander para abrir caminho pela Linha Gustav prevê um ataque da 46ª Divisão Britânica ao longo de uma frente de 16 km próxima a Minturno, com outras formações avançando em seguida. A 46ª Divisão entra em combate em 4 de janeiro de 1944. O combate acirrado prossegue por vários dias e somente no dia 17 os britânicos conseguem estabelecer uma cabeça de ponte do outro lado da foz do rio Garigliano. Levaria mais 10 dias de luta para expandir a cabeça de ponte o suficiente para incluir Monte Juga e Minturno. Uma tentativa americana de cruzar o rio termina em desastre, com a perda da maioria da 36ª Divisão dos EUA. De modo geral, os defensores ainda estavam em vantagem.

Transporte de metralhadora Bren atravessando as ruas de Salerno em 1943.

Anzio e Cassino

Em 22 de janeiro de 1944, 36.000 homens desembarcam em Anzio, ao sul de Roma, com o objetivo de cortar as linhas de comunicação alemãs entre a capital italiana e Cassino. Os soldados capturam o porto intacto. Entretanto, a relativa facilidade da captura é enganosa.

A luta por Cassino é amarga. Os combates são intensos e manobrar é absolutamente impossível. Os Aliados precisam tomar Cassino antes de prosseguir para o norte. A posição, entretanto, conta com

1944

JUNHO

5 de junho - A frota de invasão começa a cruzar o canal britânico. Os desembarques aerotransportados aliados se posicionam. O Quinto Exército dos EUA entra em Roma, pondo fim à Operação Diadem.

6 de junho - Os Aliados desembarcam na Normandia.

7/8 de junho - Falha uma tentativa de tomar Caen.

10 de junho - Começa uma ofensiva soviética contra os finlandeses próximos do lago Lagoda.

11 de junho - É lançada a segunda tentativa de capturar Caen.

12 de junho - Cai Carentan. As cabeças de praia em Utah e Omaha se unem.

14 de junho - Termina a segunda tentativa de tomar Caen.

DERROTA NO LESTE E NA ITÁLIA

O marechal de campo Albert Kesselring (à esquerda), comandante alemão do sul, visto em Anzio. Kesselring dirigiu a campanha na Itália que segurou os Aliados por algum tempo, mas que não impediria seu avanço posterior Alemanha adentro.

diversas fortificações, sendo encimada por um monte onde se localiza o famoso mosteiro medieval que é, potencialmente, uma posição defensiva perfeita.

O primeiro combate em Cassino acontece entre janeiro e fevereiro de 1944. Os alemães se mantêm firmes na posição e o ataque aliado logo é interrompido. Isso seria uma constante, com os Aliados tentando avançar e se defrontando com a face íngreme de Monte Cassino, um obstáculo intransponível. Os dois lados ganham e perdem terreno, sem nenhum benefício real para os Aliados. Assim, uma nova abordagem é necessária.

Em 15 de março de 1944 é lançado um maciço bombardeio aéreo. O histórico mosteiro é destruído na

JUNHO

20 de junho - Os soviéticos conquistam Viipuri.

21 de junho - A Frente Carélia ataca posições finlandesas entre o lago Lagoda e o lago Onega.

22 de junho - Início da Operação Bagration, a principal ofensiva dos soviéticos contra os alemães. Começa a batalha por Cherbourg.

23 de junho - A 3ª Frente Bielorrussa ataca descendo a rodovia de Minsk, seguida no dia seguinte pela 1ª Frente Bielorrussa.

26 de junho - Tentativa de abrir caminho através das linhas alemãs a oeste de Caen - Operação Epsom.

28 de junho - Tropas soviéticas cruzam o Beresina.

JULHO

3 de julho - Os americanos atacam em direção a St. Lô.

4 de julho - Minsk é liberada. Um bolsão de forças alemãs é encurralado a oeste da cidade.

operação e parece que o caminho está aberto para um avanço. Todavia, os alemães se posicionam nas ruínas do mosteiro, que proporcionam excelentes posições defensivas. Uma terceira tentativa de tomar Monte Cassino falha depois de uma semana.

Levaria até o início de maio de 1944 para que uma nova tentativa fosse feita. Nessa ocasião, o tempo melhora e o fato de os Aliados terem reunido um número de tropas esmagador possibilita um ataque ao monte. As ruínas do mosteiro são capturadas em 18 de maio e a Linha Gustav é finalmente desbloqueada. O avanço sobre Roma agora pode continuar, após cinco meses de combates selvagens. Dificilmente seria um avanço rápido, como era esperado assim que as notícias da rendição italiana vieram a público oito meses antes.

A Cabeça de Praia em Anzio

Os desembarques em Anzio encontram dificuldades similares. Os alemães estão determinados a chegar até as

Navios de desembarque descarregando suprimentos e homens nas praias de Anzio, no início do avanço para Roma, maio de 1944.

1944

JULHO

8 de julho - Os britânicos fazem nova tentativa para tomar Caen.

11 de julho - O bolsão em Misk é desfeito. O caminho para a Polônia e para a Lituânia agora está aberto para os soviéticos.

13 de julho - A 1ª Frente Ucraniana e a ala esquerda da 1ª Frente Bielorrussa atacam o Grupo de Exércitos Norte. Mais de 40.000 soldados alemães são encurralados em um bolsão próximo de Brody.

17 de julho - Rommel é ferido em um ataque aéreo.

18 de julho - Começa a Operação Goodwood, visando facilitar um avanço americano, a Operação Cobra. Os americanos capturam St. Lô.

19 de julho - Os Aliados capturam Livorno.

20 de julho - A Frente Bielorrussa atinge o rio Bug. Fracassa uma tentativa de assassinar Hitler.

Paraquedistas alemãs em posições defensivas nas ruínas do mosteiro em Cassino, 1944.

praias e empurrar os Aliados de volta ao mar. Em 19 de fevereiro, os alemães chegam perigosamente perto disso e são repelidos com alguma dificuldade. Ocorrem ataques posteriores, sem sucesso. O impasse persiste em Anzio até 23 de maio, quando os Aliados abrem caminho na cabeça de praia. Dentro de dois dias, a 1ª Divisão Blindada e a 3ª Divisão de Infantaria se reuniriam com o 2º Corpo dos EUA, que ruma para Roma. O general Clark decidira que tomaria Roma e entra na cidade em 4 de junho de 1944, apesar de ordens de Alexander em contrário, que considerava (corretamente)

O ataque aéreo a Cassino, que destruiu o mosteiro medieval.

JULHO

22 de julho - O bolsão de Brody é destruído.

23 de julho - A 1ª Frente Bielorrussa entra em Berlim. O campo de extermínio de Maidanek é libertado.

25 de julho - Os americanos lançam a Operação Cobra.

26 de julho - A 1ª Frente Bielorrussa atinge o rio Vistula. A Frente Leningrado toma a cidade estoniana de Narva.

27 de julho - A 1ª Frente Ucraniana liberta Lvov. Dvinsk, na Lituânia, é tomada pela 2ª Frente do Báltico.

30 de julho - Os britânicos lançam a operação Bluecoat para reter as tropas alemãs.

31 de julho - A 3ª Frente Ucraniana entra em Kanunas.

Seção de morteiros alemã em ação entre as ruínas do mosteiro em Monte Cassino, explorando a proteção oferecida pelas ruínas.

irrelevante a tomada da capital italiana. A manobra de Clark também causa ressentimento entre as tropas que lutaram em Cassino, já que seus esforços – essenciais para a tomada de Roma – são ofuscados, enquanto Clark recebe todas as glórias.

Para a Linha Gótica

Haveria muita luta ainda até que os alemães fossem desalojados do norte da Itália. Diversas formações aliadas são transferidas para apoiar a campanha na Normandia, tornando a tarefa de Alexander mais difícil. Ele precisa abrir caminho pela Linha Gótica, a última linha defensiva alemã, logo ao sul das planícies da Lombardia. O sucesso permitiria acesso à Áustria e aos países dos Bálcãs.

A ofensiva começa em 25 de agosto. O Oitavo Exército, agora sob o comando do general de corpo *Sir Oliver Leese* após Montgomery ter

1944

AGOSTO

1 de agosto - Começa o levante de Varsóvia.

6 de agosto - O Terceiro Exército de Patton chega a Lorient.

7/8 de agosto - Inicia a Operação Totalize contra Falaise.

3 de agosto - Os americanos atacam Rennes.

6/7 de agosto - Os alemães lançam um contra-ataque a Mortain.

8 de agosto - Patton liberta Le Mans.

problemas de abastecimento, retarda a ofensiva. Vários ataques ao longo da Linha Gótica durante setembro rendem algum ganho de terreno, mas nada significativo. No início de novembro, há um impasse. A campanha não poderia ser reiniciada até a primavera e mais forças dos Aliados são transferidas para a frente oeste. Muitas unidades do Oitavo Exército também se vão, designadas para restaurar a ordem na Grécia, onde a guerra civil irrompera após a retirada alemã.

Enquanto a campanha italiana permanece no limbo, os Aliados substituem as unidades que foram transferidas por tropas recentemente recrutadas. Assim, no início de 1945, os Aliados contam com mais de 600.000 homens na Itália. Em 9 de abril de 1945, a ofensiva é retomada, com o Quinto e o Oitavo Exército rumando para Bolonha.

Os alemães, mais fracos que antes, não conseguem deter o avanço, apesar de impor feroz resistência. Kesselring é ferido em um acidente de automóvel e seu sucessor, general Heinrich von Vietinghoff, reconhece que a posição é insustentável. Sua solicitação de permissão para recuar para o rio Pó é recusada, mas ele ordena a retirada mesmo assim. A posição alemã colapsa.

Veículos do Quinto Exército passam pelo Coliseu durante a tomada de Roma pelo exército americano.

sido nomeado comandante do 21º Grupo de Exércitos na Normandia, realiza o ataque e inicialmente progride bem. O mau tempo, todavia, além de

AGOSTO

15 de agosto - Os Aliados desembarcam no sul da França. Fracassa um ataque alemão a Mortain.

19 de agosto - Inicia um levante em Paris.

20 de agosto - A 2ª e a 3ª Frente Ucraniana atacam a Romênia.

21 de agosto - A brecha em Falaise é fechada.

Tropas aliadas examinam uma posição defensiva no acesso à Linha Gótica em junho de 1944.

Paraquedistas britânicos tomam Milão e Gênova, enquanto um bando de guerrilheiros encontra Mussolini e sua amante próximos ao lago Como. Nominalmente restituído ao posto de ditador italiano após a missão de resgate das tropas especiais alemãs, Mussolini se tornara um mero títere de Hitler desde então. Os guerrilheiros executam Mussolini, sua amante e outros membros de seu séquito, pendurando os corpos na praça da cidade.

Lago Garda, Berona, Trieste e Turin, todas caem e os alemães são pressionados até a rendição. Negociações entre a liderança da SS na Itália e o Departamento de Serviços Estratégicos dos EUA haviam iniciado no começo de fevereiro, porém a recusa de Hitler de aceitar a realidade impossibilitou qualquer conclusão. Por fim, os comandantes alemães decidem ignorar Hitler, uma vez que está claro que a vida de soldados alemães está sendo sacrificada sem propósito nenhum. As negociações são reiniciadas e, em 25 de abril de 1945, as forças alemãs e fascistas italianas recebem ordem para se render, às 12h de 2 de maio. Termina a guerra na Itália.

1944

AGOSTO

23 de agosto - O rei Carol da Romênia declara o fim da guerra com os soviéticos e ordena que as tropas alemãs deixem o país.

24 de agosto - Bombardeiros alemães atacam o palácio do rei Carol, tentando assassiná-lo. O ataque fracassa, mas muitos civis morrem.

25 de agosto - Os finlandeses solicitam termos de paz aos soviéticos. A Romênia declara guerra à Alemanha. Paris é libertada. Começa uma nova ofensiva dos Aliados, a Operação Olive (oliva).

DERROTA NO LESTE E NA ITÁLIA

Prisioneiros alemães capturados na área do rio Pó marcham para a retaguarda das linhas do Quinto Exército.

AGOSTO

28 de agosto - Toulon e Marselha são libertadas.

30 de agosto - O Exército Vermelho ocupa os campos petrolíferos de Ploesti. Forças britânicas e canadenses atacam a Linha Gótica.

31 de agosto - Forças soviéticas entram em Bucareste. Os britânicos cruzam o rio Somme.

Do Dia D ao Dia VE

O planejamento anglo-americano para a invasão da França começa após a conferência de Casablanca em janeiro de 1943. Dois meses depois, fica decidido que os desembarques acontecerão em 1 de maio de 1944, com o codinome "Overlord".

A responsabilidade pelo planejamento foi designada ao general britânico *Sir* Frederick Morgan, nomeado chefe de estado-maior do comandante supremo aliado, ou COSSAC (*Chief of Staff of the Supreme Allied Commander*). Na verdade, o general não estava subordinado a ninguém durante os primeiros meses do planejamento, quando a Normandia foi identificada como a melhor área para a invasão. Somente em 7 de dezembro de 1943 o general Dwight D. Eisenhower seria nomeado o supremo comandante aliado.

Eisenhower leva os planos adiante e no início de junho de 1944 tudo está pronto. A invasão está planejada para 5 de junho, mas o mau tempo causa um atraso de 24 horas. Apesar de o tempo melhorar muito pouco no dia seguinte, Eisenhower ordena a invasão. Durante a noite de 5/6 de junho de 1944, mais de 250.000 homens lançam uma das maiores e mais complexas operações militares da história.

À esquerda: Veículo de transporte anfíbio DUKW "Duck" é embarcado em navio de desembarque americano em Portland Harbor.
À direita: Pessoal americano em um serviço religioso a céu aberto antes do embarque para a invasão da Normandia.

Tropas aliadas rumam para uma das áreas de desembarque na praia Omaha em 6 de junho de 1944. Quando as rampas se abriram, as tropas ficaram expostas ao fogo vindo da praia.

Soldado americano ferido na praia Omaha, onde ocorreram as maiores baixas aliadas durante o Dia D. A primeira onda de tropas recebeu o pior golpe, mas as ondas subsequentes também sofreram.

O Dia D

O elemento aerotransportado do ataque passa por dificuldades e muitos paraquedistas se veem a quilômetros de suas zonas de salto planejadas. Mostrando a iniciativa que deles se esperava, os paraquedistas decidem atacar os alemães de qualquer maneira.

Os desembarques anfíbios nas praias da Normandia acontecem umas poucas horas depois e relativamente sem problemas, com notória exceção da praia Omaha. Ali, os americanos sofrem enormes baixas antes de abrir caminho pelas defesas em direção ao interior. A resposta alemã à invasão é dificultada pela recusa inicial de Hitler em aceitar que os desembarques na Normandia compõem a força principal da invasão, já que está convencido de que se trata de uma pequena força para desviar a atenção de um segundo e maior desembarque em Pais de Calais.

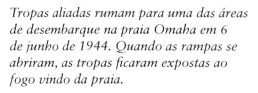

1944

SETEMBRO

2 de setembro - Os canadenses abrem caminho na Linha Gótica e estabelecem uma cabeça de ponte na outra margem do rio Conca.

3 de setembro - Bruxelas é libertada.

4 de setembro - Chuvas tempestuosas interrompem a ofensiva.

5 de setembro - Inicia um contra-ataque conjunto de alemães e húngaros no sul dos Cárpatos. A União Soviética declara guerra à Bulgária.

7 de setembro - O governo húngaro exige tropas adicionais da Alemanha para proteger o país de ataques soviéticos, ameaçando trocar de lado se a ajuda não vier.

8 de setembro - A 3ª Frente Ucraniana entra na Bulgária.

9 de setembro - A Bulgária declara guerra à Alemanha.

Soldado americano cruza as ruas de St. Lô, julho de 1944. A cidade foi praticamente destruída na ação, mas sua captura representou um momento de virada no avanço dos Aliados em direção à Alemanha.

O Avanço

Uma vez em terra, os Aliados precisam abrir caminho para chegar até o interior, o que é difícil, já que a topografia do campo de sebes, o *bocage*, entre Capriquet e a península de Cotentin é ideal para operações defensivas. Tentativas de britânicos e canadenses para tomar Caen são rechaçadas até a Operação Charnwood, que começa com um pesado bombardeio aéreo contra a cidade em 8 de julho. Em 11 de julho, tropas britânicas e canadenses já abriram caminho em Caen, embora não consigam desalojar a 12ª Divisão *Panzer SS* do setor sul da cidade.

A resistência dos alemães faz com que, no início de julho, as forças de invasão não consigam ir além de 24 km interior adentro em nenhum setor da invasão. Isso representa

SETEMBRO

10 de setembro - Eisenhower aprova o plano de Montgomery para a Operação Market-Garden, um ataque aerotransportado para tomar as pontes do Reno.

11 de setembro - As primeiras tropas aliadas cruzam a fronteira alemã.

12 de setembro - Tropas americanas tentam abrir caminho através das defesas da "Muralha do Oeste". O Quinto Exército dos EUA ataca a leste do passo Il Giorgio.

12/13 de setembro - O Oitavo Exército retoma seu ataque.

14 de setembro - Os soviéticos reiniciam a ofensiva contra o Grupo de Exércitos Norte.

Esse ataque, a Operação Goodwood, é programado para 18 de julho e a ofensiva de Bradley, a Operação Cobra, para o dia seguinte. Contudo, Bradley não pode iniciar seu ataque até que St. Lô seja capturada, o que acontece somente no dia 19 de julho. Assim, a Operação Cobra é adiada até 24 de julho. Nesse ínterim, a Operação Goodwood estaca por causa da feroz resistência e das

Membros da resistência francesa celebram a libertação de Rennes em agosto de 1944.

Tropas americanas exibem orgulhosamente uma bandeira nazista capturada após a tomada de Chambois. Combates ferozes ocorreram próximo às vilas de Chambois e St. Lambert, em uma área que ficou conhecida como "Estrada da Morte".

apenas um quinto do terreno que já deveria estar tomado nesse momento. Em 10 de julho, o general Bernard Montgomery, comandante do 21º Grupo de Exércitos, ordena um avanço na Normandia. O Primeiro Exército dos EUA do general Omar Bradley deverá atacar em direção a Avranches e os elementos de vanguarda do Terceiro Exército dos EUA (VIII Corpo) deverão investir em seguida contra a Bretanha. Para ajudar no avanço, o Segundo Exército Britânico do general *Sir* Miles Dempsey atacaria através do campo aberto a leste de Caen.

1944

SETEMBRO

17 de setembro - A Frente Leningrado lança um novo ataque na Estônia. O exército búlgaro é posto sob comando soviético.

21 de setembro - Os alemães retomam a ponte em Arnhem. Fiorenzuola é capturada pelos americanos.

22 de setembro - A Frente Leningrado captura a capital da Estônia, Tallinn.

24 de setembro - A 2ª Frente Ucraniana de Malinovsky abre caminho através de posições inimigas nos Alpes da Transilvânia e se aproxima da fronteira húngara.

26 de setembro - A Operação Market-Garden termina com a evacuação das tropas aliadas sobreviventes de Arnhem.

28 de setembro - A 3ª Frente Ucraniana inicia seu avanço rumo a Belgrado.

30 de setembro - Calais é libertada.

Soldado alemão se rende a um soldado americano. A maioria das fotografias foi posada após o combate, o prisioneiro provavelmente está se "rendendo" pela segunda vez.

fortes chuvas, que tornam o terreno intransponível. O ataque, contudo, cumpre o papel esperado por Montgomery e afasta os blindados dos americanos. Enquanto os britânicos se defrontam com 13 divisões alemãs, apenas nove se opõem aos americanos e dessas, somente duas são blindadas. Assim, os americanos contam com uma vantagem considerável para a Operação Cobra.

Todavia, ninguém espera que seja uma operação fácil, e não é. O ataque aéreo inicial é suspenso por causa das nuvens que impedem os bombardeiros de localizar a linha de bombardeio que separa as forças americanas das forças alemãs. Infelizmente, um dos bombardeiros já no ar não recebe a mensagem e libera sua carga de bombas em elementos da 30ª Divisão.

Uma Segunda Tentativa

A Operação Cobra reinicia no dia seguinte, com um ataque aéreo maciço que lança mais de 4.000 toneladas de bombas. Mais de 1.000 defensores são mortos e outros 1.000 são feridos ou ficam tão atordoados que são incapazes de resistir.

O ataque por terra se inicia às 11h e encontra forte resistência onde o bombardeio não foi tão eficaz. O primeiro dia se mostra desapontador para os americanos, que ganham

OUTUBRO

1 de outubro - Uma delegação húngara chega a Moscou para tentar o armistício. Leese é enviado para Birmânia e substituído como comandante do Oitavo Exército pelo general *Sir Richard McCreery*.

2 de outubro - Os americanos retomam seu ataque à "Muralha do Oeste".

4 de outubro - Tropas alemãs tomam pontos cruciais na Hungria.

5 de outubro - A 1ª Frente do Báltico ataca novamente.

6 de outubro - Batalha da Floresta de Hürtgen.

7 de outubro - A Frente Carélia lança um ataque contra Petsamo.

11 de outubro - Os húngaros assinam um armistício. O Oitavo Exército chega ao rio Rubicão.

Tropas americanas da 28ª Divisão de Infantaria marcham por Champs Elysees para celebrar a libertação de Paris.

somente 1,6 km de terreno, ao invés dos 5 km previstos. Todavia, ataques de blindados nos três dias seguintes desarranjam as defesas alemãs. Hitler, então, ordena um contra-ataque a Mortain.

O contra-ataque começa no dia 7 de agosto e penetra quase 16 km nas linhas americanas. Os alemães são ajudados pelo mau tempo, que mantém as forças aéreas aliadas no solo. O bom tempo na manhã seguinte, contudo, permite um ataque aéreo com toda força contra os alemães e no decorrer dos três dias seguintes, suas forças são constantemente dizimadas por ataques aéreos e pela tenaz resistência americana. Em 12 de agosto, fica claro que o ataque fracassou.

O Fim na Normandia

Em 17 de agosto, o marechal de campo Walther Model, um leal nazista disposto a obedecer ordens, recebe o comando das operações na Normandia. Sua lealdade, contudo, não é cega e ele conclui que a posição é insustentável, sendo inteligente o bastante para conduzir uma retirada – expressamente proibida por Hitler – enquanto usa o restante de seus blindados para fazer

1944

OUTUBRO

12 de outubro - A 3ª Frente Ucraniana cruza o rio Morava ao sul de Belgrado.

14 de outubro - Começa a Batalha de Belgrado.

15 de outubro - Os alemães instalam um governo títere em Budapeste. A 2ª e a 3ª Frentes do Báltico capturam Riga.

19 de outubro - O Oitavo Exército cruza o rio Savio.

20 de outubro - Forças de Malinovsky capturam Debrecen.

Lançamento maciço de tropas paraquedistas entre Nice e Marselha durante a campanha no sul da França. A campanha da Normandia estava terminada, com a rendição de Marselha aos Aliados em agosto.

incursões contra Falaise e Argentan. Ele sabe que essas incursões são inúteis, mas permitirão que alegue ter seguido as instruções de Hitler ao pé da letra, sendo forçado à retirada pelas circunstâncias. Os alemães, agora, se encontram em situação tenebrosa.

Apenas algumas semanas antes, um atentado a bomba contra Hitler, em 20 de julho de 1944, fracassara. Agora o *Führer*, em sua demência, está convencido de que foi salvo pela providência e de que sua sobrevivência foi um sinal de autoridade divina, acreditando que qualquer plano que venha a traçar terá a "aprovação de cima". Os acontecimentos na França, contudo, sugerem o contrário. Em 25

OUTUBRO

21 de outubro - Os americanos capturam Aachen.

22 de outubro - Malinovsky captura Nyiregyhaza, mas a cidade é recapturada por um contra-ataque alemão.

27 de outubro - O Quinto Exército dos EUA conclui sua ofensiva.

29 de outubro - Malinovsky começa um ataque através do rio Tisza em direção a Budapeste.

31 de outubro - O Oitavo Exército cruza o rio Ronco.

de agosto, soldados franceses marcham em Paris, um ato muito mais para apaziguar o general De Gaulle que por qualquer necessidade militar. Ainda assim, é um sinal de que a campanha pela Normadia chegara ao fim.

Operação Dragoon

No dia 14 de agosto tem início a invasão do sul da França, de codinome Operação Dragoon (dragão). Em 17 de agosto, o alto-comando alemão ordena a evacuação do sul da França (menos dos portos) e as forças alemãs começam a recuar.

O avanço franco-americano prossegue sem problemas. Marselha se rende em 28 de agosto e os elementos de vanguarda do VI Corpo do general Lucian K. Truscot entram em Lyon em 3 de setembro. Naquele momento, as forças aliadas no norte já exploram seu avanço. Montgomery lança a Operação Kitten, um avanço para o Sena em 16 de agosto, forçando os alemães a uma retirada gradual cruzando o rio. Na primeira semana de setembro, a logística dos Aliados começa a se tornar precária e, assim, são dadas ordens para uma pausa.

A logística prejudicada sugere que os Aliados não conseguirão manter um avanço ao longo de uma frente extensa e que todos os esforços devem concentrados em uma ofensiva decisiva. Ambos os comandantes mais ambiciosos dos Aliados, Montgomery e Patton, queriam conduzir pessoalmente a ofensiva, mas limitá-la a uma parte da frente inevitavelmente negará a glória a um desses dois.

Operação Market-Garden

Montgomery propõe um plano para posicionar seus homens do outro lado do rio Reno, prontos para avançar para Berlim, possivelmente antes do fim do ano. O plano exige o desembarque de 30.000 soldados aerotransportados britânicos e americanos em pontes fluviais cruciais, enquanto o XXX Corpo do general *Sir* Brian Horrocks ruma para o norte através da Holanda, ao longo de um corredor de 96 km criado pelo desembarque, para tomar a travessia do Reno em Arnhem.

A operação começa no dia 17 de setembro de 1944. Após o sucesso inicial, fica claro que as tropas britânicas em Arnhem, fundamentais para o sucesso da operação, estão com problemas. Isso se deve amplamente ao fato de estarem combatendo uma Divisão *Panzer SS* que não fora identificada pelo serviço de informações aliado. A tarefa dos

1944

NOVEMBRO

1 de novembro - Assalto anfíbio britânico à ilha Walcheren.

4 de novembro - As tropas de Malinovsky chegam às cercanias de Budapeste, mas não conseguem entrar na cidade.

8 de novembro - Walcheren está sob controle britânico. Patton inicia uma ofensiva no Sarre.

20 de novembro - Os britânicos capturam Castiglione.

24 de novembro - Alexander se torna supremo comandante do Mediterrâneo, substituindo Maitland Wilson.

paraquedistas britânicos é impossível e a ponte em Arnhem (uma "ponte longe demais") é perdida em 21 de setembro.

O XXX Corpo continua seu avanço em direção a Arnhem e abre caminho pelas linhas alemãs em 23 de setembro. Sua primeira tentativa de cruzar o rio falha e Montgomery decide que a Divisão Aerotransportada deve ser evacuada, já que não há chance de sucesso. Os soldados sobreviventes são retirados de Arnhem para a outra margem do rio durante a noite de 25/26 de setembro.

De Volta ao Atrito

Fica claro que os alemães não estão preparados para aceitar a derrota e estes mantém uma batalha de atrito que durará até o final do ano.

No início de dezembro, os Aliados continuam a avançar, mas parecem ter perdido o ímpeto. A natureza desgastante do combate preocupa os Aliados, particularmente Montgomery, que está ciente da relativa limitação das reservas britânicas disponíveis e tenta convencer Eisenhower de que é essencial encontrar um meio de trazer os alemães

Paraquedistas americanos se preparam para embarcar em uma aeronave de transporte C-47, como parte da Operação Market-Garden.

DEZEMBRO

4 de dezembro - Patton começa a abrir caminho nas defesas da "Muralha do Oeste".

5 de dezembro - Malinovsky inicia nova tentativa de tomar Budapeste.

16 de dezembro - Começa a ofensiva alemã nas Ardenas.

22 de dezembro - A ofensiva alemã nas Ardenas estaca.

26 de dezembro - Tropas americanas sitiadas em Bastogne desde o início da ofensiva são liberadas. Os alemães lançam um contra-ataque no vale Serchio.

de volta a um embate móvel. Enquanto Eisenhower pondera sobre o problema, Hitler lança uma ofensiva nas Ardenas.

A Batalha do Bolsão

O plano de Hitler é uma aposta ilusória de tomar Antuérpia. O ditador é a única pessoa a não perceber que seu objetivo está além das capacidades de suas forças no oeste e se recusa a ouvir qualquer objeção. De fato, acredita que pode obter uma vitória tão decisiva que as forças britânicas e americanas serão forçadas a pedir a paz em uma semana. Seus generais, pelo menos aqueles que não mais se iludiam, concluem que ele enlouqueceu.

Não obstante, o ataque começa no dia 16 de dezembro de 1944. O assalto pega os americanos de surpresa, mas o ritmo do avanço não é, em lugar nenhum, rápido o bastante para permitir a tomada de Antuérpia. Os alemães são retardados em St. Vith e em diversos outros pontos, e descobrem que tomar Bastogne, um alvo vital por seus entroncamentos de comunicação, está longe de ser uma tarefa fácil. A 101ª Divisão Aerotransportada resiste, apesar de totalmente cercada. Uma oferta de rendição é apresentada ao comandante da divisão, general de brigada Anthony McAuliffe, que responde com uma palavra: "*Nuts!*" (doidos). Seus oficiais de estado-maior precisam explicar que isso significa uma rejeição.

Eisenhower ordena um contra-ataque. Os alemães são bloqueados e depois empurrados de volta em face de um avanço determinado de Patton. Bastogne é reabastecida pelo ar e liberada em 26 de dezembro. A luta continua até janeiro de 1945, incluindo uma ofensiva alemã contra tropas americanas na Alsácia, porém, na chegada do novo ano, a Batalha do Bolsão está no fim. Os americanos se dedicam a destruir o restante das forças alemãs e, dentro de exatamente seis semanas do início da ofensiva, os americanos retomam todo o terreno que haviam perdido. Os alemães sofrem baixas pesadas, com pouco em troca. Os Aliados, agora, empreendem o avanço final em direção a Berlim.

Alemanha Vencida

No início de 1945, a Alemanha está à beira da derrota. A ofensiva nas Ardenas falhara e, na Frente Oriental, o Exército Vermelho parece inexorável. A situação na Itália é ligeiramente melhor, mas é apenas questão de tempo até que os Aliados renovem sua ofensiva. Nos Bálcãs, os alemães foram expulsos da Grécia, Iugoslávia, Hungria e Romênia.

1944

DEZEMBRO

29 de dezembro - O Oitavo Exército encerra suas operações ofensivas até a primavera.

31 de dezembro - Os alemães lançam a Operação Nordwind, em uma tentativa de destruir as forças aliadas na Alsácia.

1945

JANEIRO

1 de janeiro - O IV Corpo *Panzer SS* de Herbet Gille lança um contra-ataque em direção a Budapeste e chega a 24 km da cidade. Os alemães lançam a Operação Bodenplatte em uma tentativa de destruir o poderio aéreo aliado, mas sofrem perdas incapacitantes no decorrer da operação.

7 de janeiro - III Corpo *Panzer* ataca em direção a Budapeste, em uma tentativa de se unir ao IV Corpo *Panzer SS*.

12 de janeiro - As forças de Malinovsky obrigam o IV Corpo *Panzer SS* e o III Corpo *Panzer* a se retirar para suas linhas iniciais. A 1ª Frente Ucraniana de Konev ataca o Quarto Exército *Panzer*.

13 de janeiro - A 3ª Frente Bielorrussa lança uma ofensiva na Prússia Oriental.

Membros da 1ª Divisão Aerotransportada Britânica se rendem a soldados alemães em Arnhem após o fracasso da Operação Market-Garden.

A guerra no mar está perdida e, embora a *Luftwaffe* ainda voe, as formações de bombardeiros dos Aliados podem atacar qualquer lugar na Alemanha, em qualquer dia, a qualquer hora.

Entretanto, o otimismo desorientado de Hitler continua e somente nos derradeiros dias da guerra a realidade da situação ficaria clara para ele.

A Guerra no Oeste

Os Aliados agora se preparam para cruzar o Reno e entrar na Alemanha. Contudo, uma combinação de mau tempo, o obstáculo natural formidável que é o Reno e a linha defensiva da "Muralha do Oeste" impõem um planejamento cuidadoso aos Aliados.

O plano da travessia do Reno envolve duas fases. Na Operação

JANEIRO

14 de janeiro - Zhukov ataca ao sul de Varsóvia.

15 de janeiro - Zhukov começa um ataque contra Varsóvia vindo do norte, tentando envolver a cidade.

16/17 de janeiro - A guarnição alemã começa a se retirar de Varsóvia.

17 de janeiro - Gille lança um novo contra-ataque em direção a Budapeste. As forças soviéticas são pegas de surpresas.

19 de janeiro - As forças de Konev tomam Cracóvia. A 1ª Frente Bielorrussa de Zhukov captura Lodz.

20 de janeiro - As tropas de Konev cruzam a fronteira da Alemanha com a Polônia.

22 de janeiro - O Quarto Exército de Tanques e o Quinto Exército de Guardas soviético chegam ao rio Oder.

Soldados alemães participando da ofensiva das Ardenas reencenam um ataque a um comboio americano para o fotógrafo do noticiário alemão.

Veritable, o 21º Grupo de Exército deve liberar os acessos ao Reno, enquanto o Corpo 30 avança para Reichswald. Uma vez concluída, a Operação Grenade (granada) será posta em andamento, com o Nono Exército dos EUA do general de corpo William H. Simpson avançando através de Münchengladbach para se reunir com o restante das forças de Montgomery. Uma vez que as forças estejam consolidadas, o 21º Grupo de Exércitos deve cruzar o Reno para flanquear o Ruhr vindo do norte. Montgomery, então, avançará sobre as planícies alemãs do norte, pondo seus blindados em posição para rumar até Berlim.

No setor americano, o Décimo Segundo Grupo de Exércitos de Bradley deverá conduzir a Operação Lumberjack (lenhador), liberando os acessos ao Reno entre Colônia e Koblenz. O Terceiro Exército de Patton, então, seguirá para Mainz e Mannheim, unindo-se às forças americanas avançando do Sarre como parte da Operação Undertone (meio-tom) conduzida pelo 6º Grupo de Exércitos. Essas diversas operações

1945

JANEIRO

27 de janeiro - O IV Corpo *Panzer SS* chega a 19 km de Budapeste.

28 de janeiro - O saliente alemão nas Ardenas é finalmente destruído.

31 de janeiro - As forças de Zhukov chegam ao Oder e estabelecem cabeças de ponte em Kienitz e ao sul de Kuestrin. Os americanos começam o avanço para as represas do Ruhr.

FEVEREIRO

8 de fevereiro - Konev renova a ofensiva, visando chegar ao rio Neisse. Lançamento da Operação Veritable, uma maciça ofensiva aliada para abrir o caminho até o Reno.

10 de fevereiro - A 1ª Frente do Báltico e a 2ª e 3ª Frente Bielorrussa iniciam uma ofensiva para tomar a Prússia Oriental e a Pomerânia.

13 de fevereiro - As forças de Malinovsky conquistam Budapeste.

13/14 de fevereiro - Bombardeio de Dresden.

serão concluídas com a tomada das cabeças de ponte sobre o Reno.

Veritable e Grenade

Os planos de Montgomery para Veritable e Grenade são cuidadosos como devem ser, já que as defesas estão bem preparadas. O inimigo ocupa o terreno elevado e o alagamento em muitas regiões obriga o uso das estradas que cortam o Reichwald, uma área de mata densa e difícil de atravessar em combate.

Às 5h de 8 de fevereiro, a Operação Veritable começa com um bombardeio de duas horas e meia. Ainda assim, quando para, os alemães respondem ao fogo. Assim, a artilharia britânica e canadense retoma a barragem por mais três horas. Somente depois disso a infantaria avança.

Soldado alemão durante a Batalha do Bolsão.

O terreno alagado retarda o avanço e somente na última semana de fevereiro os objetivos da operação são alcançados. Os alemães destroem todas as pontes sobre o Reno e abrem as comportas da represa do Ruhr. Isso atrasa a Operação Grenade até que as águas tenham baixado, em 23 de fevereiro. Quando o avanço começa, o Nono Exército encontra pouca oposição. Há uma reunião com as forças anglo-canadenses em Geldorn, em 3 de março, deixando os acessos ao Reno em Nijmegen e Düsseldorf livres de forças alemãs. Montgomery começa a planejar a travessia do Reno para 23/24 de março. A falta de pontes significa que será preciso uma travessia de assalto, o que será muito difícil se a oposição for tenaz.

No setor americano, o ataque de Bradley prossegue de modo bem mais calmo. Colônia cai em mãos americanas em 6 de março de 1945. A 9ª Divisão Blindada desce o vale do Ahr, coberto pelo Comando de Combate B, que fora instruído a se aproximar do Reno em Remagen. Quando os elementos de vanguarda do Comando chegam a Remagen, encontram a ponte sobre o Reno ainda intacta. Ao cruzá-la, chegam à margem oeste do Reno às 16h de 7 de março.

FEVEREIRO	MARÇO		
23 de fevereiro - Os soviéticos capturam Posen.	**1 de março** - As forças de Zhukov se juntam à ofensiva na Pomerânia.	**5/6 de março** - A Operação Frühlingserwachen (despertar da primavera) – Contra-ataques alemães cruzando o Drava e o sul do lago Balaton contra a 3ª Frente Ucraniana – perde força.	
24 de fevereiro - A 2ª Frente Bielorrussa de Rokossovsky lança uma nova ofensiva na Pomerânia.	**3 de março** - Fracassa um contra-ataque alemão visando reabrir a ligação ferroviária entre Berlim e a Silésia.	**13 de março** - A 3ª Frente Bielorrussa começa o ataque para capturar Köenigsberg.	**16 de março** - Zhukov captura Kolberg.

Infantaria americana do 7º Regimento de Infantaria deixa seu barco de assalto após cruzar o Reno.

Nesse meio tempo, Patton domina o Reno até Koblenz e envia o 11º Regimento de Infantaria para a outra margem do rio por barco em Nietstein em 22 de março, já que praticamente não há oposição.

Os Britânicos Cruzam o Reno

O plano de Montgomery para cruzar o Reno, a Operação Plunder, é posto em prática na noite de 23/24 de março, sendo precedido de um bombardeio maciço combinado com ataques aéreos às posições germânicas.

Uma densa cobertura de fumaça é lançada sobre o rio e às 18h de 23 de março mais de 5.000 canhões bombardeiam a margem oposta do Reno e além. Tropas de assalto cruzam o rio e estabelecem uma cabeça de ponte margem adentro. Após um ataque programado de bombardeiros a Wesel, as tropas avançam sobre a cidade. Ao amanhecer de 24 de março, está claro que as travessias foram um sucesso, com cinco cabeças de ponte estabelecidas.

O ímpeto do ataque é mantido pela Operação Varsity, um imenso assalto aerotransportado levado a cabo pela 17ª Divisão Aerotransportada dos EUA e a 6ª Divisão Aerotransportada Britânica. A supremacia aérea permite um ataque diurno. Diferente dos desembarques em Arnhem, que eram parte da Operação Market-Garden,

1945

MARÇO

23 de março - Patton cruza o Reno em Oppenheim.

23/24 de março - As forças de Montgomery cruzam o Reno.

24/25 de março - Forças americanas cruzam o Reno.

25 de março - Rokossovsky chega ao Golfo de Danzig.

28 de março - Hitler destitui Guderian como chefe do estado-maior do exército. O Segundo Exército britânico ataca partindo da cabeça de ponte em Wesel.

29 de março - A cabeça de ponte alemã sobre o Oder em Kuestrin é destruída.

30 de março - Os soviéticos capturam Danzig.

31 de março - Knoev captura Ratibor, o que o deixa na margem leste do Neisse tendo conquistado quase toda a Silésia.

Suprimentos cruzam o Reno por sobre uma ponte flutuante, enquanto soldados vigiam nos flutuadores.

todas as tropas são desembarcadas de uma vez, quase no topo de seus objetivos e dentro do alcance da própria artilharia. Os desembarques começam às 10h de 24 de março. Alguns desembarcam no lugar errado e os alemães conseguem destruir mais de 100 planadores e aeronaves de transporte. Apesar disso, as tropas tomam seus objetivos. Ao final do dia, o 21º Grupo de Exércitos está estabelecido no lado alemão do Reno.

Mudança de Planos

Nesse ponto, Eisenhower muda o foco das operações. O 12º Grupo de Exércitos é instruído a conduzir operações perto dos rios Elba e Mulde, dividindo o exército alemão em dois e depois se reunindo ao Exército Vermelho. O 21º Grupo de Exércitos dever seguir para a costa do Báltico, liberar a Holanda, tomar os portos alemães do norte e isolar a Dinamarca da Alemanha. Enquanto isso, o Sexto

ABRIL

1 de abril - O alto-comando soviético ordena a captura de Viena como alta prioridade para a 2ª e a 3ª Frente Ucraniana.

5 de abril - O Sétimo Exército dos EUA cruza o rio Main.

6 de abril - Os soviéticos chegam às cercanias de Viena. Começa o assalto final a Königsberg.

7 de abril - Começa a Batalha de Viena.

9 de abril - Começa a ofensiva de primavera dos Aliados.

10 de abril - Os soviéticos capturam Königsberg. Desembarques em Menate no lago Comacchio.

11 de abril - Tropas americanas chegam ao rio Elba. É estabelecida uma cabeça de ponte no rio Santerno.

Transportadores anfíbios "Duck" cruzam o Reno com suprimentos. Esses veículos foram indispensáveis durante a campanha.

Exército dos EUA deve rumar para a Áustria e derrotar as forças alemãs que restassem ali.

O Segundo Exército Britânico avança da cabeça de ponte em 28 de março, cruza o rio Weser e ganha 322 km nas três semanas seguintes. Em 18 de abril, o Corpo 1 chega ao Zuider Zee; o Corpo 12 prossegue sem problemas para Hamburgo; o Corpo 30 chega a Bremen; e o Corpo 8 toma Lüneburg e se aproxima do Elba. Em 1 de abril, o 12º Grupo de Exércitos cerca o Ruhr, enquanto o Nono e o Primeiro Exército encontram-se em Lippstadt. Os americanos chegam a Essen em 12 de abril e fica claro que a resistência alemã enfraquece. A resistência organizada no oeste logo se desfaz no setor americano e é extremamente limitada no setor britânico, conforme o 21º Grupo de Exércitos avança pelos Países Baixos e ruma para a costa do Báltico. A atenção agora se volta para o leste, onde os soviéticos se aproximam de Berlim.

O Avanço Russo em Berlim

Em março de 1945, Hitler dá ordens para a defesa da capital, mas sua confiança de que a Alemanha triunfará apesar de todos os reveses faz com que planos para transformar Berlim em uma fortaleza não sejam implementados. Unidades alemãs ficam frequentemente com pouca munição e a falta de combustível deixa tanques imóveis, suprimentos sem transporte e o que resta da *Luftwaffe* no solo. A guarnição de Berlim conta com um milhão de homens, mas muitos dos defensores são meninos abaixo da idade para o serviço militar ou homens adultos com idade demais ou forma física de menos para servir nas forças armadas regulares. Sem experiência, contam somente com a determinação para defender sua capital contra os soviéticos.

Hitler muda-se para um *bunker* fortificado sob o edifício da chancelaria. Cada vez mais distante da realidade, elabora grandes planos

1945

ABRIL

12 de abril - Morre o presidente Roosevelt, sendo substituído por seu vice, Harry S. Truman. Zhukov dá início a operações exploratórias em pequena escala a partir da cabeça de ponte de Kuestrin.

13 de abril - Os soviéticos concluem a tomada de Viena.

14 de abril - O Quinto Exército dos EUA ataca, tendo sido retardado por dois dias de tempo ruim.

15 de abril - Os britânicos libertam o campo de concentração em Bergen-Belsen.

16 de abril - Começa o avanço soviético contra Berlim. As forças de Zhukov são bloqueadas nas colinas de Seelow, enquanto as forças de Konev terminam o dia à beira de romper as defesas do Quarto Exército *Panzer*.

17 de abril - Zhukov conquista as colinas de Seelow. Konev abre caminho pelas linhas do Quarto Exército *Panzer*.

para derrotar os soviéticos. Animado com a notícia da morte de Roosevelt em 12 de abril, sugere que essa seria sua chance de negociar um armistício, parecendo negar o fato de que os exércitos soviéticos estão para atacar depois de terem preparado suas forças desde fevereiro. Nenhuma negociação com as potências ocidentais impediria o ataque. Mais de 2,5 milhões de homens, 45.000 canhões e lançadores de foguetes, e 6.000 tanques e veículos blindados estão em posição na segunda semana de abril. Em 16 de abril, começa o ataque a Berlim.

O plano soviético é brutalmente simples: lançar diversos ataques em uma frente ampla e, dessa forma, cercar as forças alemãs. A 1ª Frente Bielorrussa de Zhukov deve atacar Berlim diretamente, enquanto a 1ª Frente Ucraniana de Konev cruza o Neisse para atacar a sudoeste da capital inimiga. Rokossovsky e a 2ª Frente Bielorrussa devem atacar próximo a Stettin, para assegurar que o Terceiro Exército Panzer não possa ser usado para reforçar Berlim.

Zhukov ataca às 3h em 16 de abril, visando tomar as colinas de Seelow. Mais de um milhão de disparos são feitos contra as posições alemãs e o bombardeio é acompanhado de um pesado ataque aéreo. Apesar disso, os alemães lutam com afinco e Zhukov não consegue abrir caminho no mesmo dia. Konev tem algum sucesso e a situação se repete no dia seguinte. Para encorajar Zhukov, Stalin diz que o general deve permitir que a 1ª Frente Ucraniana tome Berlim se as colinas de Seelow não puderem ser capturadas.

Para Zhukov, negar sua glória final é impensável. Pressionando seus subordinados com uma mistura de lisonja, temor, adulação e coerção, suas forças abrem caminho em 19 de abril. Em 21 de abril, o Terceiro e o

Meninos soldados da Volksturm, a guarda doméstica alemã, aproveitando o almoço.

ABRIL

18 de abril - A 2ª Frente Bielorrussa de Rokossovsky ataca ao norte de Berlim, evitando que o Terceiro Exército *Panzer* seja deslocado para ajudar na defesa da capital.

21 de abril - O Segundo Exército de Tanques da Guarda cruza a rodovia para nordeste de Berlim e começa a bombardear o centro da cidade. Cai Bolonha.

24 de abril - Hitler destitui Goering de suas funções e ordena que seja preso.

25 de abril - Berlim é cercada conforme as forças de Zhukov e Konev entram em contato a leste de Ketzin. Começa a luta nos subúrbios de Berlim. Americanos e soviéticos se encontram em Torgau no Elba.

26 de abril - Os soviéticos aproximam-se do centro de Berlim.

Tanques russos movem-se por Berlim em abril de 1945. Os blindados se mostraram extremamente úteis no duro combate urbano.

de aproximadamente 16 km de comprimento e não mais de 4,8 km de largura. O perímetro defensivo é rompido no dia seguinte e os últimos bolsões de resistência estão reduzidos a escaramuças isoladas, porém ferozes,

Quinto Exército de Choque adentram os subúrbios de Berlim, avançando em direção ao centro da cidade. As tropas de Konev chegam ao canal de Tetlow no final de 22 de abril e inicia um avanço em direção às forças de Zhukov. A 1ª Frente Ucraniana e a 1ª Frente Bielorrussa se encontram no rio Havel em 24 de abril, cercando Berlim. Agora, a Batalha de Berlim é combatida rua por rua, com os tanques e a artilharia soviética irrompendo pelas posições alemãs.

Em 27 de abril, os alemães contam apenas com um pequeno corredor

Refugiados expulsos de suas casas pelo combate em Berlim passam pelo Portão de Brandemburgo.

1945

ABRIL

27 de abril - Os americanos chegam a Gênova.

28 de abril - Mussolini é executado por guerrilheiros italianos. Hitler descobre que Himmler iniciara negociações de um armistício com os aliados e o destitui.

29 de abril - Começa a batalha pelo *Reichstag*. Os alemães assinam uma rendição incondicional.

30 de abril - Hitler comete suicídio. Os soviéticos tomam o *Reichstag*.

MAIO

1 de maio - Goebbels comete suicídio.

2 de maio - A guarnição de Berlim se rende. O 21º Grupo de Exércitos toma a base da península Schleswig-Holstein. O armistício entra em vigor, terminando a guerra na Itália.

3 de maio - Uma delegação alemã chega ao quartel-general de Montgomery em Lüneberg para oferecer a rendição das forças encurraladas entre o 21º Grupo de Exército e a 2ª Frente Bielorrussa. Montgomery exige a rendição de todas as forças alemãs no noroeste da Alemanha.

com os soviéticos. Em 30 de abril, Hitler se suicida com um tiro. O *Reichstag* cai no mesmo dia. Por fim, em 2 de maio, a guarnição de Berlim se rende.

Enquanto isso, a luta ao redor da cidade continua. Na frente oeste, Bremen é tomada em 27 de abril, enquanto Lübeck e Hamburgo caem em 2 de maio. O 12º Grupo de Exércitos captura Hale e Leipzig em 19 de abril, e Dessau três dias depois. Finalmente, em 24 de abril, o Primeiro Exército dos EUA chega à sua linha limite no rio Mulde. As forças soviéticas que não estão ocupadas com Berlim rumam para suas linhas avançadas no oeste e, em 25 de abril, se encontram com forças americanas no Elba.

O Terceiro Exército dos EUA cruza o Danúbio no mesmo dia, toma Regensburg e ruma para a Áustria, onde Linz é tomada em 5 de maio. O Sétimo Exército dos EUA toma Nuremberg em 20 de abril e em seguida cruza o Danúbio juntamente com o Primeiro Exército francês. Em 4 de maio, quase toda a resistência alemã já cessara. No quartel-general de Montgomery, em Lüneburg, os alemães entregam todas as suas forças na Holanda, Dinamarca e no norte da Alemanha. No dia seguinte, emissários chegam ao quartel-general de Eisenhower e, após algumas tentativas de retardar o processo, assinam a rendição em 7 de maio às 2h40. Os soviéticos exigem uma cerimônia apropriada em Berlim no setor soviético da cidade, na qual estejam presentes. O ato final da rendição acontece, assim, no início da manhã de 8 de maio. A guerra na Europa terminou.

Soldado russo hasteia a bandeira soviética no Reichstag, um dos atos finais da Batalha de Berlim, enquanto a guerra na Europa chega ao fim.

MAIO

4 de maio - Montgomery aceita a rendição de todas as forças alemãs no noroeste da Alemanha, na Dinamarca e na Holanda.

5 de maio - Cessam as hostilidades do noroeste da Alemanha. Eisenhower rejeita a proposta alemã de um armistício em separado entre a Alemanha e o Aliados ocidentais.

6 de maio - O general Jodl chega ao quartel-general de Eisenhower para conduzir negociações de rendição.

7 de maio - Os alemães assinam uma rendição incondicional em Reims. Os soviéticos exigem uma segunda cerimônia de rendição em Berlim.

8 de maio - Cerimônia de rendição em Berlim. É declarado o Dia VE.

9 de maio - O combate continua na Tchecoslováquia, Croácia e Áustria.

11 de maio - O Grupo de Exércitos Centro se rende aos soviéticos na Tchecoslováquia.

14 de maio - O restante das forças alemãs na Iugoslávia se rende.

PARTE 2:

O Teatro do Pacífico 1939–1945

À esquerda: Um cruzador da marinha imperial japonesa sob ataque aéreo em Porto Kure, Honshu, Japão.
Abaixo: Pilotos kamikaze recebem instruções na noite anterior a uma surtida.

A Expansão Japonesa

As origens da Guerra no Pacífico podem ser encontradas na situação volátil da Ásia em 1918. Uma combinação de ambições nacionais, revoluções e isolamento americano em relação a assuntos asiáticos criou uma situação que inexoravelmente levou ao conflito. O Pacífico se tornaria um campo de batalha para Japão e Estados Unidos.

Os japoneses esperavam que seu apoio às potências aliadas durante a guerra rendesse ganhos territoriais quando a Alemanha fosse privada de suas colônias. Contudo, sua contribuição havia sido relativamente pequena e, assim, a possibilidade de uma recompensa era controversa. O Japão tinha claras ambições de se tornar uma grande potência mundial e dominar a China, o que representava uma ameaça para os Estados Unidos, que adotara uma abordagem de "portas abertas" para com a China, como meio de incrementar o comércio. Não

À esquerda: Um rebocador de combate a incêndio socorre o USS Virginia, atingido por seis torpedos e diversas bombas durante o ataque japonês a Pearl Harbor. À direita: Tropas japonesas avançam em Manila, 1941.

obstante, o tratado de paz dá aos japoneses o controle das concessões comerciais em Shatung, gerando protestos dos chineses e inquietação nos americanos. Os americanos, então, temem que os japoneses representem uma ameaça de longo prazo para os interesses dos EUA no Pacífico.

Em um esforço para controlar os japoneses, os americanos os convidam para a Conferência Naval de Washington de 1921-1922, que definiria os tamanhos das marinhas das potências aliadas, limitando o porte de determinadas embarcações e a quantidade geral dos diferentes tipos de navios em cada marinha. Os americanos esperam, com isso, evitar uma corrida naval com o Japão, em uma avaliação que se mostraria otimista, mas que, naquele momento, é justificável.

A situação doméstica no Japão, contudo, começa a deteriorar. O sistema feudal parece cada vez mais ultrapassado e o sufrágio universal é introduzido em 1924. Esse gesto em direção a uma democracia representativa é bem-visto no exterior, mas cria incertezas. A passagem rápida de um sistema tradicional de governo, marcado por séculos de tradição e firmemente enraizado na cultura política, para um governo democrático

Chiang Kai-Shek, derrotado pelo Exército Vermelho de Mao Tse-Tung, chega ao seu novo quartel-general em Taipei.

causa uma instabilidade considerável. A maneira antiga de negociação política se mostra incompatível com os ideais democráticos. A corrupção se mostra um grande problema e uma série de escândalos políticos prejudica a promessa de reformas.

Muitos japoneses, então, voltam-se para partidos extremistas, que

1937

JULHO	NOVEMBRO	DEZEMBRO
		12 de dezembro - Os japoneses atacam embarcações britânicas e americanas.
7 de julho - Começa a guerra sino-japonesa.	**9 de novembro** - Os japoneses capturam Shanghai.	
		14 de dezembro - Os japoneses capturam Nanking.
26 de julho - Tropas japonesas avançam dentro do norte da China.		

oferecem uma volta aos dias dos Xoguns ou um novo mundo baseado em princípios socialistas. Os partidos tradicionais de direita acreditam que o destino do Japão está no controle da China, uma medida que ressaltaria a posição do Japão no mundo, além de trazer benefícios econômicos que ajudariam em diversos problemas. O crescimento populacional deixou o Japão à beira de uma crise, com crescente desemprego e consequente pobreza. Na procura de uma solução, os nacionalistas voltam-se para a Manchúria, uma área rica em recursos naturais. A região já é amplamente influenciada pelo Japão e seu controle fora dividido entre russos e japoneses após a Guerra Russo-Japonesa de 1904-1905. Os nacionalistas agora acreditam que, ao estender sua influência e explorar ainda mais os recursos locais, o Japão melhorará sua posição internacional e porá fim às suas dificuldades econômicas. Para pôr suas ideias em prática, os nacionalistas estão em uma posição única. Muitos são oficiais do exército, superiores ou não, que começam a se envolver em política acreditando que o poder militar é a maneira de tornar realidade a visão de um Japão grandioso.

Crise na Manchúria

Os japoneses estão plenamente cientes de que qualquer tentativa de impor controle direto na Manchúria será uma afronta às potências ocidentais e, assim, adotam uma abordagem cautelosa, pelo menos inicialmente. A maior parte da Manchúria é dominada por um líder militar, o marechal Chang. Desde 1927, um governo central, que nunca fora coeso, se desfizera por completo após uma guerra civil entre nacionalistas chineses liderados por Chiang Kai-Shek e comunistas liderados por Mao Tse-Tung. Elementos do Exército Japonês de Kwantung, que guarnece o sul da Manchúria, são enviados para eliminar Chang. Em 4 de junho de 1928, Chang é morto quando seu trem é minado. A mina fora plantada por ordem de dois oficiais nacionalistas, coronel Kanji Ishihari e coronel Seishiro Itagaki, na primeira ocasião digna de nota, em que elementos do exército optam por praticar sua própria política ao invés da política do governo. A politização do exército agora cresce e várias sociedades secretas nacionalistas são fundadas, todas visando levar adiante a causa do nacionalismo japonês.

Nos três anos que se seguem à morte do marechal Chang, cresce a influência japonesa na Manchúria.

1940

JULHO	AGOSTO	SETEMBRO

29 de agosto - O governo da França de Vichy permite que os japoneses mandem soldados para a Indochina.

27 de julho - Os japoneses proclamam a criação da Esfera de Coprosperidade da Grande Ásia Oriental.

27 de setembro - O Japão assina o Pacto Tripartite com Alemanha e Itália.

Infantaria japonesa se deslocando nas colinas ao norte da Manchúria, durante a invasão de 1932.

Então, em setembro de 1931, soldados japoneses do Exército de Kwantung instalam uma carga explosiva em uma linha ferroviária próxima a um acampamento do exército chinês na cidade de Mukden. Responsabilizando "terroristas" chineses pelo acontecido, os japoneses tomam Mukden, com o pretexto de restabelecer a ordem. O governo japonês se sente ultrajado pelo ato unilateral, mas não pode fazer nada. Oficiais de alta hierarquia do exército apoiam a ação e tentativas do governo em encerrar a lutar e controlar o Exército de Kwantung fracassam. Além disso, os oficiais japoneses agora começam a considerar o governo civil como obstáculo para suas metas políticas.

A "ameaça" representada pelo governo fica clara com a prisão de diversos membros da Sociedade da Cerejeira, uma sociedade secreta que vinha planejando um golpe contra o governo. A falta geral de confiança no governo demonstra que há muita simpatia pública para com a causa dos conspiradores, que recebem sentenças meramente formais após suas condenações. Isso encoraja as sociedades secretas e, no ano seguinte, diversos políticos proeminentes e figuras públicas considerados

1941

JANEIRO

16 de janeiro - Confronto entre forças francesas e tailandesas em áreas de fronteira disputadas.

31 de janeiro - Os japoneses impõem um cessar fogo entre as forças francesas e tailandesas.

MARÇO

8 de março - É assinada a Lei do *Lend-Lease*.

A EXPANSÃO JAPONESA

obstáculos ao nacionalismo são assassinados. Assim é que, em 15 de maio de 1932, nove oficiais do exército dirigem-se à residência do primeiro-ministro Tsuyoshi Inukai para confrontá-lo. Inukai inocentemente oferece cigarro a seus visitantes e os convida a entrar para uma conversa. Nesse momento, o líder do grupo grita, "Chega de conversa!", saca sua pistola e atira no primeiro-ministro. Seus oito acompanhantes fazem o mesmo. Para

Aeronave de reconhecimento japonesa circula acima de uma coluna que avança durante a guerra na Manchúria.

ABRIL　　　　　　　　MAIO　　　　　　　　JUNHO

13 de abril - Tratado de não--agressão entre Japão e URSS.

11 de maio - O Japão propõe aos EUA um incremento nas relações entre os dois países. As negociações começam.

29 de junho - Os alemães exigem que os japoneses ataquem os soviéticos. Os japoneses se recusam.

seu desapontamento, o outro alvo, o ator e comediante Charlie Chaplin (um símbolo da decadência americana), não estava acompanhando o primeiro-ministro no chá naquele dia. Os nove homens são julgados por assassinato e recebem sentenças irrisórias, que nem chegam a cumprir. O nacionalismo militarista militante está, agora, em ascensão.

A Liga das Nações finalmente protesta contra o comportamento do Japão na Manchúria. A resposta japonesa é abandonar a organização em 27 de março de 1933. Não há nada que a Liga possa fazer e seus membros são forçados a sentar e assistir o Japão criar Manchukuo, um estado títere no território ocupado. Nesse ponto, a política externa japonesa se torna motivo de preocupação internacional. Em abril de 1934, o governo japonês declara que o Japão é exclusivamente responsável pela condução das relações internacionais e da segurança militar do Extremo Oriente, estabelecendo sua esfera de influência da mesma maneira que a Doutrina Monroe o fizera em 1823. A isso se segue, no final do ano, o anúncio japonês de que Tóquio pretende renunciar ao Tratado de Washington de 1936 e construir embarcações de qualquer porte e em qualquer número, conforme considere necessário.

Apesar dessas ações decididamente nacionalistas, os oficiais militantes do exército japonês ainda não confiam em seu governo. Em 26 de fevereiro de 1935, uma grande facção de oficiais do exército tenta um golpe.

Capa da revista Time, *de 28 de dezembro de 1931, mostrando o recém-eleito premiê japonês Inukai.*

1941

JULHO

18 de julho - O primeiro-ministro japonês Matsuoka é destituído.

23 de julho - O governo francês de Vichy concorda com a exigência japonesa de enviar tropas para o sul da Indochina.

26 de julho - Todos os bens japoneses na América são congelados em resposta à movimentação japonesa na Indochina.

Diversos políticos proeminentes são assassinados e o governo é forçado a convocar a marinha para suprimir o levante. Dessa vez, os líderes do golpe, para sua surpresa, não recebem o mesmo tratamento leniente de seus predecessores, sendo julgados em segredo e executados por um pelotão de fuzilamento. Uma atitude firme, é verdade, mas que na verdade esconde a fraqueza do governo. Está claro que muitos oficiais navais são simpáticos a seus irmãos oficiais e que a única maneira de evitar futuras tentativas de golpe é confiar no exército para controlar seus oficiais. Isso só pode acontecer se os oficiais nacionalistas mais jovens forem tranquilizados, o que significa um aumento da influência militar no governo.

Os Ventos da Guerra

Tendo afastado as democracias ocidentais com suas ações na China, os japoneses buscam novos aliados. Em 25 de novembro de 1936, é assinado o Pacto Anticomintern entre Japão e Alemanha. Seu objetivo explícito é proteger as ambições de ambas as nações contra a ameaça do comunismo, seja da URSS ou das guerrilhas comunistas de Mao Tse-Tung que combatem o governo chinês.

A artilharia japonesa bombardeia os portões e a muralha de Nanking durante a Guerra Sino-Japonesa, enquanto soldados, com baionetas prontas, aguardam a ordem para invadir a cidade.

A tensão entre chineses e japoneses aumenta e, em 7 de julho de 1937, acontece um confronto entre soldados chineses e membros do Exército de Kwantung na ponte Marco Polo em Pequim. Agora, o exército ignora os

---

SETEMBRO

6 de setembro - O governo japonês decide que precisa estar plenamente preparado para uma guerra com os EUA no final de outubro.

10 de setembro - Os japoneses começam um exercício de planejamento para determinar uma estratégia em caso de guerra com os EUA.

NOVEMBRO

3 de novembro - O embaixador americano em Tóquio avisa Washington que os japoneses podem estar perto de iniciar uma guerra contra os EUA ou a URSS.

20 de novembro - A frota japonesa recebe ordens para um ataque a Pearl Harbor.

esforços dos membros mais moderados do governo japonês para impor um cessar-fogo. Soldados avançam de Manchukuo para o norte da China, uma ação que dá início à Guerra Sino-Japonesa. O primeiro grande confronto acontece em 25 de julho e os japoneses iniciam uma série de sucessos. Shanghai é tomada pelos japoneses em 9 de novembro de 1937 e, logo um mês depois, cai Nanking. Ali, durante as seis semanas seguintes, as tropas japonesas envolvem-se em uma orgia de pilhagens, assassinatos e estupros que provocam indignação internacional. Para piorar a situação, os japoneses atacam embarcações britânicas e americanas próximas a Nanking. Os americanos propõem um bloqueio naval, mas os britânicos temem que isso possa levar à guerra. Enquanto as duas potências discutem uma resposta, os japoneses decidem se desculpar, temerosos de que um bloqueio impeça a chegada de suprimentos vitais de matérias-primas. Isso encerra a questão, mas tanto a Grã-Bretanha quanto os Estados Unidos começam a traçar planos de contingência para lidar com um possível futuro conflito com o Japão.

Em 1939, os japoneses já haviam ampliado suas vitórias na China, mas sofrem seu primeiro revés quando entram em confronto com os soviéticos na área de Nomonhan, na

Obuses japoneses preparam-se para abrir fogo sobre defesas chinesas durante a Guerra Sino-Japonesa.

1941

NOVEMBRO

24 de novembro - Guarnições americanas no exterior são avisadas de que o risco de hostilidades com o Japão é grande.

26 de novembro - O governo dos EUA exige que o Japão retire todas as suas forças da China. Parte a frota japonesa.

27 de novembro - Outro aviso é enviado às forças americanas dizendo que uma guerra com o Japão parece provável, já que os japoneses rejeitaram a exigência dos EUA de uma retirada da China.

30 de novembro - O governo japonês decide atacar Pearl Harbor.

fronteira entre a Mongólia Exterior e Manchukuo. A luta começa em maio e termina após o general Zhukov lançar uma grande ofensiva em 20 de agosto de 1939. A derrota convence os japoneses a direcionar sua atenção novamente para a guerra com os chineses, ao invés de perseguir suas ambições na Mongólia Exterior.

O revés, contudo, seria apenas temporário. O ano de 1940 traz a queda da França, uma grande potência colonial no Sudeste da Ásia, e dos Países Baixos, regentes imperiais das Índias Orientais. Enquanto isso, outra grande potência colonial, a Grã-Bretanha, sofre pressões na Europa, estando despreparada para a guerra e provavelmente incapaz de reforçar sua presença na região em um futuro próximo.

A Esfera de Coprosperidade

O exército japonês começa a se preparar para agir. O comportamento cauteloso do governo irrita os oficiais e, em 16 de julho de 1940, a administração moderada do almirante Yonai é derrubada e substituída por outra mais agressiva, liderada pelo príncipe Konoye. A articulação do fervor nacionalista fica mais clara em 27 de julho, quando o governo de Konoye anuncia a Esfera de Coprosperidade da Grande Ásia Oriental, cujo objetivo é diminuir a dependência japonesa de recursos importados das potências ocidentais. Ao invés disso, esses recursos serão obtidos das Índias Orientais Holandesas, Malásia, Sião, Birmânia e Filipinas, pelo expediente simples de fazer com que o Japão controle esses territórios. Está claro que esse tipo de abordagem implica o risco de guerra contra a Grã-Bretanha e, possivelmente, os Estados Unidos, fazendo com que os japoneses iniciem planos para a guerra.

Um dos primeiros movimentos é pressionar as autoridades coloniais francesas na Indochina para que permitam o envio de tropas japonesas para o norte do país. Os franceses estão fracos demais para recusar e as tropas japonesas começam a se movimentar no final de agosto de 1940. Um mês depois, é assinado o Pacto Tripartite entre Japão, Alemanha e Itália, com o objetivo de impedir os EUA de intervir para evitar que os japoneses façam operações contra territórios no leste e no sudeste da Ásia. A medida, no entanto, tem efeito inesperado, endurecendo a atitude das potências ocidentais, particularmente dos

DEZEMBRO

1 de dezembro - Os japoneses marcam uma data para o ataque: 7 de dezembro.

6 de dezembro - Roosevelt faz um apelo pela paz ao imperador Hirohito. Aeronave de reconhecimento britânica localiza transportes japoneses ao largo do Cabo Camboja.

4 de dezembro - O Japão começa a evacuar sua embaixada em Washington.

7 de dezembro - A força aérea naval japonesa ataca Pearl Harbor.

Alemanha, Itália e Japão assinam o Pacto Tripartite em Berlim, em 27 de setembro de 1940.

Estados Unidos. Em meados de 1941, o príncipe Konoye está tão preocupado com a deterioração das relações do Japão que destitui seu primeiro-ministro linha dura, Matsuoka, substituindo-o por outro mais moderado. Isso poderia ter apaziguado as preocupações americanas, não fosse a exigência feita pelo Japão à França de permitir o envio de tropas para ocupar o sul da Indochina, fazendo com que toda a área ficasse, de fato, em controle dos japoneses.

O USS Arizona afunda sob as ondas.

1941

DEZEMBRO

8 de dezembro - Os japoneses bombardeiam Cingapura. Forças japonesas desembarcam na Malásia e no Sião.

9 de dezembro - Os japoneses invadem Tarawa e Makin nas Ilhas Gilbert.

10 de dezembro - As belonaves britânicas *HMS Repulse* e *Prince of Wales* são afundadas em um ataque aéreo japonês. Os primeiros soldados japoneses desembarcam nas Filipinas.

12 de dezembro - As tropas britânicas na Malásia são forçadas a uma retirada para Alor Star.

Em resposta, Grã-Bretanha, Estados Unidos e Países Baixos impõem sanções, uma medida que prejudica três quartos do comércio japonês e mais e 90% de seu suprimento de petróleo. Agora, só há duas opções para o Japão: atender as demandas para que as sanções sejam levantadas ou declarar guerra antes que os recursos se esgotem. A primeira opção é humilhante demais para ser considerada e a segunda exige a captura das Índias Orientais Holandesas para aliviar a falta de petróleo.

Konoye está dolorosamente ciente de que os militares preferem a guerra a um acordo. Mesmo assim, procura negociar, na esperança de chegar a um acerto que seja aceitável para ambas as nações. Contudo, Konoye está cada vez mais isolado, sendo meramente tolerado por seu próprio pessoal militar e, assim, estando impossibilitado de

Um tanque de armazenamento de combustível explode na Ilha Ford, em Pearl Harbor, após ser atingido por uma bomba japonesa.

DEZEMBRO

13 de dezembro - O governador britânico de Hong Kong rejeita o ultimato japonês exigindo a rendição.

14 de dezembro - O Sião alia-se ao Japão.

15 de dezembro - Tropas japonesas entram em território de Birmânia.

16 de dezembro - Os japoneses invadem Bornéu.

fazer progressos com os americanos. Konoye, então, renuncia em 16 de outubro de 1941, sendo substituído pelo nacionalista ministro da guerra, general Hideki Tojo. Qualquer opção de acordo, então, desaparece.

O Ataque aos Estados Unidos

Está claro para os japoneses que a maior ameaça às suas ambições é representada pela frota americana. Isso faz com que decidam que a primeira ação na guerra será um ataque de aviões da marinha japonesa ao ancoradouro de Pear Harbor no Pacífico. Os japoneses haviam investido pesadamente na aviação transportada por porta-aviões no período entre guerras e o sucesso da marinha britânica no ataque à frota italiana em Taranto em 1940 sugeriu que um ataque similar a Pearl Harbor poderia ser bem-sucedido. Se assim fosse, acabaria instantaneamente com a capacidade americana de responder a uma ação japonesa no Pacífico.

O plano, traçado pelo almirante Yamamoto, prevê o uso de seis porta-aviões com 400 aeronaves. Em 26 de novembro de 1941, após o treinamento estar completo, a força de porta-aviões parte de seu fundeadouro nas Ilhas Kurile. Enquanto isso, submarinos japoneses rumam para o Havaí, com objetivo de fornecer informações e atacar alvos de ocasião em Pearl Harbor.

Conforme os japoneses se aproximam do ponto de lançamento de suas aeronaves, os submarinos fazem o reconhecimento da área ao redor de Pearl Harbor. Seus relatórios e os relatórios dos espiões no Havaí informam que não há porta-aviões americanos em Pearl Harbor (estavam em alto-mar, em exercício). Há, porém, mais de 80 embarcações no local, que são um alvo tentador. Logo após às 6h de 7 de dezembro de 1941, a primeira onda de aeronaves japonesas deixa o convés dos porta-aviões.

Aproximadamente às 7h55, as primeiras aeronaves chegam a Pearl Harbor, separando-se em duas formações distintas. Uma parte da força de ataque ruma para os aeródromos próximos, para evitar que caças americanos decolem para interceptação, enquanto outra parte começa a bombardear e torpedear as embarcações americanas.

O ataque aos aeródromos é um sucesso excepcional. Aproximadamente 200 aeronaves americanas são destruídas e outras 160 são danificadas. Umas poucas aeronaves sobreviventes

1941

DEZEMBRO

17 de dezembro - Forças britânicas e do *Commonwealth* recuam para o rio Perak.

18 de dezembro - Os japoneses desembarcam na ilha de Hong Kong.

20 de dezembro - Forças japonesas desembarcam na ilha de Mindanao.

conseguem decolar, mas há pouco que possam fazer para mudar a situação.

As aeronaves de ataque encontram um conjunto de alvos abaixo delas. No centro do fundeadouro está a Ilha Ford, sede da "Fila de Encouraçados". Bombardeiros de grande altitude atacam primeiro, seguidos por ataques de aviões torpedeiros se aproximando da direção oposta em baixa altitude. Com o fundeadouro tão cheio, não é difícil para os aviadores japoneses acertar seus alvos.

Após 10 minutos do início do ataque, o *USS Arizona* é atingido por uma bomba que penetra seu paiol de munições de proa. A explosão parte a embarcação. O *USS West Virginia*, próximo ao *Arizona*, recebe seis torpedos e vai ao fundo, enquanto o *California* é atingido por torpedos e começa a afundar. O comandante do *USS Nevada* tenta manobrar seu navio para escapar, mas progride pouco antes que uma segunda onda de aeronaves desfira seu ataque. O *California* é atingido novamente e afunda, enquanto o *Nevada* é encalhado para impedir que vá a pique no meio do canal, bloqueando-o.

O comandante da força de porta-aviões japoneses, almirante Nagumo, decide não lançar a terceira onda de ataque aéreo planejada, já que, nesse ponto, as defesas americanas estão totalmente alertas. A última aeronave japonesa retorna para seu porta-aviões ao meio-dia. Nagumo, então, começa uma retirada em alta velocidade.

O USS Arizona explode após ter seu paiol de proa atingido por uma bomba japonesa.

As Consequências

O ataque a Pearl Harbor é devastador, mas não decisivo. Como nenhum dos porta-aviões é atingido, a marinha americana, embora enfraquecida, permanece em condições de dar uma

---

DEZEMBRO

22 de dezembro - Os japoneses invadem as Filipinas com força total.

23 de dezembro - Os japoneses capturam a Ilha Wake.

24 de dezembro - O general MacArthur começa a retirada de suas forças de Bataan.

25 de dezembro - Os japoneses tomam Kong Kong.

resposta poderosa. Os japoneses também perdem a chance de impedir operações navais do inimigo nos meses seguintes, já que as instalações de terra não foram atacadas; se fossem, as operações americanas no Pacífico teriam sido seriamente prejudicadas.

Roosevelt assina a declaração de guerra do congresso contra o Japão, 22 de dezembro de 1941.

O ataque foi uma aposta. Se tivesse sucesso em destruir os porta-aviões e as instalações de terra em Pearl Harbor, os Estados Unidos ficariam sem ação por um tempo considerável, mesmo levando em conta sua prodigiosa capacidade industrial. De fato, os americanos passariam a produzir embarcações em um ritmo que, logo antes da guerra, seria considerado quase impossível.

A aposta, no entanto, malogrou. A ira dos americanos é insuflada e articulada pela descrição do dia 7 de dezembro feita pelo presidente Roosevelt como sendo o "dia da infâmia". Como temia Yamamoto, o Japão despertara um gigante adormecido. Contudo, isso não seria evidente por algum tempo. Pearl Harbor antecede uma série de sucessos japoneses que se tornam uma grande crise para os aliados ocidentais no teatro do Pacífico.

Crise no Pacífico

No momento em que as aeronaves do almirante Nagumo estão retornando aos porta-aviões após o ataque a Pearl Harbor, outras unidades japonesas estão em movimento. Um ataque a Luzon é o ato inicial da conquista das Filipinas; tropas partem de suas

---

1941

DEZEMBRO

26 de dezembro - Os japoneses cruzam o rio Perak. Manila é declarada cidade aberta.

28 de dezembro - O general *Sir* Archibald Wavell é nomeado para comandar a defesa da Birmânia.

31 de dezembro - O almirante Chester Nimitz é nomeado comandante da Frota Asiática dos EUA.

Tropas japonesas correm pela estação ferroviária de Kuala Lumpur durante a invasão da Malásia.

posições na China em direção a Hong Kong; e embarcações japonesas transportam um exército a ser desembarcado no Sião para um avanço contra a Malásia.

Onde quer que ataquem, os japoneses têm sucesso. Uma mistura de desdém pela capacidade militar supostamente obsoleta dos japoneses e poder militar inferior deixara as forças britânicas, americanas e holandesas mal equipadas para enfrentar a situação. Além disso, a noção de que os japoneses se mostrariam habilidosos no combate na selva simplesmente não fora considerada. O resultado disso é desastroso para os Aliados. Em oito meses, os japoneses expulsam os britânicos da Malásia, de Cingapura e da Birmânia; os americanos são ejetados das Filipinas e dos territórios no Pacífico; e os holandeses são

1942

JANEIRO

2 de janeiro - Forças britânicas e do Commonwealth na Malásia recuam para o rio Slim. Forças japonesas entram em Manila.

3 de janeiro - Os Aliados estabelecem o Comando do Sudoeste do Pacífico.

5 de janeiro - As forças americanas em Bataan completam a retirada.

7 de janeiro - Na Malásia, os japoneses cruzam o rio Slim. Sarawak é ocupada.

decisivamente derrotados nas Índias Orientais Holandesas. A ameaça, agora, parece pairar sobre Índia e Austrália.

Em junho de 1942, parece impossível evitar que os japoneses se tornem o poder dominante no Pacífico. O avanço japonês também inclui diversas pequenas ilhas e atóis, cuja importância é sua localização no Oceano Pacífico. Dali, os japoneses podem operar embarcações e aeronaves para manter seu poderio. Em meados de 1942, os Aliados parecem em crise, incapazes de oferecer uma resposta.

Malásia e Cingapura

Birmânia e Malásia são os principais objetivos dos planejadores japoneses no final de 1941. A captura da Malásia daria aos japoneses o controle de 38% da produção mundial de borracha e quase 60% da produção de estanho.

O comboio de invasão japonês partira antes do ataque a Pearl Harbor, sendo avistado por uma aeronave de reconhecimento britânica em 6 de dezembro de 1941. O mau tempo evita qualquer investigação pelos britânicos e a frota de invasão continua seu caminho sem ser molestada, desembarcando suas tropas na Tailândia e na costa nordeste da Malásia logo depois da 1h de 8 de dezembro. Os japoneses encontram pesada resistência e muitos de seus soldados se afogam no esforço para chegar à praia. Não obstante, tomam as posições britânicas e estabelecem uma base de operações.

Tropas japonesas vitoriosas entram em Moulmein após violento combate com a 17ª Divisão indiana durante a invasão japonesa da Birmânia.

1942

JANEIRO

11 de janeiro - Os japoneses desembarcam em Celebes. Kuala Lumpur é ocupada.

12 de janeiro - O Japão declara guerra às Índias Orientais Holandesas.

15 de janeiro - Os japoneses invadem a Birmânia.

A EXPANSÃO JAPONESA 207

Tropas japonesas entram em Mandalay após a retirada dos defensores durante a invasão da Birmânia.

Com a tomada de Singoran (Songkhla) pela 5ª Divisão japonesa, um aeródromo fica à disposição dos japoneses, que agora podem obter superioridade aérea contra os esquadrões mal equipados e enfraquecidos da *RAF* que protegem a Malásia. A força aérea britânica havia estimado que seriam necessárias mais de 500 aeronaves para defender com sucesso Malásia e Cingapura dos japoneses, mas suas forças estão bem aquém disso. Pior ainda, as capacidades japonesas haviam sido subestimadas e a *RAF* na Malásia fora deixada com aeronaves obsoletas. O exemplo mais extremo dessa situação é o biplano Vickers Vildebeest, aeronave obsoleta há anos e que agora é usada como avião torpedeiro, sendo a única opção da *RAF* contra embarcações. A Força Aérea Real Australiana conta com algumas aeronaves de patrulha Lockheed Hudson, enquanto o Brewster F2A Buffalo é o principal caça da *RAF* na região, não sendo páreo

JANEIRO

19 de janeiro - Os japoneses capturam o norte britânico de Bornéu.

22 de janeiro - Os primeiros reforços chegam a Cingapura. Tropas americanas recuam para linhas finais de defesa na península de Bataan.

Soldados japoneses do Décimo Quinto Exército cruzam o rio Chindwin em uma balsa.

para os caças japoneses. Esquadrões dos superiores Hawker Hurricane britânicos e P-40 americanos são enviados para o Extremo Oriente, mas mesmo essas aeronaves precisavam operar no limite para enfrentar os caças japoneses. As unidades de Hurricane tinham acabado de chegar quando é iniciado o ataque japonês e os P-40 são desviados para outro local. Uma dificuldade adicional enfrentada pela força aérea é a promessa de Churchill de enviar aeronaves para a URSS, que impede que mais aviões Hurricane sejam enviados para reforçar as defesas na península malaia.

Com a superioridade aérea estabelecida, o avanço japonês continua rapidamente. A 5ª Divisão começa um avanço partindo de Signora, cruzando para costa oeste da Malásia e em seguida virando para o sul. Ao meio-dia de 11 de dezembro, os japoneses estão abrindo caminho em direção à cidade de Jitra, principal base na província de Kedah. As forças japonesas chegam aos arredores de Jitra na escuridão e passam a noite tentando abrir caminho, sem

1942

JANEIRO

23 de janeiro - Os japoneses desembarcam em Rabaul, Kavient, Bougainville e Kendari.

25 de janeiro - O Sião declara guerra à Grã-Bretanha e aos Estados Unidos. Desembarque japonês na Nova Guiné.

24 de janeiro - Desembarque japonês na Bornéu holandesa.

A EXPANSÃO JAPONESA 209

Tropas japonesas desfilam perto de Battery Road, Cingapura, após a captura da colônia britânica.

sucesso. Entretanto, quando nasce o dia, os japoneses percebem que os britânicos estão posicionados em frente à cidade e, assim, vulneráveis a um ataque pelos flancos. A posição é insustentável e os britânicos recuam, rumando para Alor Star.

A perda de Jita, deixando a costa oeste malaia aberta para um rápido avanço japonês em direção a Cingapura, não seria o único desastre para os britânicos. Em 8 de dezembro, os encouraçados da marinha britânica, *Prince of Wales*

JANEIRO

30 de janeiro - Os japoneses capturam Ambonia. Cai Maoulmein.

31 de janeiro - Os britânicos completam a retirada de suas forças da Malásia para Cingapura.

e *Repulse*, principais elementos da Força Z da *Royal Navy*, são enviados para interceptar embarcações de apoio aos desembarques japoneses no Sião e na Malásia. Os navios partem sem cobertura aérea, apesar de o comandante da Força Z, almirante Tom Phillips, ter sido avisado por seu amigo, o marechal do ar *Sir* Arthur Harris, para nunca sair sem o "guarda-chuva aéreo", ou uma tragédia poderia acontecer. Em 10 de dezembro, a profecia de Harris se realiza. O *Prince of Wales* e o *Repulse* são afundados por bombardeiros japoneses, um golpe amargo para os britânicos.

Em 15 de dezembro, os japoneses já chegam a Gurun, e a Ilha de Penang é evacuada no dia seguinte. O comandante do Exército britânico, general *Sir* Arthur Percival, tenta estabelecer uma nova linha de defesa aquém do rio Perak, sem sucesso. O moral britânico declina conforme os japoneses avançam, até que, no início de janeiro de 1942, Percival percebe que a situação é insustentável. O general Archibald Wavell, recém-chegado comandante em chefe da Índia, fica pasmo ao descobrir que ninguém traçara planos para defender a ilha de ataques ou para a retirada das forças da Malásia para Cingapura. A visão de Churchill de uma "fortaleza Cingapura", reduto quase invencível contra um atacante, se mostra uma ilusão. A situação na Malásia deteriora tanto que, em 31 de janeiro, Percival ordena que as forças britânicas se retirem de Cingapura.

Na noite de 7/8 de fevereiro, os japoneses descobrem que cruzar os Estreitos de Johore e avançar para a ilha é uma tarefa relativamente simples e, assim, os britânicos são rapidamente rechaçados. Em 13 de fevereiro, aproximadamente 80.000 homens estão encurralados ao redor da cidade e Percival pensa em rendição. Dois dias depois, os britânicos hasteiam a bandeira branca, em uma das maiores humilhações na história militar britânica.

A Queda da Birmânia

Com a Malásia em seu controle, os japoneses voltam sua atenção para a Birmânia, que é rica em petróleo. O terreno difícil do país também oferece boa defesa contra qualquer tentativa de ataque vinda da Índia contra a Esfera de Coprosperidade. O Décimo Quinto Exército japonês desembarca no Sião e ruma para Bangkok, lá chegando em 8 de dezembro. Isso dá aos japoneses o controle efetivo sobre o Sião, além

1942

FEVEREIRO

8 de fevereiro - Os japoneses desembarcam na costa oeste de Cingapura.

11 de fevereiro - Os japoneses cruzam o rio Salween.

de acesso a aeródromos de onde a Birmânia pode ser atacada. Controlar as ferrovias siamesas também oferece benefícios logísticos consideráveis para a invasão da vizinha Birmânia, tornando o transporte de suprimentos uma tarefa relativamente simples.

Aeronaves japonesas atacam Rangum em 23 e 25 de dezembro e, em 15 de janeiro de 1942, começam as primeiras operações de desembarque japonesas na Birmânia, quando as unidades avançam até o Istmo de Kra. Ponto Vitória e seu aeródromo são ocupados no dia seguinte, enquanto Tavoy, 400 km ao norte, é tomada no dia 19. Em uma semana de combates, os japoneses tomam três aeródromos birmaneses e agora podem bombardear Rangum. Trata-se de um sucesso impressionante, alcançado por uma operação meramente auxiliar.

O ataque principal japonês acontece no norte, onde o Décimo Quinto exército invade a Birmânia vindo de Raheng, no Sião. O ataque encontra pouca resistência no início, com os britânicos em posição vulnerável. O comandante em chefe da Birmânia, general de corpo Thomas Hutton, chegara recentemente à Birmânia e ainda não conhecia seus subordinados. O comandante

Paraquedistas navais japoneses saltam sobre as Índias Orientais Holandesas, antecedendo a chegada de forças maiores.

de campo das forças britânicas é o general de divisão interino *Sir* John Smyth. Famoso por sua coragem, agraciado com a *Victoria Cross* na Primeira Guerra Mundial, é um militar benquisto por seus contemporâneos. Em 1942, contudo, sua saúde está debilitada, o que provavelmente afeta sua capacidade de comandar. Pior ainda, nenhuma de suas tropas foi

---

FEVEREIRO

14 de fevereiro - Desembarque aerotransportado japonês em Palembang, Sumatra.

15 de fevereiro - Rendição de forças britânicas e do *Commonwealth* em Cingapura.

19 de fevereiro - Os japoneses bombardeiam Darwin.

treinada na arte do combate na selva e muitos de seus melhores líderes foram transferidos para unidades na África do Norte.

A avaliação de Smyth do problema que suas tropas têm pela frente é correta e, assim, pede permissão a Hutton para organizar a defesa aquém do rio Sittang, um formidável obstáculo natural. A permissão, contudo, é negada, o que obriga Smyth a concentrar suas forças para enfrentar o assalto japonês, o que faz com pouco sucesso. Por fim, em 19 de fevereiro, Hutton dá sua permissão para que Smyth recue para aquém do Sittang, depois de os britânicos passarem um mês sofrendo baixas somente para recuarem para o mesmo ponto que Smyth escolhera anteriormente. Então, em 21 de fevereiro, suas forças são forçadas a recuar pela ponte do Sittang. Uma brigada consegue atravessar, mas nas primeiras horas da manhã de 23 de fevereiro, os japoneses estão prestes a capturar a ponte. Smyth ordena que a ponte seja destruída para evitar uma travessia dos japoneses, o que os deixaria com o caminho aberto para Rangum. Duas brigadas britânicas ainda não haviam cruzado a ponte e seus homens são forçados a fazer a travessia a nado, deixando os colegas mais gravemente feridos para trás, além da maior parte de suas armas e equipamentos. A posição dos britânicos, agora, está mais enfraquecida que antes.

A Queda de Rangum

Nesse ponto, a situação em Rangum é assustadora. Muitos trabalhadores essenciais abandonam seus postos durante o bombardeio, policiais desertam e tensões étnicas entre birmaneses natos e indianos descambam em violência. Habitantes não nativos começam a ser evacuados e trocas de comando são impostas. Smyth está muito doente para permanecer no comando e é substituído, enquanto Hutton é substituído pelo general de corpo Harold Alexander, que percebe rapidamente não haver esperanças para Rangum e que uma retirada para o vale de Irrawaddy é necessária. Três dias depois os japoneses entram em Rangum.

Alexander reorganiza suas forças, designando o general de corpo Bill Slim para o comando do Corpo Birmânia 1 (conhecido como "*Burcorps*"). Slim agora controla todas as tropas na Birmânia, possibilitando que Alexander supervisione a cooperação com os chineses. O *Burcorps* recebe ordens para atacar os japoneses em Paungde

1942

FEVEREIRO   MARÇO

27 de fevereiro - Batalha do Mar de Java.

20 de fevereiro - Os japoneses desembarcam no Timor português.

1 de março - Batalha do Estreito de Sunda.

e Prome no vale do Irrawaddy, para socorrer as forças comandadas pelo general de brigada Joe "Vinagre" Stilwell. Os ataques fracassam: os chineses que ocupam Toungoo abandonam suas posições em 30 de março e o *Burcorps* fica desprotegido. Slim começa uma retirada para os campos petrolíferos de Yenangyaung. Quando fica evidente que os japoneses estão em posição de atacar o *Burcorps*, Slim ordena, em 15 de abril, que suas tropas recuem e destruam os campos petrolíferos na retirada, para que não sejam usados pelos japoneses. Em 29 de abril, o avanço japonês chega a Lashio, cortando a estrada para a Birmânia. No dia seguinte, o *Burcorps* atravessa o Irrawaddy em retirada. Nas três semanas seguintes, o *Burcorps* se retira rumo à Índia, chegando à fronteira em 20 de maio. Os japoneses, agora, controlam a Birmânia completamente. Haveria algo que pudesse se interpor entre os japoneses e suas ambições no Pacífico?

As Índias Orientais Holandesas

Com sua variedade de recursos naturais, especialmente petróleo, as Índias Orientais Holandesas são um alvo e tanto. Os japoneses desembarcam na costa de Sarawak

Tropas japonesas avançam durante a invasão das Índias Orientais Holandesas em dezembro de 1941.

em 16 de dezembro de 1941 e, no início de janeiro, fica claro para o comando de americanos, britânicos, holandeses e australianos, ou comando ABDA (*American, British, Dutch, and Australian*), que uma invasão dos

MARÇO

7 de março - O governo das Índias Orientais Holandesas parte de Java para a Austrália.

8 de março - Os japoneses entram em Rangum e desembarcam tropas na Nova Guiné australiana.

9 de março - As Índias Orientais Holandesas se rendem aos japoneses.

vastos territórios que compõem as Índias Orientais é iminente.

Os japoneses dividem suas tropas em Força Oriental, Força Ocidental e Força Central, para atacar os lados leste e oeste das Índias Orientais Holandesas simultaneamente. O conceito por trás do plano é simples: ganhar terreno, consolidar e, em seguida, prosseguir para o próximo objetivo. A Força Oriental ataca primeiro e toma Celebes, Ambon, Timor e Bali. Os defensores em Timor são dispersados, conduzindo uma campanha de guerrilha contra os invasores por mais de um ano antes que o último deles seja morto; é a resistência mais notável encontrada pelos japoneses. Um esforço naval dos Aliados nos estreitos de Lombok na noite de 19/20 de fevereiro pega os japoneses de surpresa, mas é rechaçado e atrasa a ofensiva japonesa por algumas horas apenas.

A Força Oriental desembarca em Java em 1 de março, juntamente com a Força Ocidental, que tomara Sumatra no caminho, e a Força Central, que tomara área costeiras importantes em Bornéu. Os desembarques são precedidos pela Batalha do Mar de Java, em que uma força dos Aliados é amplamente derrotada, com perda de quase todas as suas embarcações (apenas quatro escapam). As forças aliadas que permanecem em Java, incluindo sobreviventes da campanha na Malásia e em Cingapura, estão em número muito menor e sua posição é obviamente insustentável. Em 7 de março, os japoneses exigem que os holandeses negociem e estes se veem obrigados a aceitar quando confrontados com uma dura realidade: ou se rendem, ou observam a capital javanesa de Bandung ser arrasada até as fundações. Relutantemente, mas percebendo que não têm escolha, os holandeses concordam com uma rendição incondicional.

A Invasão das Filipinas

Em julho de 1941, as forças americanas e filipinas são reunidas em uma estrutura de comando unificada, liderada pelo general Douglas MacArthur. Sua principal tarefa é lidar com a inquietação interna. Assim, a informação recebida em 9 de dezembro de 1941 de que os japoneses haviam atacado Pearl Harbor é recebida com alguma surpresa. O comandante das forças aéreas americanas nas Filipinas, general Lewis Brereton, pede permissão a MacArthur para bombardear aeródromos japoneses em Formosa.

1942

MARÇO

11 de março - MacArthur deixa as Filipinas, passando o comando para o general Jonathan Wainwright.

12 de março - Forças britânicas nas ilhas Andaman são evacuadas. Os americanos ocupam a Nova Caledônia.

19 de março - O general William Slim é nomeado comandante do I Corpo da Birmânia (*Burcorps*).

Fuzileiros navais japoneses passam por uma caba em chamas, após terem desembarcado durante a invasão das Filipinas.

MacArthur consente e os B-17 de Brereton retornam à sua base no Campo Clark para serem armados, justo no momento em que aeronaves japonesas chegam para atacar. Mais de 200 aeronaves atacam o campo, que fica inutilizado no intervalo de duas horas. Os B-17 recentemente armados e perfeitamente alinhados a céu aberto são alvos fáceis. Na tarde de 9 de dezembro, mais de 100 aeronaves americanas estão destruídas.

Esse foi um golpe especialmente duro, já que os planos de MacArthur para a defesa das Filipinas baseiam-se na premissa de que suas forças podem resistir até que a frota americana chegue para um resgate. Com as embarcações da frota destruídas ou danificadas em Pearl Harbor e uma

MARÇO

23 de março - Os japoneses ocupam as ilhas Andaman e atacam Port Moresby.

24 de março - Os japoneses iniciam o bombardeio a Bataan e Corregidor.

30 de março - Os Aliados formam o Comando do Sudoeste do Pacífico sob comando de MacArthur e a Zona do Oceano Pacífico sob comando de Nimitz.

Infantaria japonesa busca cobertura em uma fazenda filipina durante o avanço do Golfo de Lingayen.

força aérea reduzida à disposição, o plano é prejudicado em sua própria concepção.

Os primeiros desembarques japoneses em Luzon acontecem em 10 de dezembro, com o objetivo de tomar os aeródromos e, assim, proporcionar apoio aéreo ao exército. As tropas, então, avançam para o sul, para se unirem às unidades que deverão

1942

ABRIL

3 de abril - Os japoneses lançam uma ofensiva em Bataan. Ataques aéreos pesados contra Mandalay.

5 de abril - Os japoneses bombardeiam Colombo. Os cruzadores britânicos HMS *Dorsetshire* e *Southhampton* são afundados.

9 de abril - As forças americanas em Bataan se rendem. O porta-aviões britânico HMS *Hermes* é posto a pique.

Prisioneiros americanos em Corregidor, a caminho dos barcos que os transferirão para Bataan, onde iniciarão a "Marcha da Morte de Bataan" até o campo de prisioneiros japonês.

realizar o ataque principal japonês. Esses desembarques acontecem em 22 de dezembro e, no dia seguinte, as forças de invasão estão bem estabelecidas e avançando. Em 24 de dezembro, ocorre um desembarque no istmo ao sul de Manila, perto de Siain e Mauban. MacArthur percebe que suas forças estão em sérias dificuldades.

Declarando Manila cidade aberta, MacArthur se retira para a ilha de Corregidor, para defender a Península de Bataan, enquanto as defesas americanas e filipinas desabam.

Contudo, a vitória japonesa não é iminente. Doenças tropicais inclementes, combinadas às fortes posições defensivas americanas,

ABRIL

10 de abril - Os japoneses desembarcam na ilha de Cebu.

15 de abril - O *Burcorps* começa a destruir os poços petrolíferos de Yenangyuang para que não sejam usados pelos japoneses.

16 de abril - Os japoneses desembarcam nas ilhas Panay.

abrandam a intensidade do combate até abril. Nesse momento, MacArthur recebe ordens de voltar aos Estados Unidos. O general parte em 11 de março, deixando uma promessa, "Eu voltarei". O general Jonathan M. Wainwright é deixado para continuar a defesa contra um avanço japonês renovado e violento, mas tudo o que pode fazer é postergar o inevitável.

Os japoneses retomam sua ofensiva contra Bataan em 5 de abril de 1942, usando bombardeiros e artilharia pesada para minar as defesas americanas na linha defensiva Bagac-Orion. As forças japonesas abrem caminho em 7 de abril, rechaçando as tentativas americanas de contra-atacar. O general Wainwright sabe que sua posição é insustentável, já que não pode receber reforços, nem evacuar suas forças, sendo apenas uma questão de tempo até que suas tropas sejam completamente dominadas.

Em 9 de abril, ele ordena a rendição de Bataan. Talvez não o fizesse se soubesse que o comportamento posterior dos japoneses seria tão brutal: um percentual considerável de seus 78.000 homens morreria em um mês, na famigerada "Marcha da Morte de Bataan", e outros mais morreriam em cativeiro. Algumas tropas, que incluem o próprio Wainwright, conseguem escapar de Bataan para Corregidor.

Bombardeiros B-25 Mitchell do exército americano a bordo do USS Hornet a caminho do ponto de lançamento para o ataque de Doolittle a Tóquio.

1942

ABRIL

18 de abril - Ataque de Doolittle: os EUA bombardeiam Tóquio.

29 de abril - Os japoneses reforçam Minadnao. Lashio é capturada pelos japoneses, permitindo que interrompam a estrada para Birmânia.

Os japoneses, então, dedicam-se a eliminar as posições defensivas com artilharia. Após quase uma semana, atacam em 5 de maio. No dia seguinte, desembarcam e Wainwright se vê forçado à rendição.

O *Ataque de Doolittle* e o *Mar de Coral*

O sucesso japonês no Pacífico representa um sério golpe no moral dos Aliados. Na primavera de 1942, a possibilidade de uma vitória japonesa no Pacífico parece extremamente plausível. De fato, nesse momento, a campanha japonesa atinge seu ápice.

O primeiro revés japonês acontece com uma vitória de propaganda dos Estados Unidos, na forma de um ataque aéreo a Tóquio, liderado pelo tenente-coronel James Doolittle. O plano era particularmente audacioso, uma vez que a única maneira de posicionar bombardeiros americanos sobre a capital japonesa seria partindo de um porta-aviões. Os bombardeiros da força aérea do exército americano não eram apropriados para operar a partir de navios, havendo dúvida considerável sobre sua possibilidade de fazê-lo. Após alguma consideração, o bombardeiro médio North American B-25 Mitchell é selecionado para a tarefa.

Os pilotos selecionados e suas aeronaves embarcam no *USS Hornet*, que leva os bombardeiros a até 998 km do Japão. Os B-25, então, lançam-se do convés do *Hornet* e rumam para seus alvos. Para consternação dos japoneses, os B-25 bombardeiam Tóquio com relativa facilidade. Algumas aeronaves são abatidas pelas defesas japonesas; as sobreviventes não podem retornar ao porta-aviões por não poderem pousar de volta a bordo e rumam para bases na China. Dificuldades de navegação obrigam as aeronaves a fazerem pouso forçado em diferentes locais.

Base naval de Yokosuka, fotografada de um B-25 no famoso ataque de Doolittle.

ABRIL

30 de abril - O *Burcorps* recua e cruza o rio Irrawaddy.

MAIO

1 de maio - Os japoneses capturam Monywa e Mandalay.

3 de maio - Os japoneses desembarcam em Tulagi.

Não obstante, o ataque é um enorme sucesso, revigorando consideravelmente o moral dos Estados Unidos, o que era sua intenção.

O ataque também mexe com os japoneses, que agora procuram melhorar suas defesas aéreas, o que os força a desviar recursos de outros lugares, além de tentar estender seu perímetro defensivo mais ainda, impedindo que os americanos estabeleçam bases para qualquer ataque aéreo futuro.

Como resultado, o alto-comando japonês conclui que Papua Nova Guiné deve ser tomada, para proporcionar uma base de onde possam patrulhar mais além no Pacífico. Uma ação inicial envolve um ataque anfíbio contra Port Moresby.

Isso leva diretamente à Batalha do Mar de Coral. Avisados de antemão após a decodificação com sucesso dos códigos navais japoneses, os americanos enviam dois porta-aviões e suas respectivas escoltas contra a força de invasão japonesa. O primeiro embate acontece em 4 de maio, em um ataque a uma base japonesa de hidroaviões desferido pelas aeronaves do *USS Yorktown*. Três dias depois, o porta-aviões japonês

Caças Grumman F4F Wildcat a bordo do porta-aviões USS Lexington avariado durante a Batalha de Midway.

1942

MAIO

4 de maio - Os britânicos evacuam Akyab.

5 de maio - Os japoneses desembarcam em Corregidor. Tropas britânicas desembarcam em Madagascar.

7 de maio - A guarnição em Corregidor se rende. Começa a Batalha do Mar de Coral.

Shoho é afundado pela aviação naval americana. Ambos os lados desconhecem a posição um do outro e, em 8 de maio de 1942, uma grande batalha naval acontece. Os americanos perdem o porta-aviões *Lexington* e o destróier *Sims*, enquanto os japoneses perdem diversas aeronaves e são forçados a cancelar a invasão de Port Moresby. Essa batalha é a primeira vitória estratégica dos americanos no Pacífico, mesmo que uma comparação das perdas de cada lado no momento faça o resultado parecer um empate. O que os americanos não percebem é que os japoneses perderam vários de seus mais experientes aviadores navais. O sistema de treinamento japonês não acompanhara a grande demanda da guerra e as perdas na Batalha do Mar de Coral seriam sentidas, já que não haveria substitutos prontos à disposição. Essa incapacidade de manter um quadro de aviadores navais teria sérias implicações.

Os destroços de um Zero japonês em um recife de coral, após ter sido abatido por caças.

MAIO

8 de maio - Os japoneses capturam Myitkynia. Termina a Batalha do Mar de Coral.

10 de maio - As forças aliadas remanescentes nas Filipinas se rendem aos japoneses.

20 de maio - O *Burcorps* recua para a Índia.

O Japão é Desafiado

Embora a Batalha do Mar de Coral tenha frustrado os planos do Japão de invadir Port Moresby, isso não preocupa muito os japoneses. Os americanos perderam o porta-aviões Lexington *e o* Yorktown *está seriamente avariado. O almirante Yamamoto presume, justificadamente, que a extensão dos danos infligidos ao* Yorktown *deixará a embarcação fora de ação por muitos meses.*

Ele também sabe que os dois porta-aviões restantes do EUA, o *Enterprise* e o *Hornet*, provavelmente estão no Pacífico Sul. Assim, conclui que é possível obter uma vitória naval segura e decisiva. A frota americana estaria tão enfraquecida que envolver as embarcações restantes em combate poria fim, em todos os sentidos, à guerra no Pacífico, favorecendo o Japão. Yamamoto propõe invadir a ilha de Midway, calculando que os americanos teriam

À esquerda: Um F6F Hellcat se prepara para decolar a bordo do USS Lexington durante os ataques aéreos às Marianas, em junho de 1944.
À direita: Vista dos danos na ilha Midway após os ataques aéreos japoneses.

de responder a uma ação como esta. Então, poderia enviar suas aeronaves e encouraçados para destruir o que restava do poder naval americano no Pacífico.

Infelizmente para Yamamoto, ele subestima a determinação dos trabalhadores dos estaleiros em Pearl Harbor, que se dedicam dia e noite a reparar o avariado *Yorktown*, deixando-o pronto para retornar ao mar em muito menos tempo do que qualquer um julgaria possível. Há, ainda, outra dificuldade que Yamamoto felizmente ignora: os esforços dos técnicos de decodificação da marinha americana possibilitam que o comandante americano, almirante Chester Nimitz, fique previamente inteirado dos planos. Assim, Nimitz envia a Força tarefa 16, comandada pelo vice-almirante Raymond Spruance, e a Força Tarefa 17, comandada pelo vice-almirante Frank Fletcher, para o norte de Midway. Também presentes na região, esperando por uma oportunidade de atacar, estão o *Hornet* e o *Enterprise*, especificamente enviados para enfrentar os japoneses, além do recentemente restaurado (embora ainda um tanto alquebrado) *Yorktown*. As embarcações, agora, esperam por sua chance de entrar em ação.

Bombardeiros de mergulho Douglas SBD Dauntless, a aeronave que venceu a Batalha de Midway para a marinha americana, destruindo os porta-aviões japoneses.

Yamamoto reúne quatro frotas para conduzir a batalha em Midway. Uma é a força de invasão que deverá atrair os americanos para a batalha, enquanto as outras três são forças pesadas de apoio. O almirante japonês tem à sua disposição cinco porta-aviões (*Akagi, Kaga, Soryuy, Junyo* e *Hyriu*), três

1942

JUNHO

4 de junho - Começa a Batalha de Midway.

5 de junho - Todos os quatro porta-aviões japoneses em Midway vão a pique até o fim do dia.

6 de junho - Os japoneses retiram embarcações de Midway.

7 de junho - Um submarino japonês afunda o porta-aviões *USS Yorktown*. Termina a Batalha de Midway.

porta-aviões leves, 11 encouraçados e mais de 100 outras embarcações.

Em 3 de junho de 1942, aeronaves americanas partindo de Midway bombardeiam as embarcações japonesas, sem grande efeito. Os danos infligidos são pequenos, mas a constância do ataque mantém os caças japoneses ocupados e impede que Yamamoto desfira ataques aéreos contra a força naval americana, que agora, acreditam os japoneses, inclui um porta-aviões adicional.

No dia seguinte, os japoneses começam seu ataque a Midway com uma série de bombardeios que causam danos sérios. Os japoneses, contudo, estão preocupados com a possibilidade de um ataque de aeronaves provenientes das duas forças tarefas americanas. Os americanos descobrem a localização de parte da força tarefa japonesa graças a um hidroavião PBY Catalina. Os primeiros ataques dos americanos são relativamente limitados, já que o almirante Fletcher está convencido de que há uma força japonesa maior na área e prefere preservar suas aeronaves para outros ataques contra o restante da frota inimiga, quando encontrado. Os dois ataques limitados não surtem efeito. O primeiro, partindo do *Hornet*, não encontra os japoneses e as aeronaves precisam pousar em Midway, já que estão com pouco combustível para retornar aos porta-aviões. O outro ataque, desferido por esquadrilhas de torpedeiros empregando o fatigado Douglas TBD Devastator, é um desastre, perdendo 37 dos 41 aparelhos e sem atingir seu alvo, o porta-aviões *Kaga*, com um torpedo sequer. Entretanto, a posição dos porta-aviões japoneses se torna conhecida.

Conforme os americanos se preparam para outro ataque, aviões de

O porta-aviões japonês Hiryu, último dos porta-aviões a ser atingido, queima durante a Batalha de Midway.

JULHO

2 de julho - Os americanos começam a planejar a recaptura das Ilhas Salomão.

7 de julho - Os australianos criam a Força Maroubra em Port Moresby.

15 de julho - A Força Maroubra chega a Kokoda.

21 de julho - Os japoneses aterrissam em Gona, Papua Nova Guiné.

23 de julho - Embates entre a Força Maroubra e os japoneses antes da retirada de Kokoda.

Atingido por um ataque aéreo, o cruzador japonês queima sem controle.

reconhecimento japoneses localizam algumas de suas embarcações. Os japoneses, então, planejam atacar essas embarcações tão logo retornem as aeronaves que partiram para outro ataque a Midway. Logo antes das 10h, enquanto os japoneses estão reabastecendo e rearmando suas aeronaves, 35 bombardeiros de mergulho americanos aparecem no céu e começam uma série de surtidas contra o corpo principal da frota japonesa.

Os porta-aviões *Akagi*, *Kaga* e *Soryu* são atingidos, com efeitos devastadores. O *Akagi* é atingido à meia-nau por uma bomba que detona seu paiol de torpedos. A embarcação explode quando combustível e materiais do convés principal detonam em uma série de explosões secundárias causadas pela primeira explosão. O *Soryu* incendeia em 20 minutos, atingido por três bombas que detonam explosões nos materiais de convés e entre aeronaves recentemente abastecidas. A bordo do *Kaga*, uma bomba atinge um caminhão de reabastecimento de combustível e envia uma cortina de chamas em direção ao passadiço, matando todos ali, enquanto outros três impactos incendeiam seu parque de aeronaves. Em questão de minutos, a embarcação é consumida por um inferno de chamas, impossíveis de serem debeladas pelas brigadas de incêndio de bordo.

Em 20 minutos, o equilíbrio de poder no Pacífico fora alterado irrevogavelmente.

Resta, agora, somente o *Hiryu*, que lança um ataque contra os americanos, enviando seus bombardeiros de mergulho para seguir as aeronaves americanas de volta a seus próprios porta-aviões. Isso os leva até o recentemente reparado *Yorktown*, que é atacado e seriamente danificado.

1942

AGOSTO

7 de agosto - Os americanos desembarcam em Guadalcanal.

8 de agosto - A Força Maroubra retoma Kokoda, mas é forçada a recuar por falta de suprimentos.

8/9 de agosto - Batalha da Ilha Savo.

Às 17h05, uma leva de bombardeiros de mergulho SBD Dauntless americanos desfere outro ataque contra o *Hiryu*, atingindo-o com diversas bombas. Quando partem, as aeronaves americanas deixam a embarcação queimando descontroladamente. Nesse meio tempo, fica evidente que o incêndio a bordo do *Kaga* não pode ser debelado

Equipes de controle de avarias tentam salvar o USS Yorktown após a embarcação ter recebido cinco impactos diretos de bombas e torpedos japoneses.

AGOSTO

18 de agosto - Os japoneses desembarcam em Buna, Papua Nova Guiné.

21 de agosto - Os japoneses contra-atacam em Guadalcanal.

23 de agosto - Começa a batalha das Ilhas Salomão Orientais.

Bombardeiros de mergulho japoneses atacam o USS Yorktown, reparado após embates anteriores, durante a Batalha de Midway.

e a embarcação é abandonada. Pelo mesmo motivo, o *Akagi* é abandonado. Nas duas horas seguintes, cessam os esforços para combater o incêndio a bordo do *Soryu* e a embarcação vai ao fundo às 19h13. Apenas 12 minutos depois, o casco abandonado do *Kaga* explode e afunda. Mais tarde, o *Hiryu* sucumbe às suas avarias, indo a pique nas primeiras horas de 5 de junho.

Em 6 de junho, os americanos agravam a situação japonesa, afundando o cruzador *Mikuma* e avariando seriamente o *Mogami*, removendo da batalha mais duas das principais unidades de superfície japonesas. O último ato da batalha acontece quando um submarino atinge o *Yorktown* com um torpedo em 7 de junho, enquanto a embarcação está sendo rebocada. As equipes de controle de avarias fazem o melhor possível, mas na manhã de 8 de junho fica claro que o *Yorktown* não pode ser salvo, já adernando para bombordo. A embarcação é abandonada e logo antes das 6h, emborca e afunda. A Batalha de Midway terminara.

Para os japoneses, a batalha fora um desastre irremediável que marcou um momento de virada na guerra, sendo o primeiro de uma série de reveses dos quais o Japão jamais se recuperaria completamente. A perda de quatro porta-aviões reduz drasticamente o poder japonês no Pacífico e, apesar do esforço do Japão para construir mais porta-aviões, o país jamais se recuperará. A aviação naval japonesa também sofre um golpe mortal, perdendo muitos aviadores experientes que não podem ser substituídos. Enquanto os japoneses lutam para se recuperar de suas perdas, o poderio americano cresce mais e mais. Um mês após o término da batalha, há 131 novos porta-aviões em construção ou já encomendados a estaleiros americanos.

1942

AGOSTO

25 de agosto - A Batalha das Ilhas Salomão Orientais termina depois que as embarcações japonesas são forçadas a uma retirada.

26 de agosto - Os japoneses desembarcam na Baía de Milne, Papua Nova Guiné.

27 de agosto - Os australianos contra-atacam na Baía de Milne.

Guadalcanal

Guadalcanal e as Ilhas Salomão se tornam objetivos estratégicos principais no Pacífico Sul no decorrer de 1942. Conquistá-los dará aos japoneses uma base de onde poderão atacar linhas de abastecimento dos Aliados entre os Estados Unidos e a Austrália. Contudo, se caírem em mãos aliadas, as ilhas serão um ponto chave para o lançamento de ações ofensivas contra os japoneses, além de proporcionar uma barreira contra ataques à Austrália.

No início de maio de 1942, os japoneses desembarcam em Guadalcanal e na ilha vizinha de Tulagi. Equipes de observação costeira, operando às ocultas nas cercanias das Ilhas Salomão, relatam posteriormente que os japoneses começaram a construir um aeródromo em Guadalcanal e os americanos percebem que precisam agir. Um aeródromo em Guadalcanal possibilitará que bombardeiros japoneses operem contra embarcações na região e possivelmente contra a Austrália.

Uma força de 19.000 fuzileiros navais do EUA desembarca em Guadalcanal em 7 de agosto de 1942. Ali, as primeiras 24 horas da invasão são estranhamente calmas, sem luta.

O destróier USS Hammann afunda após ser torpedeado em 6 de junho de 1942.

O mesmo não pode ser dito dos desembarques em Tulagi e Gavutu, de onde os japoneses são expulsos somente após esforço considerável. Em Guadalcanal, os americanos avançam em direção ao aeródromo semiacabado, tomando-o no final da tarde de 8 de agosto. O aeródromo é rebatizado de "Campo Henderson" e concluído por sapadores americanos.

Os japoneses respondem imediatamente, enviando uma força de cruzadores para Guadalcanal através da passagem entre Nova Geórgia e Santa Isabel, conhecida como a

---

AGOSTO

29 de agosto - Os australianos são forçados a uma retirada ao longo da Trilha de Kokoda.

SETEMBRO

4 de setembro - Os australianos recuam de Myola para Efogi.

6 de setembro - Os japoneses são forçados a uma retirada da Baía de Milne.

Fuzileiros navais americanos desembarcam em Guadalcanal. A ilha já estava ocupada por japoneses, mas ao tomar o aeródromo, os americanos obtêm uma importante vantagem, já que contam com uma base para operações aéreas na região.

"Fenda". A força naval aliada ao largo da Ilha Savo é atacada na noite de 8/9 de agosto e quatro cruzadores aliados vão ao fundo. Os transportes escoltados pela força naval são obrigados a recuar apressadamente e são salvos de uma perseguição somente pelo temor dos japoneses de sofrerem um ataque aéreo lançado por porta-aviões americanos caso não recuem antes do amanhecer.

A partida dos transportes deixa os fuzileiros em desvantagem. Com suprimentos limitados, precisam resistir em um enclave na ilha ocupada, rodeados por águas que também são controladas pelos japoneses. O Campo Henderson é bombardeado do mar

1942

SETEMBRO

7 de setembro - Os fuzileiros navais americanos atacam Taivu.

8 de setembro - Os japoneses se infiltram em Efogi.

12 de setembro - Os japoneses atacam, dando início à Batalha de Bloody Ridge, em Guadalcanal.

14 de setembro - As tropas japonesas são rechaçadas, terminando a Batalha de Bloody Ridge. Os australianos na Papua Nova Guiné lançam um contra-ataque para recapturar Kokoda, mas são repelidos.

O JAPÃO É DESAFIADO

Tanques leves do Corpo de Fuzileiros Navais dos Estados Unidos patrulhando em Guadalcanal.

e ataques aéreos dia e noite assolam as posições americanas. Os japoneses lançam, então, uma série de ataques contra os fuzileiros navais. O primeiro ataque, em 18 de agosto, cruzando o rio Tenaru, é repelido com baixas pesadas entre os japoneses: os fuzileiros descobrem que o inimigo prefere lutar até a morte a se render e somente um punhado de soldados japoneses escapa para Taivu.

Outro ataque japonês, em 12/13 de setembro, quase é bem-sucedido. A Batalha de Bloody Ridge ("cumes sangrentos") envolve alguns dos enfrentamentos mais ferozes na ilha, mas os japoneses são rechaçados pelo poderio do fogo americano, reforçado pelo apoio aéreo vindo do Campo Henderson. A batalha pelo controle da ilha continua por mais dois meses. Em 23 de outubro de 1942, os

SETEMBRO

15 de setembro - Tropas americanas desembarcam em Port Moresby.

17 de setembro - Os britânicos começam a planejar uma ofensiva em Arakan, Birmânia.

27 de setembro - Os australianos retomam o ataque ao longo da Trilha de Kokoda.

OUTUBRO

11 de outubro - Batalha de Cabo Esperance.

24-26 de outubro - Batalha de Santa Cruz.

japoneses conseguem abrir caminho em uma pequena parte do perímetro do Campo Henderson, mas logo são rechaçados com pesadas baixas. No dia seguinte, acontece a batalha naval de Santa Cruz. A frota combinada japonesa manobra para uma posição que permite lançar um ataque aéreo ao Campo Henderson e duas forças tarefas americanas, comandadas pelo almirante William "Bull" Halsey, são enviadas para interceptar os japoneses. A frota japonesa é localizada em 25 de outubro, mas um ataque aéreo enviado contra ela não consegue localizar seus alvos e retorna ao *Enterprise* e ao *Hornet*. No dia seguinte, acontecem ataques aéreos de lado a lado. Os japoneses conseguem pôr a pique o *Hornet*, mas são avariados seus porta-aviões *Zuiho* e *Shokaku* e mais de 100 de suas aeronaves, além de muitas tripulações aéreas insubstituíveis serem perdidas – uma vitória de Pirro.

Fuzileiros navais americanos procuram por atiradores em um pinheiral em Guadalcanal.

1942

NOVEMBRO

2 de novembro - Os australianos capturam Kokoda.

12 de novembro - Batalha de Guadalcanal, resultando na perda do porta-aviões americano USS *Hornet*.

14 de novembro - Segunda Batalha de Guadalcanal. Os americanos começam a avançar na Birmânia.

30 de novembro - Batalha de Tassafaronga, Guadalcanal.

Reforços para os fuzileiros navais em Guadalcanal, setembro de 1942.

As Fases Finais

A fase final da Batalha de Guadalcanal começa em novembro de 1942. Os japoneses decidem fazer um último esforço, desembarcando toda sua 38ª Divisão em Guadalcanal, com apoio de todas as embarcações da Frota Combinada. Contudo, a capacidade dos americanos de interpretar comunicações japonesas revela o plano de inimigo. A 38ª Divisão deveria ser desembarcada pelo "Expresso de Tóquio" do almirante Tanaka, que mantinha abastecidas as

DEZEMBRO

10 de dezembro - Os australianos capturam Gona.

17 de dezembro - Os americanos atacam Monte Austen, em Guadalcanal. Tropas britânicas avançam em Arakan.

18 de dezembro - Os Aliados lançam uma ofensiva contra posições japonesas remanescentes em Papua Nova Guiné.

Aviões torpedeiros e bombardeiros de mergulho japoneses atacam o USS Hornet durante a batalha das ilhas de Santa Cruz. A embarcação sucumbe ao ataque, mas os japoneses perdem dois porta-aviões vitais na mesma operação.

tropas japonesas na ilha. Enquanto isso, outras forças navais evitariam que os americanos interferissem nos desembarques. Na noite de 12/13 de novembro, uma frota consistindo em dois encouraçados, um cruzador e seis destróieres, comandada pelo almirante Kiroaki Abe, abre caminho ao longo da Fenda. Os americanos enviam contra essa frota cinco cruzadores e oito destróieres, comandados pelo almirante Daniel Callaghan. As duas forças se encontram ao largo da Ilha Savo e, após minutos de troca de fogo, Callaghan é morto por um disparo que atinge o passadiço de seu navio, o *San Francisco*. Os americanos concentram o fogo nos encouraçados inimigos, mas podem fazer pouco para evitar a perda de três cruzadores e dois destróieres antes que Abe se retire para o norte.

Os japoneses vencem a batalha naval, mas não desembarcam no Campo Henderson. No dia seguinte, aeronaves provenientes do aeródromo descobrem que o encouraçado japonês *Hiei* havia sido avariado na luta e o mandam ao fundo.

Durante o dia seguinte, pilotos americanos localizam os transportes de tropas japoneses e sua escolta, atacando-os. Quatro cruzadores

1942

DEZEMBRO

22 de dezembro - Os japoneses se retiram da Linha Buchiduang-Maungdaw na Birmânia.

28 de dezembro - O avanço britânico em Arakan chega a Rathedaung, mas não consegue tomar a cidade.

1943

JANEIRO

2 de janeiro - A Estação de Buna é capturada.

4 de janeiro - Tropas japonesas recebem ordens para se preparar para uma evacuação gradual de Guadalcanal.

japoneses são afundados ou postos fora de combate e seis transportes de tropas são postos a pique, levando com eles milhares de soldados. Apesar dessa derrota, Tanaka recebe ordens de fazer um esforço final para tomar o Campo Henderson, empregando um encouraçado e quatro cruzadores para bombardear o aeródromo. Contudo, a marinha americana está pronta. Dois encouraçados, o *Washington* e o *South Dakota*, estão à espreita, juntamente com uma força de destróieres. O *South Dakota* sofre uma falha de sistemas e recebe mais de 40 disparos, mas o *Washington* usa sua artilharia guiada por radar para acertar 54 disparos no *Kirishima*, transformando-o em um monte de destroços flamejantes.

Os japoneses recuam, deixando Tanaka com a tarefa de desembarcar a 38ª Divisão à luz do dia e contra um inimigo alerta. O resultado disso é um massacre, com o comboio sob constante ataque aéreo. Ao final do dia, somente 2.000 homens da 38ª Divisão japonesa sobrevivem para se reunir com seus colegas na selva.

Os americanos obtêm ainda mais sucesso em 30 de novembro, na Batalha de Tassafaronga. Observadores costeiros relatam que oito destróieres japoneses rumam para a Fenda e são imediatamente interceptados. Mais uma vez, os japoneses asseguram uma ligeira vitória, afundando uma embarcação americana e danificando outras três, perdendo um destróier, mas sua missão de abastecer a guarnição japonesa de Guadalcanal fracassa.

Fica claro que a crise terminara para os americanos, mas a ilha ainda não estava segura. Após meses de combate duro, a 1ª Divisão de Fuzileiros é substituída pelo XIV Corpo do general Alexander Patch, que consiste na 23ª e 24ª Divisão do Exército, e na 2ª Divisão de Fuzileiros Navais. As unidades recém-chegadas começam a patrulhar agressivamente para além do Campo Henderson, na intenção de lançar uma grande ofensiva em janeiro de 1943. Uma operação para limpar o Monte Austin começa em 17 de dezembro, mas ainda não está concluída em 10 de janeiro, quando a ofensiva inicia. Nesse ponto, os japoneses já decidiram que não poderiam continuar a suportar tantas baixas. A ordem para a retirada chega em 4 de janeiro, embora esta somente comece em 1 de fevereiro. Em uma semana, parte o último soldado japonês. O general Patch informa a Halsey: "O Expresso de Tóquio não opera mais em Guadalcanal". Os

JANEIRO

7 de janeiro - Os britânicos atacam Donbaik, na Birmânia, mas são rechaçados.

9/10 de janeiro - Outras tentativas britânicas de tomar Rathedaung fracassam.

12 de janeiro - Os americanos ocupam Amchitka nas Ilhas Aleutas.

Posição australiana na rota de Mubo durante o ataque dos Aliados na Nova Guiné.

americanos obtêm sua primeira e talvez mais importante vitória terrestre na guerra do Pacífico.

Nova Guiné

A luta em Guadalcanal ofuscou, até certo ponto, os combates que ocorreram na mesma época na Nova Guiné. A ilha ocupava uma posição estratégica fundamental no Pacífico, o que obrigava os japoneses a traçar planos para ocupá-la. Sua primeira tentativa é frustrada pela Batalha do Mar de Coral e, nos acontecimentos que sucederam

1943

JANEIRO

22 de janeiro - As últimas forças japonesas em Papua Nova Guiné são destruídas.

23 de janeiro - O Monte Austen é capturado pelos americanos.

FEVEREIRO

1 de fevereiro - Falham as tentativas britânicas de tomar Donbaik e Rathedaung.

1/2 de fevereiro - Os japoneses iniciam a evacuação de Guadalcanal.

o desastre japonês de Midway, os japoneses são forçados a adiar uma segunda tentativa para julho de 1942.

Em 21 de julho, o Destacamento dos Mares do Sul japonês, comandando pelo general de divisão Tomatoro Horii, é desembarcado a leste de Gona. Segundo o plano, o Destacamento deveria avançar pela Trilha de Kokoda até Port Moresby e tomar a área. Infelizmente, o plano pressupunha que a Trilha de Kokoda era uma estrada transitável cruzando as Montanhas Stanley Owen. Na verdade, se tratava de pouco mais que uma trilha na selva difícil de percorrer.

Tropas australianas e um tanque leve M3 em Giropa Point, Nova Guiné, janeiro de 1943. Os homens em primeiro plano estão armados com metralhadoras leves Bren.

FEVEREIRO

8/9 de fevereiro - As últimas tropas japonesas deixam Guadalcanal.

13/14 de fevereiro - Expedição *chindit* britânica cruza o rio Chindwin.

18 de fevereiro - A marinha americana bombardeia posições japonesas em Attu, nas Aleutas.

Tropas americanas embarcam em um caminhão que as levará à linha de frente após o desembarque perto de Port Moresby, Nova Guiné. Apesar do sucesso dos Aliados na área, a presença japonesa na ilha continuou quase até o fim da guerra.

Não obstante, os japoneses conseguem tomar Kokoda em uma semana e, em meados de setembro, estão a aproximadamente 48 km de Port Moresby. Nesse ponto, Horii interrompe o avanço, pois recebe ordens para aguardar reforços, além de estar ciente de que suas linhas de abastecimento estão perigosamente longas. Contudo, a luta em

1943

MARÇO

1 de março - O corpo principal dos *Chindits* chega a Pinbon, na Birmânia japonesa.

3 de março - Os *Chindits* cortam a ferrovia Mandalay-Myitkyina. Começa a Batalha do Mar de Bismarck.

4 de março - A Coluna Nº 4 da Força *Chindit* é emboscada e se dispersa para recuar para o Chindwin.

Chindits se preparam para disparar um morteiro.

Guadalcanal convence o alto-comando japonês a redirecionar os reforços de Horii para aquela campanha, juntamente com muito de seus suprimentos.

É feita uma tentativa de ajudar Horii, mas esta falha e os reforços japoneses são rechaçados e, em seguida, evacuados para Rabaul. O flanco esquerdo de Horii está em posição delicada. As forças australianas e americanas na Nova Guiné simplesmente aguardam, cientes de que Horii não tem homens, nem materiais, para continuar avançando e que qualquer tentativa de removê-lo

MARÇO

5 de março - Termina a Batalha do Mar de Bismarck.

6 de março - Navios americanos bombardeiam Wila e Munda, nas Ilhas Salomão.

7 de março - Os japoneses começam um contra-ataque na Birmânia, forçando as tropas britânicas em frente a Rathedaung a recuar.

Navio mercante armado japonês em chamas e naufragando durante a Batalha do Mar de Bismarck.

Avaliando a situação, o general Douglas MacArthur envia a 32ª Divisão para a Nova Guiné, para ajudar na ofensiva. A divisão recebe a tarefa de capturar Buna, enquanto os australianos lidam com as outras duas guarnições japonesas. A falta de blindados e armamento pesado faz com que os ataques iniciais sejam rechaçados com pesadas baixas. MacArthur responde enviando o general Robert Eichenberger para assumir o comando. Eichenberger lança um ataque, que fracassa e o obriga a aguardar por mais blindados e homens. Quando estes chegam, o ataque é retomado, com muito mais sucesso. Os australianos tomam Gona em 9 de dezembro; 10 dias depois, lançam o ataque que finalmente expulsa os japoneses de Buna. Estes começam a evacuar a guarnição em Sanananda, mas nem todos haviam partido quando a cidade é tomada em 22 de janeiro de 1943.

da ilha pode esperar até que a situação de seus suprimentos deteriore. Em 24 de setembro, Horii recebe ordens para se retirar para Buna e cercanias. Dois dias depois, os australianos lançam seu contra-ataque. Horii é morto na retirada, mas sobreviventes de suas forças se reúnem com seus colegas que defendem Buna, Gona e Sanananda.

Desse ponto em diante, os Aliados avançam por toda a Nova Guiné e, já em setembro de 1943, os japoneses são expulsos de uma grande parte da ilha. Os japoneses não seriam completamente removidos até o final da guerra, mas desse momento em diante, nunca mais teriam condições de tentar tomar a ilha, se tornando

1943

MARÇO

18 de março - Fracassa a tentativa britânica de tomar Donbaik.

24 de março - Tropas japonesas cruzam o rio Mayu, forçando uma retirada britânica.

26 de março - Batalha do Mar de Bering.

estrategicamente irrelevantes, embora difíceis e tenazes. Agora, novas possibilidades se abrem para a campanha dos Aliados no Pacífico.

O Japão na Defensiva

A série de vitórias após a Batalha de Midway faz com que os Aliados passem para sua próxima fase de operações, um avanço planejado em direção a Rabaul. O plano encontra sua primeira dificuldade quando MacArthur e Nimitz discordam não somente sobre o comando e o controle da operação, mas também sobre os resultados pretendidos. A solução é um acordo, um ataque menor de codinome "Operação Cartwheel". A força naval do almirante William "Bull" Halsey deverá realizar uma série de desembarques anfíbios para avançar ao longo da cadeia das Ilhas Salomão até Bougainville, enquanto as forças de

Soldados americanos feridos a bordo de uma embarcação de desembarque que os levará a um navio-hospital, durante combate na Nova Geórgia.

MARÇO

27 de março - Os *Chindits* começam a se retirar rumo ao território ocupado pelos britânicos.

28 de março - Os japoneses evitam uma tentativa dos *Chindits* de cruzar o Irrawaddy.

MacArthur conduzem uma ofensiva ao longo da costa da Nova Guiné.

Os japoneses são determinados e se esforçam para reforçar suas posições. Para tanto, a 51ª Divisão japonesa é enviada de Rabaul, mas seu comboio é localizado por aeronaves de reconhecimento americanas em 1 de março de 1943. Bombardeiros B-25 são enviados para atacar as embarcações no dia seguinte, naquela que ficou conhecida como a Batalha do Mar de Bismarck. Os ataques concentraram-se nas embarcações de desembarque

Fuzileiros da 4ª Divisão de Fuzileiros Navais dos EUA se movem através de instalações japonesas abandonadas próximas a Target Hill, durante a ocupação do Atol de Majuro nas Ilhas Marshall.

1943

ABRIL

7 de abril - Os japoneses lançam ataques aéreos contra bases americanas nas Ilhas Salomão.

14 de abril - Os *Chindits* começam a travessia do Chindwin em pequenos grupos.

O JAPÃO É DESAFIADO

Parte da força tarefa da marinha americana que atacou as Ilhas Marshall, abril de 1944. Essa frota formidável acabaria por arrebatar o controle do Pacífico dos japoneses.

e toda a divisão japonesa enviada a Rabaul é dizimada, exceto por 100 soldados que conseguem chegar à praia.

Reagindo à série de fracassos alarmantes desde o final de 1942, os japoneses planejam uma ofensiva aérea, de codinome "I-Go", a ser lançada contra diversas bases dos Aliados, infligindo danos sérios a forças aéreas e navais. A ofensiva começa em 2 de abril de 1943, conduzida pelos japoneses com vigor considerável. Contudo, seus pilotos são inexperientes e incapazes de desferir os golpes decisivos desejados pelo alto-comando. Para piorar as coisas, os pilotos japoneses retornam de suas missões confiantes de terem afetado seriamente o inimigo. É verdade que aproximadamente 30 aeronaves aliadas foram destruídas, juntamente com um destróier, uma corveta e dois navios mercantes, mas a perda de aeronaves japonesas foi, pelo menos, a mesma, provavelmente maior.

Mais prejudicial, contudo, é a decisão do almirante Yamamoto de visitar seus pilotos para parabenizá-los por seu aparente sucesso.

ABRIL

15 de abril - O general Slim é nomeado comandante das tropas em Arakan.

18 de abril - O almirante Yamamoto, a mente por trás dos ataques a Pearl Harbor, é abatido e morto por caças americanos.

29 de abril - O último dos *Chindits* sobreviventes chega a território britânico.

Embarcações japonesas no porto de Truk nas Ilhas Carolina, atacadas por aeronaves americanas. Aviões partindo de porta-aviões americanos atacaram a base naval japonesa em fevereiro de 1944.

Comunicações interceptadas pelos americanos revelam seu plano e oferecem uma oportunidade de eliminar o homem que planejara o ataque a Pearl Harbor. Em 18 de abril de 1943, 18 caças Lightning decolam do Campo Henderson e voam 700 km até seu alvo. Graças a procedimentos de cronometragem e navegação impressionantes, os caças chegam até o alvo exatamente como planejado, encontrando dois bombardeiros G4M "Betty" transportando Yamamoto e sua equipe, além de uma escolta de

1943

MAIO

4 de maio - Os japoneses cortam a rodovia Buthidaung-Maungdaw.

11 de maio - Os americanos desembarcam em Attu.

14 de maio - Os japoneses capturam Maungdaw, encerrando a campanha de Arakan.

30 de maio - As últimas forças japonesas são expulsas de Attu.

caças. Os Lightning abrem caminho pela escolta japonesa e derrubam ambos os bombardeiros. Yamamoto está morto.

No final de junho, as forças de MacArthur desembarcam na Baía de Nassau, Nova Guiné, enquanto os homens de Halsey desembarcam na Nova Geórgia em 21 de junho. Diversos outros desembarques acontecem durante as duas semanas seguintes e, após o desembarque em Rice Anchorage, em 4 de julho, os japoneses começam a responder de sua principal base em Munda, Nova Geórgia. Sua defesa é vigorosa, sendo necessário um mês para removê-los, muito embora estejam em número consideravelmente menor. Somente no dia 5 de agosto o aeródromo em Munda seria tomado.

Na Nova Guiné, as tropas de MacArthur desembarcam a leste de Lae em 4 de setembro e, uma semana depois, a pressão sobre os japoneses é tanta que estes decidem se retirar de Salamaua. Em 15 de setembro, os japoneses são expulsos de Lae, deixando essas duas posições cruciais nas mãos dos Aliados. Nas Ilhas Salomão, os japoneses concentram suas forças em Kolombangara, mas Halsey, ao invés de atacá-las, simplesmente se desvia delas e toma Vell Lavella. Os americanos imediatamente instalam um aeródromo, deixando Kolombangara vulnerável a um ataque.

A parte final das operações nas Ilhas Salomão é a tomada de Bougainville, que poderia então ser usada como base para ataques aéreos a Rabaul.

Os desembarques em Bougainville começam no dia 1 de novembro e encontram pouca resistência. A construção da pista de pouso começa tão logo a cabeça de praia está protegida. Os japoneses enviam uma força de 10 navios para destruir a cabeça de praia, mas estes são interceptados pela marinha americana. Em 5 de novembro, Halsey conduz um ousado ataque aéreo partindo de porta-aviões contra outro avanço naval japonês. O ataque põe em risco o *Saratoga* e o *Independence*, mas a sorte está ao lado do almirante americano. Os japoneses percebem que a manobra americana os deixa em posição vulnerável e que a batalha por Rabaul foge ao seu controle, então recuam suas embarcações e aeronaves para Truk. Ali, são deixados "à míngua" como parte da estratégia americana de "saltar ilhas", ou seja, desembarcar em ilhas com importância estratégica e ignorar

JUNHO

15 de junho - Churchill propõe a criação de um Comando do Sudeste da Ásia para melhorar os arranjos de comando no Extremo Oriente.

21 de junho - Os americanos começam operações contra a Nova Geórgia.

aquelas em que tropas japonesas podem ser ignoradas com segurança. Em Truk, os japoneses representam pouca ameaça, incapazes de influenciar significativamente a campanha como um todo.

A maré, agora, favorece os Aliados, tanto na campanha do Pacífico quanto na Birmânia. Enquanto os americanos estão envolvidos no sul e sudoeste do Pacífico, os britânicos dão o primeiro passo para uma vitória na Birmânia, após um início pouco promissor.

Birmânia – A Primeira Campanha de Arakan e os Chindits

Os planos para retomar a Birmânia começaram a ser traçados semanas após os japoneses terem expulsado os últimos britânicos do país. Em 17 de setembro de 1942, *Sir* Archibald Wavell, comandante em chefe da Índia, ordena ao Exército Oriental do general Noel Irwin que conduza uma ofensiva em Arakan. O plano sofre diversas modificações e atrasos conforme Irwin tenta compensar a falta de embarcações

A Esquadra de Destróieres 21 a caminho dos desembarques em Vella Lavella nas Ilhas Salomão, agosto de 1943.

1943

JULHO

6 de julho - Os americanos começam ataques aéreos a posições japonesas em Bougainville.

12/13 de julho - Batalha de Kolombangara.

17/18 de julho - Contra-ataques japoneses na Nova Geórgia.

Tropas da 37ª Divisão dos EUA, com apoio de um tanque Sherman, removem a resistência japonesa após escaramuças em Bougainville. Este era um ponto estratégico para os Aliados, proporcionando uma base aérea no Pacífico.

anfíbias, e chuvas fortes interferem na estocagem de suprimentos. Por fim, em 17 de dezembro, a 14ª Divisão indiana começa seu avanço. Os japoneses recuam da Linha Buthidaung-Maungdaw em 22 de dezembro e os britânicos chegam a Rathedaung seis dias depois. Os japoneses rechaçam duas tentativas de tomar a cidade e iniciam seu próprio avanço em 4 de janeiro de 1943, tomando Donibak. Quatro ataques britânicos entre 7 e 11 de janeiro não conseguem desalojar o inimigo. Outros esforços entre 1 e 3 de fevereiro também fracassam.

A situação deteriora para as forças britânicas e indianas quando a 55ª Divisão japonesa chega e assume

AGOSTO

25 de agosto - A Nova Geórgia está livre das tropas japonesas.

SETEMBRO

4 de setembro - Desembarques anfíbios em Lae.

5 de setembro - O aeródromo de Nadzab, a noroeste de Lae, é tomado por paraquedistas americanos.

Oficial dos fuzileiros navais é içado para o alto de uma árvore para observar disparos de artilharia em Bougainville.

posições no início de março. Em 7 de março, a divisão ataca as forças britânicas em frente a Rathedaung e, em seguida, manobra para isolá-las, forçando-as a recuar para a Índia. Outro ataque britânico a Donibak em 18 de março fracassa e, quando os japoneses atravessam o rio Mayu seis dias depois, os britânicos se retiram de suas posições na Península de Mayu.
Em 15 de abril, o general de corpo Bill Slim é nomeado comandante de todas as tropas em Arakan,

1943

SETEMBRO

11 de setembro - Os japoneses evacuam Salamua.

22 de setembro - Os australianos desembarcam em Finschhafen, Nova Guiné.

Soldados britânicos atravessam uma aldeia na Birmânia, à procura de qualquer remanescente das tropas japonesas.

mas não consegue parar o avanço japonês. Suas tropas estão exaustas e maltratadas pela malária, e a única opção é continuar com a retirada. Os japoneses cortam a estrada Buthidaung-Maungdaw em 4 de maio e em 14 de maio Maungdaw é capturada. As monções encerram as operações. A campanha de Arakan custa 500 baixas aos britânicos, sem quase nenhum ganho em troca. Contudo, a experiência adquirida seria particularmente útil para treinar outras formações na arte da guerra na selva e a primeira campanha dos *Chindit* mais ao norte na Birmânia obtém um sucesso satisfatório, embora limitado.

SETEMBRO

28 de setembro - Os japoneses começam a evacuação da guarnição de Kolombangra, nas Ilhas Salomão.

OUTUBRO

2 de outubro - Os australianos tomam Finschhafen.

5 de outubro - Uma força tarefa da marinha americana bombardeia a Ilha Wake.

As formações *Chindit* britânicas devem sua existência ao general de brigada Orde Wingate. Foi Wingate quem propôs a criação de um Grupo de Penetração de Longo Alcance, preparado para operar profundamente atrás das linhas inimigas, com apoio aéreo. No início de 1943, a 77ª Brigada Indiana, designação oficial dos *Chindits*, estava para ação.

A brigada cruza o rio Chindwin e entra na Birmânia em 8 de fevereiro de 1943, pegando os japoneses de surpresa. Os ataques às linhas de suprimentos são muito bem-sucedidos, retendo um grande número de soldados japoneses. A vantagem muda de lado, contudo, quando Wingate envia seus homens através do Irrawaddy em 19 de março, pondo-os em campo mais aberto. Tivessem permanecido na floresta, teria sido mais difícil para os japoneses atacarem seus oponentes, armados com armas leves. Além disso, os *Chindits* acabam por avançar tanto que o abastecimento aéreo de que dependem se torna mais difícil.

Uma série de combates duros com os japoneses em meados de março sugere que maiores sucessos são

Chindits transportam um de seus feridos através da selva.

improváveis e, assim, começa uma retirada. Entretanto, os japoneses conseguem bloquear a rota de volta à Índia, forçando as colunas de *Chindits* a se dividirem em diversos grupos pequenos, para sobreviverem da natureza enquanto se deslocam

1943

OUTUBRO

6 de outubro - O almirante *Lord* Louis Mountbatten assume o Comando do Sudeste da Ásia.

27 de outubro - Começam as operações preparatórias para os desembarques aliados em Bougainville.

O JAPÃO É DESAFIADO

lentamente pela selva até a segurança. No fim, aproximadamente dois terços da força retornam à Índia. Os soldados estão tão maltratados por doenças tropicais que muitos deles não estão mais aptos para o combate e vários outros ficarão fora de ação por meses. Não obstante, o ataque faz bem ao moral britânico, mostrando que os britânicos podem ser tão habilidosos na luta na selva quanto os japoneses, desfazendo a crença de que os japoneses eram combatentes superiores na selva – algo que forças americanas e australianas em Guadalcanal na Nova Guiné aprenderam por si.

A Segunda Campanha de Arakan

Após as decepções da primeira campanha de Arakan, a estrutura de comando britânica no Extremo Oriente é alterada. O general *Sir* Archibald Wavell é nomeado vice-rei da Índia, passando sua função de comandante

Membros da Força Marte, que trabalhou com os chineses para abrir a Estrada da Birmânia.

NOVEMBRO

1 de novembro - Começam os desembarques aliados em Bougainville.

1/2 de novembro - Batalha da Baía Imperatriz Augusta.

5 de novembro - Ataque de aeronaves americanas provenientes de porta-aviões contra força tarefa japonesa em Rabaul.

das forças britânicas para o general *Sir* Claude Auchinleck, cujo comando não faz parte do Comando do Sudeste da Ásia de *Lord* Louis Mountbatten. É conduzida uma reorganização substancial na nova estrutura, em preparação para futuras operações. Assim, é formado o 11º Grupo de Exércitos, que inclui o Décimo Quarto Exército, comandado pelo general de corpo William Slim, que designa o XV Corpo do general de corpo Philip Christison para a segunda campanha no Arakan.

Os planos para a Birmânia em 1944 envolvem a reocupação do norte do país e o restabelecimento das comunicações com a China ao longo da Estrada da Birmânia, para que suprimentos possam ser enviados aos chineses. As linhas de comunicação na Índia melhoraram com o estabelecimento de uma grande base logística em Kohima, pronta para a próxima ofensiva. Como

Tanques Sherman britânicos em Arakan, colinas da Birmânia. Os Sherman eram muito superiores aos tanques japoneses.

1943

NOVEMBRO

7 de novembro - Os japoneses contra-atacam a cabeça de praia americana em Bougainville.

10 de novembro - A frota de invasão às Ilhas Gilbert deixa Pearl Harbor.

20 de novembro - Lançada a Operação Galvanic (galvânica), a invasão das Ilhas Gilbert.

Soldados japoneses usam elefantes para cruzar o rio Chindwin, em preparação para um ataque a Imphal.

etapa preliminar, a segunda campanha de Arakan é iniciada no início de janeiro de 1944. A 5ª e a 6ª Divisão indiana do XV Corpo avançam pelo Arakan, uma de cada lado da Cordilheira de Mayu, visando tomar Maungdaw e Buthidaung. Em resposta, os japoneses lançam uma contraofensiva na Índia, com o objetivo de atrair tantas unidades britânicas do Arakan quanto possível. Operações com esse objetivo começam em fevereiro de 1944.

As manobras britânicas têm apoio de uma campanha *Chindit* revigorada. Embora a primeira campanha *Chindit* não tenha sido um sucesso, Wingate e os sobreviventes tornaram-se heróis para

NOVEMBRO

23 de novembro - Tomada de Tarawa e Makin.

24/25 de novembro - Batalha do Cabo St. George.

26 de novembro - Os americanos desembarcam no Atol de Abemama, nas Ilhas Gilbert.

os britânicos, além de terem mostrado que o conceito de uma guerra de longo alcance era possível. Quando os planos para o norte da Birmânia são traçados, Wingate argumenta que uma penetração de longa distância facilitaria a invasão. Os *Chindits* são, então, reformados em seis brigadas, chamadas de Grupos de Penetração de Longo Alcance, ou LRPGs (*Long Range Penetration Groups*), cada uma delas dividida em colunas de combate de 400 homens e dotadas de um oficial

Uma seção de morteiro britânica se prepara para disparar durante a dura batalha em Kohima. Armas de apoio como este morteiro desempenharam um papel vital na obstrução do ataque japonês, possibilitando que os britânicos socorressem Kohima.

1943

DEZEMBRO

4 de dezembro - Aeronaves americanas baseadas em porta-aviões atacam Kwajalein e Wotje nas Ilhas Marshall.

9 de dezembro - O aeródromo em Bougainville é aberto pelos americanos.

15 de dezembro - Os americanos fazem um desembarque preliminar na Nova Bretanha.

de ligação para solicitar suporte de artilharia e apoio aéreo, se necessário.

Wingate pretende usar metade dessa força nas etapas iniciais da operação, substituindo-a pela outra metade após dois meses. Quando os *Chindits* cruzam a fronteira e entram na Birmânia, não fazem ideia de que os japoneses estão indo na outra direção para lançar seu próprio ataque a Arakan.

Gurkhas na área de Imphal reparam suas posições para enfrentar um possível ataque japonês. Os britânicos conseguiram abrir a estrada Kohima-Imphal.

1944

JANEIRO

2 de janeiro - Os americanos desembarcam em Saidor, Nova Guiné.

9 de janeiro - Tropas indianas ocupam Maundaw, na Birmânia.

30 de janeiro - Lançamento da Operação Flintlock, com desembarques nas Ilhas Marshall.

Em 6 de fevereiro, a 5ª Divisão indiana é flanqueada pelos japoneses, que atacam a área administrativa do XV Corpo em Sinzweya. Como essa era a área administrativa avançada do corpo, o combate ficou conhecido como a Batalha da Caixa de Administração. O abastecimento aéreo pela RAF e pela USAAF assegura que as tropas britânicas e indianas resistam até que a 26ª Divisão indiana e a 36ª Divisão Britânica sejam enviadas para levantar o cerco. Em meados de fevereiro, os japoneses se retiram para se concentrar em um ataque a Imphal. Quando o ataque começa, a 5ª Divisão indiana toma Razabil, enquanto a 7ª Divisão indiana toma Buthidaung.

Essa foi a última operação de ambas as divisões na segunda campanha de Arakan, pois ambas são transferidas para ajudar em Imphal em 22 de março, sendo substituídas pela 26ª Divisão indiana e pela 36ª Divisão Britânica, que avançam para capturar Maungdaw e o Ponto 551. Quando os objetivos são tomados, a segunda campanha efetivamente termina, com a combinação de combate convencional e operações dos *Chindits* alcançando um notável sucesso.

Isso traz sérios problemas para as áreas de retaguarda japonesas, impedindo sua ofensiva. Os *Chindits* conseguiriam mesmo tomar algumas áreas principais por trás das linhas japonesas. Infelizmente, o general Wingate não viveria para ver esse sucesso, pois morreria em um acidente aéreo em 25 de março de 1944 ao retornar à Índia. A 77ª e a 111ª Brigada fazem uma retirada após terem sofrido pesadas baixas, mas as unidades restantes capturam Sahmaw e Taugni, contribuindo para operações maiores.

Os Japoneses Invadem a Índia

As operações britânicas convencem o general Renya Mutaguchi, comandante do 15º Exército japonês, a usar táticas similares para invadir a Índia, já havendo planos traçados para uma ofensiva contra as cidades fronteiriças de Imphal e Kohima, visando fomentar uma revolução que possa ser explorada pelo Exército Nacional Indiano-Japonês. Conforme a segunda campanha de Arakan se desenvolve, a importância de Kohima como alvo militar aumenta e Mutaguchi argumenta que uma invasão da Índia é, nesse momento, uma proposta extremamente atraente. Nesse ponto,

1944

FEVEREIRO

1 de fevereiro - Os americanos desembarcam no atol de Kwajalein.

5 de fevereiro - Começa a nova expedição *Chindit* na Birmânia, quando elementos de vanguarda partem de Ledo a pé.

6 de fevereiro - Os japoneses lançam um contra-ataque em Arakan.

o alto-comando japonês já está convencido, mas os eventos em Arakan apressam sua permissão para o ataque.

Em 7 de março de 1944, Mutaguchi lança a operação U-Go, enviando suas forças através do rio Chindwin. A primeira fase da operação envolve a tomada de Imphal, o que exige primeiro a captura do assentamento em Kohima, uma vez que este domina o acesso a Imphal. Capturar o assentamento também permitirá que os japoneses impeçam a chegada de reforços britânicos.

Os japoneses chegam a Kohima em 5 de abril, mas encontram defesas preparadas pela 161ª Brigada Indiana, com apoio de uma bateria de obuses. O combate é violento desde o início. Os japoneses haviam presumido que tomariam o assentamento em dois dias, mas a resistência é tenaz. Uma penetração inicial no perímetro defensivo é rechaçada em 6 de abril. Os britânicos são reabastecidos pelo ar, enquanto a batalha se intensifica ao redor do bangalô do comissário distrital e sua quadra de tênis. Ambos os lados sofrem baixas pesadas. Em 18 de abril, reforços britânicos abrem caminho e aliviam a pressão em

Fuzileiros navais americanos atacam as praias de Tarawa. Os americanos assumem o controle da ilha em novembro de 1943.

FEVEREIRO

17 de fevereiro - Começa a Batalha do Atol de Eniwetok.

23 de fevereiro - Termina a Batalha do Atol de Eniewtok.

26 de fevereiro - Os japoneses cancelam o ataque em Arakan.

Kohima. No dia seguinte, os japoneses passam para a defensiva, já com poucos suprimentos. Então, o general de corpo *Sir* Montagu Stopford, comandante do XXXIII Corpo, manobra suas tropas para expulsar os japoneses de Kohima e reabrir a estrada Kohima-Imphal.

Situação similar ocorre em Imphal, onde os japoneses e seus aliados do Exército Nacional Indiano não conseguem romper as linhas britânicas. Embora cercados, os defensores recebem suprimentos pelo ar, algo com que os japoneses não podem contar. Apesar disso, os japoneses continuam na ofensiva até o início de junho, mas a defesa é aguerrida e fica evidente que não há sentido em dar continuidade ao ataque. Em 22 de junho, Stopford consegue abrir a estrada Kohima-Imphal e o Décimo Quinto Exército japonês recebe permissão para se retirar da Birmânia. A ofensiva custara aos japoneses mais de 30.000 homens e outros 25.000 são retirados feridos ou doentes, deixando o Décimo Quinto Exército japonês quase que totalmente inservível. O golpe final acontece em 3 de agosto, quando os Aliados tomam Myitkyina. Desse ponto em diante, os japoneses passam firmemente para a defensiva na Birmânia, amargando uma derrota que parecia improvável apenas 18 meses antes.

Operações no Pacífico Central

As campanhas americanas em 1944 são marcadas por um novo desenvolvimento no uso de aeronaves baseadas em porta-aviões, com a formação da Força Tarefa 58 (TF58), equipada com aproximadamente doze "porta-aviões rápidos". A TF58 é designada para o almirante Marc T. Mitscher, que assume o comando em 13 de janeiro de 1944. Após duas semanas de preparação, a força tarefa deixa o Havaí no final do mês.

Aeronaves de reconhecimento japonesas revelam a posição da força tarefa, fazendo com que os japoneses desloquem diversas de suas unidades mais importantes de Truk para Palau. Esse não era, de fato, o destino pretendido dos porta-aviões americanos; a TF58 recebera a tarefa de apoiar os desembarques em Kwajalein em 29 de janeiro de 1944. Quando estes são concluídos, os porta-aviões rumam em 13 de fevereiro para atacar Truk, visando neutralizar sua ameaça às operações.

O primeiro ataque é lançado logo antes do amanhecer de 14 de fevereiro com uma varredura de caças,

1944

FEVEREIRO	MARÇO
29 de fevereiro - Os americanos desembarcam em Los Negros, nas Ilhas do Almirantado.	
	5 de março - Brigadas *Chindit* desembarcam com sucesso na Birmânia, no início da segunda etapa da expedição *Chindit*.
	7 de março - Começa a ofensiva "U-Go" japonesa na Birmânia.

que são recebidos por pesado fogo antiaéreo e aproximadamente 80 caças japoneses, mas os pilotos americanos têm pouca dificuldade para estabelecer sua superioridade. Até meados da tarde, cerca de 50 caças japoneses são destruídos, garantindo a superioridade aérea para os americanos, que agora atacam os aeródromos japoneses.

Mais de 150 aeronaves inimigas são postas fora de ação. Enquanto isso, ataques aeronavais partindo de porta-aviões afundam mais de 100.000 toneladas de embarcações japonesas ao redor da ilha. Após o ataque final em 18 de fevereiro, a Força Tarefa se retira, tendo destruídos mais de 250

Fuzileiros navais procuram abrigo contra fogo pesado japonês durante a tomada de Tarawa.

MARÇO

8 de março - Ataque japonês à cabeça de praia americana em Bougainville.

11 de março - Os britânicos capturam Buthidaung em Arakan.

14 de março - O avanço japonês na Birmânia chega à estrada Tamu-Imphal.

aeronaves japonesas e perto de 200.000 toneladas de embarcações.

A Força Tarefa reabastece e, em seguida, ruma para as Marianas. Aeronaves japonesas a localizam na noite de 21/22 de fevereiro e atacam. Nenhuma das aeronaves é atingida, o que permite à TF58 lançar um ataque total na manhã seguinte. Aeródromos são metralhados e bombardeados, juntamente com qualquer embarcação. Alguns navios japoneses escapam de seus ancoradouros para o mar aberto, somente para encontrar submarinos americanos que haviam sido enviados para interceptá-los. Quando o ataque termina, a Força Tarefa se retira para Majuro, em 23 de fevereiro. Há, então, um intervalo de um mês até que um ataque a Palau seja lançado.

O ataque começa a 30 de março, com uma varredura de caças abatendo mais de 30 aeronaves japonesas enviadas para interceptá-los. Embarcações mercantes são atacadas, enquanto minas são lançadas para confinar embarcações no porto, onde são alvos mais fáceis. Outra surtida da TF58 acontece em 13 de abril, em apoio aos desembarques na costa da Nova Guiné. Os desembarques ocorrem em 21 de abril e encontram pouca resistência japonesa. A TF58

dá apoio aéreo aos desembarques e, em seguida, retira-se para reabastecer. Terminado o reabastecimento, ruma de volta a Truk.

Ali, os japoneses já repararam a maioria dos danos e operam com aeronaves de reserva. A TF58 realiza ataques aéreos contra a ilha em 29 de abril e rapidamente ganha o controle do ar. Em seguida, ataca os aeródromos e aproximadamente 90 aeronaves japonesas são destruídas. Com a ameaça neutralizada, a TF58 ruma para um novo ancoradouro em Eniwetok. No caminho, a força de cruzadores que a acompanha bombardeia Ponape.

Os três ataques foram uma demonstração clara de como o avião se tornara uma arma fundamental na guerra marítima, possibilitando que os EUA removessem a ameaça representada por pontos fortes japoneses. E mesmo que os japoneses conseguissem restaurar suas posições anteriores, os porta-aviões poderiam facilmente retornar para desfazer a restauração feita.

Operação Galvanic

Além das operações no Pacífico Central, os americanos se concentram na tomada das Ilhas Gilbert. A

1944

MARÇO

15 de março - Os americanos desembarcam em Manus, Ilhas do Almirantado.

20 de março - Fuzileiros navais americanos ocupam a Ilha Emirau.

19 de março - Os japoneses atacam a nordeste de Imphal.

24 de março - Um contra-ataque japonês a Bougainville é rechaçado. O líder dos *Chindit*, Orde Wingate, morre em um desastre aéreo.

Operação Galvanic (galvânica) é liderada pelo vice-almirante Raymond A. Spruance e seu objetivo é tomar as duas ilhas mais a oeste, Makin e Tarawa, o que neutralizaria as outras ilhas, removendo sua fonte de abastecimento. Makin é atacada em 20 de novembro de 1943 e tomada após três dias de combate acirrado, em que somente um soldado japonês de uma guarnição de 800 se rende – o restante é morto ou comete suicídio. Tarawa mostraria ser uma posição ainda mais difícil.

Um dos principais problemas no ataque a Tarawa é a presença do recife de coral submerso, que impede que as embarcações de desembarque cheguem diretamente às praias quando a maré está baixa. Quando o ataque começa em 20 de novembro, as embarcações de desembarque ficam presas nos corais, já que a maré baixou mais que o previsto. Toda a operação de desembarque depende, então, dos tratores armados anfíbios, ou AMTRACs (*Amphibious Tractors*), para levar suprimentos e homens à terra, enquanto muitos soldados são forçados a lutar para chegar até a praia sob fogo pesado. Em certo momento, os americanos temem que não consigam chegar à praia em número suficiente, mas no fim conseguem. Os defensores japoneses lutam até a morte – de uma guarnição de 4.750 homens, somente 17 se rendem. A luta dura três dias e custa a

A bandeira dos EUA é hasteada em Roi, nas Ilhas Marshall, logo depois da captura da ilha.

ABRIL

3 de abril - A ofensiva japonesa na Birmânia se aproxima de Kohima e isola as forças britânicas.

17 de abril - Os japoneses iniciam uma ofensiva no sul da China.

18 de abril - A guarnição de Kohima é substituída.

22 de abril - Os britânicos começam a expulsar as forças japonesas próximas de Kohima. Os americanos desembarcam em Hollandia, Nova Guiné.

24 de abril - Os australianos ocupam Madan, Nova Guiné.

29 de abril - Aeronaves baseadas em porta-aviões destroem a base japonesa em Truk, nas Ilhas Carolina.

vida de mais de 1.000 fuzileiros navais americanos.

Em seguida, os americanos avançam para Roi, Namur e Kwajalein nas Ilhas Marshall, como parte da Operação Flintlock. Em 1 de fevereiro de 1944, Roi e Namur são atacadas pela 4ª Divisão de Fuzileiros Navais e Kwajalein pela 7ª Divisão de Infantaria. Em Roi, os fuzileiros descobrem que os defensores estão atordoados pelo bombardeio preparatório e oferecem pouca resistência. À noite, Roi está em mãos americanas.

Namur mostra-se mais difícil, já que o terreno diminuiu a eficácia dos bombardeios. Os japoneses contam com fortes posições defensivas e lutam por elas com grande tenacidade. Somente quando os tanques desembarcam é que os fuzileiros navais conseguem avançar. Porém permanecem bloqueados por diversas horas depois que um depósito de munições explode, matando e ferindo os atacantes. O assalto perde ímpeto pelo restante do dia e somente depois que mais tanques e homens chegam de Roi é que o restante das posições japonesas é varrido.

Avião japonês cai em chamas após ser atingido durante operações ao largo de Saipan.

Kwajalein tem o mesmo terreno irregular e a luta ali segue acirrada até o anoitecer, quando os americanos finalmente chegam ao aeródromo no centro da ilha. A luta nos três dias

1944

MAIO

11 de maio - Os chineses começam uma ofensiva na Frente Salween.

13 de maio - Começam novamente os combates próximos a Imphal.

14 de maio - As forças japonesas começam a ser evacuadas para a Nova Bretanha.

27 de maio - Desembarques americanos na Ilha Biak, Nova Guiné.

JUNHO

11 de junho - Os americanos iniciam um bombardeio aéreo preliminar de Saipan, na preparação de uma invasão das Ilhas Marianas.

15 de junho - Fuzileiros navais americanos desembarcam em Saipan.

O JAPÃO É DESAFIADO 263

Aeronave kamikaze japonesa, derrubada por fogo antiaéreo, quase atinge uma belonave americana.

seguintes é particularmente feroz, com os americanos sendo forçados a usar frequentemente tanques e lança-chamas para desalojar os defensores. Ninguém da guarnição japonesa sobrevive.

O combate nas cadeias das Ilhas Marshall e Gilbert oferece muitas lições

JUNHO

17 de junho - A 27ª Divisão do Exército dos EUA se une aos fuzileiros navais em Saipan.

18 de junho - Os japoneses capturam Changsha no sul da China.

19/20 de junho - Batalha do Mar das Filipinas.

22 de junho - Os britânicos reabrem a estrada Kohima-Imphal.

25 de junho - O Monte Tapotchau, em Saipan, é capturado.

26 de junho - Os *Chindits* capturam Mogaung.

valiosas para futuras operações em ilhas dominadas pelos japoneses. Com a tomada de todo o grupo das Ilhas Marshall em 23 de fevereiro de 1944, está pronto o cenário para que os americanos cheguem às Filipinas.

A Batalha do Mar das Filipinas

A atenção se volta para as Ilhas Marianas. Como primeira etapa, os americanos desembarcam em Los Negros e Manus, nas Ilhas do Almirantado, entre 29 de fevereiro e 15 de março, antes de avançarem para a Ilha Emirau no grupo Saint Matthias. Isso fecha o anel ao redor de Rabaul, dando o controle aos americanos. Os japoneses fazem uma última tentativa para destruir a cabeça de ponte de Bougainville em 24 de março, mas são derrotados e retiram-se para o interior, onde não representam nada além de um incômodo.

O ataque às Marianas começa com a invasão de Saipan. Em 11 de junho, aeronaves provenientes de porta-aviões atacam posições na ilha, para "amaciar" suas defesas antes da invasão. Os japoneses ainda pensam em destruir a frota de porta-aviões dos EUA e, para tanto, pretendem usar aeronaves baseadas nas Marianas. A chegada da frota ao largo de

Saipan é o sinal para o lançamento da Operação A-Go, um assalto combinado aéreo e naval para destruir os americanos.

A teoria por trás do plano é sólida, mas na prática a operação vai terrivelmente mal. Os japoneses enviam nove porta-aviões (seis leves e três naves de frota), cinco encouraçados, 12 cruzadores, 21 destróieres e 24 submarinos. Parece ser uma força impressionante, mas a TF58 conta com 15 porta-aviões (oito leves e sete naves de frota), sete encouraçados, 21 cruzadores, 62 destróieres e 25 submarinos.

Em 19 de junho, dois dias depois do início dos desembarques em Saipan, a força principal japonesa lança seu ataque contra os porta-aviões americanos. Contudo, o fogo antiaéreo e a defesa de caças abatem 42 das 69 aeronaves, enquanto os japoneses apenas conseguem danificar ligeiramente o encouraçado *South Dakota*. Vem um segundo ataque, porém minutos após seu lançamento, um dos porta-aviões japoneses é torpedeado por um submarino americano e afunda. As aeronaves atacantes japonesas são destroçadas pelos defensores, que abatem 79 de um total de 110. Uma terceira onda

1944

JUNHO

JULHO

30 de junho - Os americanos tomam a Ilha Biak.

11 de julho - Os japoneses cancelam a ofensiva na Birmânia.

21 de julho - Os americanos desembarcam em Guam.

18 de julho - O general Tojo renuncia como primeiro-ministro japonês, sendo substituído pelo general Kuniaki Koiso.

24 de julho - Os americanos desembarcam em Tinian.

de ataques com 47 aeronaves abre caminho através da linha de defesa avançada americana, mas encontra alguns poucos alvos. O ataque final do dia, desferido por 82 aviões japoneses, perde o rumo e os bombardeiros que encontram a Força Tarefa 58 sofrem perdas pesadas.

Às 12h22, o porta-aviões *Shokaku* é torpedeado e explode, indo a pique pouco menos de três horas depois. O comandante japonês, almirante Ozawa, acredita em relatórios que informam que suas aeronaves infligiram sérios danos ao inimigo e resolve continuar o assalto no dia seguinte, um erro fatal. Os americanos descobrem a posição da frota japonesa no final da tarde de 20 de junho e, apesar dos riscos enfrentados pelas aeronaves em um retorno para os porta-aviões à noite, o almirante Spruance ordena a Mitscher que lance um ataque aéreo. Mais de 200 aeronaves participam do ataque, que arrasa os japoneses. Um porta-aviões é posto a pique e outros três são avariados seriamente, juntamente com diversas outras embarcações. As aeronaves americanas retornam para suas embarcações na escuridão. Então, para alegria e apreço de seus pilotos, Mitscher ordena que cada embarcação da força acenda suas luzes. Cento e dezesseis aeronaves americanas pousam com segurança. As outras 80 sobreviventes do ataque pousam nas águas próximas à frota, o que permite que a maioria das tripulações seja salva. No final de 20 de junho, a Batalha do Mar das Filipinas termina. Pelo menos 219 aeronaves japonesas foram abatidas e tantas outras foram destruídas no solo, resultados que levaram os aviadores navais americanos a chamar a ação de "a grande caça ao pato das Marianas".

A Batalha do Mar das Filipinas marcou, de fato, o fim da aviação transportada por porta-aviões japonesa. O fracasso em impedir os desembarques nas Marianas também significou que bombardeiros americanos logo estariam sobre o Japão em grande número. O primeiro-ministro Tojo é forçado a renunciar em 18 de julho, sendo substituído pelo general Kunaki Koiso. Em uma semana, tropas americanas desembarcam em Guam e Tiniam. Tentativas de contra-atacar fracassam e, em 1 agosto, os americanos controlam Tiniam completamente; em 10 de agosto, é a vez de Guam. O Japão, agora, encara a derrota. A única dúvida que resta e quão longa e sangrenta será a luta pela vitória final.

JULHO

25 de julho - Os japoneses iniciam dois dias de contra-ataques malsucedidos em Guam.

AGOSTO

1 de agosto - Termina a resistência organizada japonesa em Tinian.

3 de agosto - Forças americanas comandadas pelo general Stillwell tomam Myitkyina. Os *Chindits* são transferidos pelo ar para a Índia.

8 de agosto - Forças japonesas no sul da China capturam Hengyang.

10 de agosto - Termina a resistência organizada japonesa em Guam.

O Fim no Extremo Oriente

No final de 1944, o império japonês ainda abrange uma vasta área geográfica, cujo tamanho, entretanto, se reduz constantemente conforme os Aliados avançam. O fato de submarinos e aeronaves dos Aliados interditarem as linhas de comunicação entre os diferentes territórios somente piora a situação dos japoneses.

O aumento no número de ataques ao Japão prejudica ainda mais o esforço de guerra japonês, enquanto uma série de fracassos deixa seus governantes de frente para a derrota.

À esquerda: Douglas MacArthur cumpre sua promessa de retornar às Filipinas. Abaixo: Tropas do Commonwealth lutam para abrir caminho em Mandalay, enquanto os japoneses se retiram da cidade.

Os americanos planejam tomar as ilhas próximas do Japão e usá-las para lançar uma invasão das ilhas principais do arquipélago japonês. O planejamento está bem adiantado, mas preocupações com as baixas que ambos os lados terão que suportar começam a aparecer. Os soldados japoneses já mostraram que estão preparados para lutar por cada centímetro de sua terra natal e mesmo os civis se mostram dispostos a cometer suicídio em massa para não viver em território ocupado.

A operação mais significativa no Pacífico entre setembro de 1944 e janeiro de 1945 acontece nas Filipinas. As ilhas são libertadas após combates particularmente ferozes e, depois disso, o general MacArthur pode cumprir sua promessa de retornar.

Enquanto isso, no sul da Ásia, forças britânicas e indianas se reagrupam após a segunda campanha de Arakan, para iniciar um novo avanço através da Birmânia. Planos são traçados para a reconquista da Malásia e de Cingapura no verão de 1945.

General Bill Slim e oficiais conferenciam no QG do exército.

1944

SETEMBRO

4 de setembro - A base aérea de Lingling no sul da China é tomada pelos japoneses.

OUTUBRO

3 de outubro - Diretiva da Junta de Chefes de Estado-Maior dos EUA para MacArthur e Nimitz estabelece 20 de dezembro como data para a invasão de Luzon.

12 de outubro - A Terceira Frota dos EUA inicia quatro dias de ataques aéreos a Formosa e Luzon como etapa preparatória antes do desembarque em Leyte. O primeiro bombardeiro B-29 chega às Ilhas Marianas.

A Retomada da Birmânia

Os britânicos estão prontos para retomar a ofensiva. Imphal havia sido liberada e o general Slim reorganiza suas forças. O IV Corpo e a 50ª Brigada Paraquedista são enviados para a retaguarda para um bem merecido descanso e substituídos pelo XXXIII Corpo, que sai em perseguição da 33ª Divisão japonesa. Slim implementa a Operação Extended Capital (capital ampliado), seu plano para expulsar os japoneses da Birmânia. A 36ª Divisão avança até 160 km de Mandalay. A 19ª Divisão indiana cruza o Irrawaddy e ruma para o mesmo objetivo, enquanto o IV Corpo avança através do vale Gangaw, rumando para o centro de comunicações em Meiktila, a aproximadamente 130 km ao sul de Mandalay.

O avanço corre o risco de estender demais as linhas de abastecimento que partem de Imphal para as unidades na frente e, assim, Slim designa para o XV Corpo a tarefa de tomar aeródromos para que sejam usados pelos transportes da RAF. Um assalto anfíbio desfechado pela Brigada de Comando 3 contra a ilha de Akyab é seguido por outro da 71ª Brigada (25ª Divisão) contra Myebon. A 71ª Brigada toma o norte da Ilha Ramree e assim que a cabeça de praia está segura, o restante da divisão chega. Com os japoneses expulsos, a RAF instala um aeródromo, de onde missões de abastecimento destinadas às tropas na linha de frente podem decolar.

Mais para o interior, o XV Corpo bloqueia o Vigésimo Oitavo Exército japonês, impedindo que ajude na defesa de Mandalay, mas isso não evita a luta exacerbada quando a 20ª Divisão britânica e o Décimo Quinto Exército japonês se encontram em Myinmu em 12 de fevereiro de 1945. A batalha interrompe o avanço britânico a 40 km de seu objetivo, embora o IV Corpo consiga continuar seu avanço sobre Meiktila. Em 1 de março, a 17ª Divisão ataca e toma a cidade em 48 horas. Os japoneses contra-atacam e são rechaçados após pesadas baixas. Ao norte, o XXXIII Corpo ataca Mandalay, forçando os japoneses a uma evacuação em 20 de março. O Comando de Área de Combate Norte de Stillwell toma Hsenwi e Lashio, removendo a única oposição significativa no norte da Birmânia. Agora Slim prepara para avançar rumo a Rangum, capital birmanesa.

Em 30 de abril, um bombardeio naval precede o ataque. No dia seguinte, um batalhão

OUTUBRO

14 de outubro - Uma força de invasão americana parte para Leyte.

17 de outubro - *Rangers* americanos tomam a Ilha Suluan na foz do Golfo de Leyte.

20 de outubro - Desembarques americanos em Leyte.

23 de outubro - Começa a Batalha Naval do Golfo de Leyte. Os japoneses usam ataques kamikazes pela primeira vez.

26 de outubro - A Batalha do Golfo de Leyte termina com derrota japonesa.

aerotransportado desembarca em Elephant Point, criando uma cabeça de praia para a 26ª Divisão indiana. Em 3 de maio, a divisão entra em Rangum sem oposição. O XXXIII Corpo captura Prome e, agora, os Aliados controlam todas as principais cidades da Birmânia. O Exército Japonês da Área da Birmânia não mais existe como força de combate viável, deixando britânicos e indianos sem ter muito mais o que fazer a não ser uma "limpeza" da região. A Birmânia foi reconquistada.

O *Golfo de Leyte e as Filipinas*

Os planejadores militares americanos passam a maior parte de 1944 discutindo o curso de ação correto para futuras operações. As Filipinas são o centro da discussão. Alguns na marinha americana não veem muita razão em atacar as ilhas, acreditando que representem pouca ameaça ao avanço dos Aliados. Desviar das ilhas permitiria um ataque a Formosa. Contra esse ponto de vista está o general MacArthur, para quem uma retomada das ilhas cortará as comunicações japonesas com o Sudeste da Ásia e as Índias Orientais Holandesas.

A discussão termina quando a marinha decide que os japoneses seriam forçados a usar a força principal de sua arma naval restante para frustrar uma invasão das Filipinas. Inicialmente, os americanos planejam invadir as Filipinas em dezembro de 1944. Contudo, a data é adiantada em dois meses quando uma surtida da Força Tarefa 38 encontra pouca resistência, sugerindo que as forças navais japonesas na área estão enfraquecidas.

Um bombardeiro médio B-25 ataca uma embarcação japonesa. Ataques aéreos americanos desse tipo eram arrasadores.

1944

NOVEMBRO

11/12 de novembro - Os americanos desferem um bombardeio naval contra Iwo Jima.

24 de novembro - Lançado o primeiro ataque aéreo ao Japão partindo das Marianas.

DEZEMBRO

3 de dezembro - Os britânicos começam a Operação Extended Capital, o avanço para Mandalay.

8 de dezembro - O general Frank Messervy assume o comando do IV Corpo na Birmânia. Os americanos iniciam ataques aéreos contra Iwo Jima para "amaciar" as defesas.

Uma grande força de invasão é organizada. Conforme se aproxima das Filipinas, a Força Tarefa 38 lança ataques aéreos contra alvos desde Okinawa até o Mar das Filipinas. Em 12 de outubro, a Terceira Frota de Halsey desfere ataques aéreos pesados contra Formosa e Luzon. O almirante Toyoda, comandante da Frota Combinada Japonesa, acredita que esses ataques são um sinal de que desembarques em Formosa e Luzon são iminentes e, assim, põe em ação todas as suas aeronaves, com resultados desastrosos. A 6ª Força Aérea japonesa perde mais de 500 aeronaves nos quatro dias seguintes. Durante a batalha aérea, a força de invasão a Leyte deixa o porto, chegando ao seu destino em 17 de outubro.

A Ilha de Suluan na foz do Golfo de Leyte é bombardeada. *Rangers* americanos desembarcam e dominam a guarnição, embora não a tempo de evitar que ela envie um aviso de que há uma frota de invasão americana nas vizinhanças. A Primeira Força de Ataque do almirante Takeo Kurita, os elementos sobreviventes da Frota Móvel do vice-almirante Jisaburo Ozawa e a Segunda Força de Ataque do almirante Teiji Nishimura são enviados para o Golfo de Leyte para enfrentar a força de invasão americana e antes que cheguem a seu destino, Leyte é invadida em 20 de outubro de 1944. A invasão é um sucesso considerável, já que os americanos perdem 49 homens, mas assumem o controle de uma área significativa de Leyte.

A Primeira Força de Ataque perde dois cruzadores, afundados por submarinos americanos em 23 de outubro, chegando ao Estreito de São Bernardino no dia seguinte. Uma série de ataques aéreos desferidos pela Força Tarefa 38 manda ao fundo o encouraçado *Musashi* e incapacita um cruzador de escolta, obrigando toda a força japonesa a diminuir a velocidade para permitir que a embarcação avariada a acompanhe. Um ataque americano subsequente é fatal: a embarcação afunda lentamente no decorrer da tarde, enquanto a Primeira Força de Ataque se retira. As embarcações da Frota Móvel se aproximam de Luzon na mesma tarde e a Sétima Frota do almirante Thomas Kinkaid parte em sua perseguição. Isso deixa as praias de desembarque protegidas por porta-aviões de escolta apenas, potencialmente à mercê da Primeira Força de Ataque: Kurita alterara seu rumo na calada da noite

1944

DEZEMBRO

15 de dezembro - Os americanos desembarcam em Mindoro.

25 de dezembro - Os japoneses são expulsos de Leyte.

1945

JANEIRO

2 de janeiro - Forças britânicas chegam a Yeu, Birmânia.

7 de janeiro - O XXXIII Corpo britânico chega a Schwegu, forçando os japoneses a recuar para aquém do rio Irrawaddy.

9 de janeiro - Desembarques americanos no Golfo de Lungayen, em Luzon.

Tanques americanos abrindo caminho através da cidade destroçada de Manila, durante a libertação da capital filipina.

e retomara o curso para as praias de invasão.

Nishimura se aproxima do estreito de Surigao, mas suas embarcações são golpeadas pela força de destróieres da Sétima Frota americana. Os japoneses perdem um encouraçado e três destróieres, e o encouraçado *Yamashiro* é avariado, ficando vulnerável ao fogo dos encouraçados e cruzadores americanos. Kurita, enquanto isso, surge do estreito de São Bernardino e surpreende a força de porta-aviões de escolta. Isso poderia ter causado uma devastação entre os porta-aviões, mas os americanos resistem tão intensamente que Kurita se vê obrigado a bater em retirada.

1945

JANEIRO

14 de janeiro - A 19ª Divisão indiana começa a estabelecer cabeças de ponte no Irrawaddy.

20 de janeiro - Os japoneses emitem diretivas para a defesa do território principal do Japão.

21 de janeiro - O XIV Corpo dos EUA chega a San Miguel, Luzon.

26 de janeiro - O XIV Corpo chega à base aérea do Campo Clark. Na Birmânia, a 7ª Divisão indiana captura Pauk.

Enquanto isso, o restante da Força Tarefa 38 ruma para o norte, para pôr fim às forças de Ozawa. As embarcações nada podem fazer contra o ataque aéreo americano, sendo que quatro porta-aviões e um destróier japoneses vão a pique antes que o almirante Halsey retorne para Samar para proteger a frota de

....

O resultado imediato de um ataque kamikaze bem-sucedido a um porta-aviões americano.

escolta. As embarcações americanas remanescentes afundam outro porta-aviões, dois destróieres e um cruzador leve do inimigo antes que os japoneses sobreviventes se retirem. A Batalha do Golfo de Leyte foi uma das maiores batalhas navais da história e uma vitória decisiva para os americanos, marcada, contudo, por uma nova arma japonesa, o ataque aéreo suicida kamikaze. O porta-aviões americano *St. Lo* é afundado por um desses ataques em 25 de outubro e não seria a última embarcação americana a sucumbir.

Leyte

Após sucessos iniciais em Leyte, uma tenaz resistência imposta pelo Trigésimo Quinto Exército japonês retarda consideravelmente a ofensiva americana. Como resultado, a invasão de Luzon volta a ser marcada para 9 de janeiro de 1945. O impasse é desfeito quando uma divisão do Sexto Exército do general de corpo

JANEIRO

27 de janeiro - As estradas da Birmânia e Ledo se unem em Monguyu.

29 de janeiro - O XI Corpo dos EUA desembarca em San Antonio, no norte da Península de Bataan.

31 de janeiro - A 11ª Divisão Aerotransportada dos EUA desembarca na entrada da Baía de Manila.

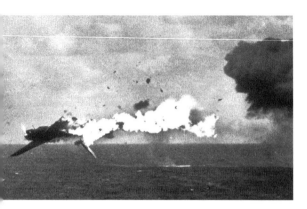

Um kamikaze mortalmente atingido cai em chamas no mar.

Walter Krueger desembarca no lado ocidental da ilha em 7 de dezembro, dividindo as forças japonesas em duas. Mal posicionada, a resistência japonesa cede antes de desabar em 25 de dezembro, embora bolsões isolados de resistência continuem a ser encontrados ainda por muitas semanas. O assalto a Luzon agora pode ser desfechado. Uma semana antes da data de invasão planejada, uma força naval comandada pelo almirante Jesse B. Oldendorf começa a bombardear a ilha. Ataques kamikazes cerrados custam à frota um porta-aviões de escolta e três caça-minas. Oldendorf responde desfechando uma série de ataques aéreos contra aeródromos dos kamikazes. A força dos ataques é tanta que as poucas aeronaves japonesas sobreviventes são forçadas a uma retirada.

O desembarque em 9 de janeiro encontra pouca oposição, exceto por ataques kamikazes, e dentro de um dia é estabelecida uma cabeça de praia com 6 km de profundidade e 27 km de largura. Contudo, a resistência endurece e uma tentativa de tomar Rosario, em 16 de janeiro, arrefece consideravelmente quando o I Corpo americano se defronta com o Grupo Shibu japonês, uma força de 150.000 homens.

MacArthur ordena que o XIV Corpo dos EUA avance para Manila, enviando duas divisões para ajudar o I Corpo a manter o Grupo Shibu longe da linha de avanço do XIV Corpo. A manobra finalmente supera a resistência japonesa e o XIV Corpo avança, mas encontra o Grupo Kembu japonês em 23 de janeiro de 1945 e um combate feroz entre as duas formações dura mais de uma semana até que os americanos consigam empurrar o inimigo de volta.

Em 31 de janeiro, a 11ª Divisão Aerotransportada dos EUA desembarca em Nasugbu, na entrada da Baía de Manila, rumando para o centro da cidade. Irrompe um violento combate,

1945

FEVEREIRO

3 de fevereiro - O XIV Corpo dos EUA chega aos arredores de Manila.

12 de fevereiro - A 20ª Divisão indiana cruza o Irrawaddy em Myinmn.

4 de fevereiro - O I Corpo Americano captura San Jose.

14 de fevereiro - A 7ª Divisão indiana atravessa o Irrawaddy em Nyaungu.

15 de fevereiro - Americanos desembarcam na península de Bataan.

O FIM NO EXTREMO ORIENTE

Fuzileiros navais americanos consolidam suas posições nas praias de Iwo Jima, encontrando resistência surpreendentemente ligeira.

agravado pelo fato de os japoneses terem se recusado a permitir a partida da população civil. A luta continua brutal durante todo o mês de fevereiro, enquanto desembarques são feitos na península de Bataan em 15 de fevereiro e em Corregidor no dia seguinte. A península de Bataan é capturada em uma semana, mas somente em 2 de março a resistência em Corregidor seria superada. Finalmente, em 3 de março, Manila está livre de todas as tropas japonesas. O custo disso é alto, já que mais de 100.000 filipinos morreram, muitos por atrocidades cometidas por japoneses, o que deu origem a

FEVEREIRO

16 de fevereiro
- Desembarques aerotransportados em Corregidor.

19 de fevereiro - Começa a invasão americana a Iwo Jima.

21 de fevereiro - A península de Bataan é capturada. Forças dos EUA ao largo de Iwo Jima sofrem cerrado ataque kamikaze. A 36ª Divisão britânica captura Myitson na Birmânia.

julgamentos por crimes de guerra. Tanto em Luzon quanto em Mindanao, a luta continuaria até o final da guerra, mas as forças japonesas restantes são estrategicamente irrelevantes. O grande prêmio da guerra, o próprio Japão, agora estava ao alcance.

Iwo Jima e Okinawa

A próxima fase das operações tem lugar na ilha japonesa de Iwo Jima. A ilha oferece diversos benefícios, principalmente a possibilidade de desfechar ataques aéreos maiores contra o Japão. Sua proximidade das principais ilhas do arquipélago japonês a torna a base ideal para ataques de bombardeiros B-29, além de poder receber pousos de emergência de quaisquer aeronaves avariadas nos dois aeródromos da ilha. Outra consideração fundamental é o efeito devastador no moral japonês que terá perda de seu próprio território.

Os japoneses despendem esforços consideráveis para estabelecer posições defensivas eficazes, enviando reforços experientes para Iwo Jima na segunda metade de 1944. Ao final do ano, os defensores já cavaram uma extensa rede de túneis para protegê-los do bombardeio aéreo e naval, que começa com navios americanos disparando

sobre a ilha em 11 de novembro e ataques aéreos desferidos a partir de 8 de dezembro.

Em 19 de fevereiro de 1945, a força de invasão desembarca e encontra pouca resistência. Entretanto, conforme os fuzileiros navais americanos avançam um pouco mais terra adentro, são recebidos por fogo pesado. Segue um violento confronto, mas ao anoitecer, aproximadamente 30.000 fuzileiros navais estão em terra. Em 23 de fevereiro, o Monte Suribachi, o ponto mais alto da ilha, é conquistado, mas ainda assim o combate continua. Os primeiros B-29 pousam em Iwo Jima em 4 de março; 10 dias depois, a ilha é declarada segura. Aproximadamente 23.000 japoneses morrem nos combates e somente 216 sobrevivem. Para o Corpo de Fuzileiros Navais dos EUA, essa é a operação mais sangrenta de sua história: 6.281 fuzileiros são mortos, com outros 18.000 feridos.

O caminho está aberto para um ataque a Okinawa. O Décimo Exército americano invade em 1 de abril e encontra ligeira oposição inicial. Todavia, ataques kamikazes maciços são lançados contra a frota de invasão em 6/7 de abril. No segundo dia, um ataque naval japonês, liderado pelo imenso

1945

FEVEREIRO

22 de fevereiro - A 17ª Divisão indiana avança em Meiktila.

23 de fevereiro - O Monte Suribachi, em Iwo Jima, é capturado.

24 de fevereiro - A 17ª Divisão indiana captura a cidade birmanesa de Taungtha, enquanto a 2ª Divisão britânica cruza o Irrawaddy em Ngazun.

26 de fevereiro - A 19ª Divisão indiana avança em Mandalay.

27 de fevereiro - O IV Corpo britânico chega aos arredores de Meiktila.

28 de fevereiro - O IV Corpo britânico começa um ataque a Meiktila.

encouraçado *Yamato*, é interceptado por um porta-aviões americano. O

Yamato, três destróieres e um cruzador leve são afundados. Os cinco destróieres

Fuzileiros navais americanos atiram bastões de dinamite em posição inimiga durante combate em Okinawa.

MARÇO

2 de março - Os americanos controlam Corregidor.

3 de março - Manila está livre dos japoneses. Na Birmânia, a 17ª Divisão indiana toma Meiktila.

4 de março - O primeiro B-29 aterrissa em Iwo Jima. Um contra-ataque japonês na Birmânia retoma Taungtha.

9 de março - A 19ª Divisão indiana chega aos arredores de Mandalay.

9/10 de março - Bombardeiros americanos desfecham um grande ataque incendiário contra Tóquio.

sobreviventes escapam, mas a perda do *Yamato* após as perdas em Leyte torna a marinha japonesa irrelevante.

De 9 de abril até o final do mês, os americanos continuam a atacar a linha defensiva de Shuri no sul da ilha, encontrando fanática resistência em seu avanço. A guarnição japonesa é progressivamente dividida em três bolsões, que são destruídos até o fim de junho. Pela primeira vez os soldados japoneses começam a se render, sugerindo que o moral está se esvaindo. Não obstante, o número de soldados que combatem até a morte, assim como o número de mortes americanas em Iwo Jima e Okinawa, levantam questões sobre o custo de um assalto final ao Japão.

"A Ruína que Vem do Ar"

Bombardeiros aéreos levam a guerra diretamente ao coração do império a partir de 24 de novembro de 1944, quando B-29s atacam uma indústria fora de Tóquio. Somente 24 de uma força de 100 B-29s encontram a fábrica que é seu alvo. Após fracos resultados similares em outros nove ataques, fica claro que o uso dos bombardeiros precisa ser reavaliado.

Em 20 de janeiro de 1945, o general de divisão Curtis E.

LeMay assume a liderança do XXI Comando de Bombardeiros. LeMay é um comandante combativo e introduz notáveis mudanças táticas, abandonando os bombardeios diurnos de grande altitude em favor de ataques noturnos de baixa altitude com bombas incendiárias. Nessa época, muitas edificações nas cidades japonesas são feitas de material inflamável, fato que LeMay explora ao máximo.

Na noite de 9/10 de março, 300 aeronaves atacam Tóquio e Yawata. Aproximadamente 40 quilômetros quadrados de Tóquio queimam até o chão. Nagoya, Osaka e Kobe sofrem uma série de ataques subsequentes, igualmente destrutivos. LeMay, então, faz novas modificações táticas, combinando bombardeios diurnos de grande altitude com ataques incendiários noturnos de baixa altitude contra alvos em todo o Japão.

Em 25/26 de maio, um grande ataque a Tóquio destrói ainda mais a cidade. Em 29 de maio, um ataque a Yokohama destrói mais de 86% da cidade. Até julho, mais de meio milhão de civis japoneses são mortos e 13 milhões estão desabrigados.

Por mais devastadores que sejam os ataques incendiários, não está claro

1945

MARÇO

11 de março - Forças britânicas capturam Mandalay Hill, permitindo que a maioria dos soldados japoneses seja rapidamente removida da cidade.

11/12 de março - B-29s desfecham um ataque incendiário contra Nagoya.

13 de março - A 19ª Divisão indiana captura Maymyo, na Birmânia.

13/14 de março - B-29s desfecham um ataque incendiário contra Osaka.

14 de março - Iwo Jima é declarada segura, apesar de alguma resistência japonesa remanescente.

17 de março - A 2ª Divisão Britânica captura Fort Ava, na Birmânia.

18/19 de março - Kobe e Nagoya sofrem outros ataques aéreos incendiários.

que sejam suficientes para forçar a rendição do Japão. Nesse momento, a política intervém. Em 5 de abril de 1945, a URSS informa os japoneses que pretende renunciar ao pacto de não-agressão de 1941. Isso indica que os russos estão considerando declarar guerra ao Japão e o Conselho Japonês para Suprema Condução da Guerra começa a discutir a paz. Em 28 de maio, a URSS informa os Estados Unidos que declarará guerra em meados de agosto e que espera participar da ocupação do país derrotado. Isso causa alguma preocupação aos Estados Unidos, uma vez que as relações com Moscou haviam declinado após uma série de discordâncias sobre a natureza dos acordos no pós-guerra. Após a morte do presidente Roosevelt, o presidente Truman assume uma atitude mais agressiva em relação à URSS. Ele reconhece que a possibilidade da interferência soviética no Japão e na Manchúria daria a Stalin os meios para apoiar os revolucionários comunistas de Mao Tse-Tung na China, algo que o presidente americano quer evitar.

Truman agora se depara com a probabilidade de um imenso número de fatalidades quando as ilhas principais do arquipélago japonês

Yokohama é atacada por bombardeiros B-29 americanos.

forem invadidas, além de uma União Soviética com um nível de influência desconfortável na Ásia do pós-guerra. Nessas circunstâncias, não é surpresa que os americanos busquem uma nova arma que traga uma vitória rápida: a bomba atômica.

Os debates sobre a bomba atômica e como usá-la já estão em andamento quando os japoneses consideram discutir a paz. Após não conseguirem

MARÇO

20 de março - A 19ª Divisão indiana captura Fort Dufferin, a última grande fonte de resistência japonesa em Mandalay.

24 de março - Início das operações em Okinawa, com os americanos capturando as Ilhas Kerama para usá-las como ancoradouro. Começa o bombardeio a Okinawa.

26 de março - Os japoneses lançam o último grande ataque contra os americanos em Iwo Jima.

28 de março - Terminam os contra-ataques japoneses contra Meiktila.

30 de março - Começa o avanço aliado partindo de Meiktila.

31 de março - A 36ª Divisão britânica chega à Estrada da Birmânia.

Fuzileiros navais americanos disparam contra defesas japonesas que bloqueiam seu avanço.

fazer nenhum progresso com os soviéticos, os japoneses contatam os americanos através da Suíça. A notícia chega a Truman durante a Conferência de Potsdam com Stalin e Churchill. Truman decide que a bomba deve ser usada, sendo feito um teste com sucesso em Alamogordo, Novo México, em 16 de julho de 1945. O presidente americano se sente confiante o bastante para informar Stalin de que os americanos têm uma bomba "de poder fora do comum", que poderá ter efeito decisivo, sem perceber que uma eficiente rede de espionagem russa permitia a Stalin entender exatamente o que isso significava.

A Conferência de Potsdam emite uma exigência de rendição incondicional aos japoneses em 26 de julho, que foi rejeitada dois dias mais tarde, amplamente devido ao fato de não haver menção nenhuma à permanência do imperador Hirohito

1945

ABRIL

1 de abril - Começam os desembarques em Okinawa.

5 de abril - A URSS informa o Japão sobre sua intenção de renunciar ao pacto de não-agressão de 1941 entre as duas nações.

6 de abril - Os japoneses iniciam dois dias de ataques kamikaze pesados à frota de invasão em Okinawa. Na Birmânia, a 17ª Divisão indiana captura Yindaw, bloqueando a linha de retirada do Trigésimo Terceiro Exército japonês.

7 de abril - Os americanos afundam o encouraçado *Yamato*, um evento que marca a destruição de fato da marinha japonesa como força de combate significativa.

9 de abril - Os americanos atacam a linha de defesa Shuri no sul de Okinawa.

Grandes áreas de Tóquio destruídas pelos ataques aéreos incendiários americanos. Esses ataques causaram mais mortes até que as bombas atômicas lançadas em Hiroshima e Nagasaki.

no trono. Assim, Truman dá ordens para que a bomba atômica seja empregada "tão logo as condições meteorológicas permitam o bombardeio visual, aproximadamente em 2 de agosto de 1945 ou nessa data". Uma cidade foi escolhida em uma lista de alvos possíveis: Hiroshima.

Hiroshima, Nagasaki e a Rendição

O coronel Paul Tibbets é o oficial comandante do 509º Grupo Combinado, nome de fachada da unidade formada para conduzir ataques atômicos. Em 6 de agosto de 1945, o coronel Tibbets decola de Tinian em um B-29 que ostenta o nome de sua mãe, *Enola Gay*. O avião chega a Hiroshima e encontra visibilidade perfeita. Às 8h15, o *Enola Gay* lança a arma, uma bomba de urânio com o prosaico codinome de "*Little Boy*" ("menininho"). A bomba detona com um clarão ofuscante e a cidade

---

ABRIL

16 de abril - Desembarques americanos em Ie Shima, oeste de Okinawa.

23 de abril - A 19ª Divisão indiana chega a Toungoo, na Birmânia.

25 de abril - Os britânicos capturam Yenangyaung e seus campos petrolíferos.

29 de abril - A 17ª Divisão indiana chega a Pegu, na Birmânia.

Quartel do corpo de bombeiros de Hiroshima, localizado a aproximadamente 1.300 metros do ponto de detonação da bomba atômica, visto após o ataque.

é arrasada pelo calor e pelo impacto. Aproximadamente 80.000 pessoas morrem no ataque e muitas mais são feridas, talvez até 100.000.

Membros do governo japonês agora brigam entre si para determinar se o Japão deve se render ou não. A pressão aumenta quando forças soviéticas cruzam a fronteira ao

1945

MAIO

1 de maio - A Operação Dracula, um assalto combinado aerotransportado e anfíbio a Rangum, começa com um ataque aéreo em Elephant Point para capturar os acessos a Rangum. Os japoneses começam a se retirar de Rangum.

2 de maio - O elemento anfíbio da Operação Dracula é lançado pela 26ª Divisão indiana.

3 de maio - A 26ª Divisão indiana entra em Rangum. O XXXIII Corpo toma Prome, isolando o Vigésimo Oitavo Exército japonês no Arakan.

7 de maio - O general Slim é temporariamente substituído no comando do Décimo Quarto Exército pelo general *Sir* Philip Christison. Slim é nomeado comandante do Décimo Segundo Exército a partir de 28 de maio de 1945. A decisão é revertida e Slim é nomeado comandante em chefe das forças terrestres aliadas no Sudeste da Ásia.

amanhecer do dia 9 de agosto. Stalin está ansioso para tomar o controle da Manchúria, de Sakhalin e das Ilhas Kurile, o que, segundo pensa Stalin, será mais difícil se a URSS não tomar parte na luta. Assim, 76 divisões soviéticas entram na Manchúria. A campanha prossegue exatamente como planejado e os japoneses são incapazes de oferecer muita resistência. O passo de Khorokhon é tomado em dois dias, Changchung e Mukden caem em 21 de agosto e, por fim, os soviéticos capturam Matuankiang.

O cogumelo da detonação da bomba atômica de codinome "Fat Man" ("gordo") sobre Nagasaki.

Ainda assim, as ações do governo japonês são ambíguas. Isso faz com que os americanos realizem outro ataque nuclear. O mau tempo faz com que Kokura, o alvo primário, seja poupada e o B-29 comandado pelo major Charles Sweeny lance a bomba, de codinome "Fat Man", sobre Nagasaki às 10h58.

Por fim, em 10 de agosto, o imperador Hirohito ordena que as exigências feitas pela Conferência de Potsdam sejam aceitas. O governo obedece, enviando uma resposta aos americanos concordando com a rendição, com a ressalva de que "incondicional" não implica a deposição do imperador. Após algumas discussões, o governo americano aceita e envia uma mensagem aos japoneses em 11 de agosto. Não obstante, elementos radicais do governo japonês se opõem à rendição. O debate

MAIO

12 de maio - O Supremo Conselho de Guerra Japonês começa a discutir propostas de paz com os Estados Unidos.

25 de maio - A Junta de Chefes de Estado-Maior dos EUA ordena a invasão do Japão, programada para 1 de dezembro de 1945.

27 de maio - Naha, capital de Okinawa, é capturada pelos americanos.

28 de maio - Stalin informa os americanos de que pretende declarar guerra ao Japão em meados de agosto.

29 de maio - O castelo de Shuri, principal ponto de resistência na linha de defesa de Shuri, é tomado pelos fuzileiros navais americanos.

A principal rua de Nagasaki, 1.000 metros a noroeste do ponto de detonação da bomba atômica.

1945

JUNHO

3 de junho - Os japoneses tentam negociar a paz com a URSS.

6 de junho - O Supremo Conselho de Guerra Japonês passa uma resolução segundo a qual o Japão lutará até a destruição total.

19 de junho - Em Okinawa, acontecem as primeiras rendições voluntárias de tropas japonesas.

22 de junho - O comandante japonês de Okinawa, general Ushijima, comete suicídio. O imperador Hirohito instrui o Conselho Supremo a tomar medidas pela paz, não obstante a decisão de 6 de junho.

JULHO

3 de julho - Remanescentes do Trigésimo Terceiro Exército japonês tentam abrir caminho nas linhas aliadas.

12 de julho - Os japoneses tentam arranjar a visita de um enviado a Moscou, mas os soviéticos se recusam a tomar uma decisão.

16 de julho - Os americanos detonam a arma de teste nuclear "Trinity" em Alamogordo, Novo México.

continua por mais um dia, com o governo japonês dividido em duas facções, uma a favor da rendição, outra querendo o combate até a morte.

O imperador, então, toma a decisão pelo governo. Em 14 de agosto de 1945, avisa que preparará um discurso a ser gravado e transmitido à nação no dia seguinte. Uma tentativa de golpe por parte de oficiais radicais não consegue determinar o local da gravação e, na manhã seguinte, às 11h15, o povo japonês ouve seu imperador anunciar a derrota.

Esse não é, de fato, o fim. O ataque soviético à Manchúria, liderado pela Frente Trans-Baikal do marechal Malinovsky e a 1ª Frente

Delegação japonesa chega para a rendição a bordo do USS Missouri em 2 de setembro de 1945.

JULHO

19 de julho - Os japoneses lançam um ataque contra a 17ª Divisão indiana ao sul de Toungoo, tentando permitir que o remanescente do Vigésimo Oitavo Exército japonês abra caminho e recue para a Malásia.

26 de julho - Na Conferência de Potsdam, EUA, Grã-Bretanha e China exigem a rendição do Japão.

28 de julho - Os japoneses anunciam sua intenção de ignorar a Declaração de Potsdam.

AGOSTO

4 de agosto - As últimas tropas sobreviventes japonesas na Birmânia chegam à margem leste do Rio Sittang.

6 de agosto - A bomba atômica é lançada em Hiroshima.

9 de agosto - A bomba atômica é lançada em Nagasaki. A URSS declara guerra ao Japão.

Oriental do marechal Meretskov continua. As duas frentes rompem as linhas japonesas e se reúnem em 21 de agosto, sete dias depois do anúncio da capitulação do Japão e seis dias depois de britânicos e americanos comemorarem o Dia VJ. O sucesso soviético é concluído com a tomada das ilhas Kurile pela Marinha.

Quando as notícias sobre a decisão do imperador chegam às forças japonesas, elas começam a depor suas armas. Os vários postos avançados se rendem em datas diferentes. Unidades japonesas nas Ilhas Palau e nas Ilhas Carolinas se rendem em 2 de setembro, ao mesmo tempo em que é assinado o tratado de paz entre o Japão e os Aliados. Os postos avançados restantes desistem ao longo das semanas seguintes. A Indochina é o último lugar onde as forças japonesas depõem suas armas, se rendendo em 30 de novembro de 1945.

Após seis anos, um período que Churchill previra como de "sangue, labuta, lágrimas e suor", estava terminada a Segunda Guerra Mundial. O mundo nunca mais seria o mesmo.

O Enola Gay.

1945

AGOSTO

10 de agosto - O imperador Hirohito instrui o Conselho Supremo a aceitar a Declaração de Potsdam. O Conselho Supremo avisa aos americanos que aceitará a declaração, com a ressalva de que o imperador Hirohito permaneça no poder.

11 de agosto - Os americanos enviam uma resposta ao documento de rendição japonês, informando que concordam com a permanência de Hirohito como imperador.

12 de agosto - Os japoneses discutem a resposta americana à rendição, enquanto membros radicais do exército tentam organizar um golpe para evitar a capitulação.

14 de agosto - Hirohito ordena que os termos dos Aliados sejam aceitos.

15 de agosto - Hirohito discursa pelo rádio para o povo japonês, anunciando a rendição.

28 de agosto - As primeiras forças americanas desembarcam no Japão.

O general Yoshira Umeza assina o documento de rendição em nome do Exército Imperial Japonês.

SETEMBRO

2 de setembro - Os japoneses assinam a rendição formal.

8 de setembro - O general MacArthur chega a Tóquio e assume o comando das forças de ocupação.

9 de setembro - Desembarques dos Aliados na costa da Malásia acontecem sem oposição.

12 de setembro - Mountbatten aceita a rendição formal dos japoneses no Sudeste da Ásia.

Índice

Números de página em itálico se referem a ilustrações

A

Abe, Hiroaki 234
Abissínia 25-27
Acordo alemão-soviético
(1939) 34, 49
África do Norte 116-117,
125-126
Afrika Korps 117-119, *120*,
121, 123-124, 126-129
A-Go, Operação 264
Akagi, porta-aviões japonês
224, 226, 228
Alamein, Primeira batalha
de 123
Alemanha
coalizão, 15
indenizações 7, 8, 9, 15
limitação de armas 9, 15,
16, 21, 22
problemas econômicos
9, 15
rendição 187
Alexander, Sir Harold 124,
151, 212
Ancoradouro de Schilling
55
Anticomintern, Pacto (1936)
197
Antonescu, Ion *69*, 70
Anzio 160-162
Ark Royal, HMS 105
Arnhem 176
Arnim, Jiirgen von 128, 131,
132, 133
ASDIC, sistema 99
Ásia Oriental Maior
Ataques kamikaze *273*,
274-276
Atlântico, Batalha do 99-113

B

Badoglio, Pietro 157
Bagration, Operação 143-
145, *144*
Bálcãs, Campanha dos 71-
76, *72*
Báltico, Campanha do 148-
149
Barbarossa, Operação 83-
86, *83*, *84*, *85*
Bataan, Marcha da Morte
217-218, *217*
Batalha do Atlântico,
Comitê da 103
Battleaxe, Operação 119
BEF ver Força
Expedicionária Britânica
(BEF)
Bélgica 56, 60, *61*, 64
Berlim, Batalha de 67, 184-
187
Birmânia, Campanha 199,
205, *206*, 210-212
Bismarck 105-108, *105*, *106*
Bletchley Park 104, 108, 111
Blitzkrieg 35-38
Bloody Ridge, Batalha de 231
Bolsão, Batalha do 178
bomba atômica 279, 281
Bradley, Omar 172
Brereton, Lewis 214
Brevity, Operação 119
Broz, Jospi ver Tito
Bulgária 76-77, *81*
Bzura, Batalha de 45

Auchinleck, Sir Claude 119,
123, 226
Áustria 9, 23, 28, *29*, 82, 164

C

Caen 171
Caixa de Administração,
Batalha da 256
Callaghan, Daniel 234
Campanha 199, 206, *211*,
213
Campanha Chindit 249-
251
Campanha da Crimeia 140-
141
Campanha da Dinamarca
51, 59
Campanha da Finlândia 49-
51, *50*, 53
Campanha da Holanda *58*,
59
Campanha da Hungria 69,
80-81
Campanha da Índia 256-258
Campanha da Iugoslávia
73-77, *75*
Campanha da Lituânia 144
Campanha da Malásia *205*,
206-210, 269
Campanha da Normandia
169-175, *170*
Campanha da Noruega *56*,
57-60
Campanha da Nova Guiné
236-241, *236*, *237*, *238*
Campanha da Polônia 35-
38, *41*, *42*, *43*
campanha da resistência 38,
76
Campanha da Sicília 151,
152, *154*, *155*
Campanha da
Tchecoslováquia 29-31

Í N D I C E 289

Campanha de Arakan
  Primeira 246-251
  Segunda 251-256
Campanha de Malta 121-123, *122*
Campanha do Deserto 115-133
Campanha Grega 71, *72, 74*
Campanha Italiana 158-166
Campo Henderson 229-235, 244
Carol II, Rei da Romênia 79
Cartwheel, Operação 241
Cassino 160-162, *163, 164*
Cáucaso 89-90, *92*
Chamberlain, Neville 40, 57, 60
Chang, Marechal 193
Charnwood, Operação 171
Chernyakovsky, Marechal 148
Chetniks 77
China 191, 197, 205, 219, 252, 279
Chuikov, Vasily 91
Churchill, Winston 60, 63, 103, 119, 124, 150, 208, 280, 286
Cingapura *209,* 209-210, 268
Clark, Mark 126, 159
Cobra, Operação 172-173
Comando do Sudeste da Ásia 252
comboios 65, 66, 88, 99-113
Compass, Operação 117
Conferência de Casablanca 150, *151*
Conferência Naval de Washington 192
conferências de paz 7-8
Courageous, HMS 100
Cracóvia 147
Crusade, Operação 119-120
Cunningham, Andrew 119, 151

D

de Gaulle, Charles 64, *64,* 176
decifração de código 103, 220
Destacamento dos Mares do Sul 237
Dia D 170
Dietrich, Sepp 75
Divisões Indianas 131-133, 247, *250,* 253, 256, 269-270
Dollfuss, Engelbert 22, *23*
Donitz, Karl *108,* 109
Doolittle, James 219
Dragoon, Operação 176
Dunquerque 62, *62*
Dynamo, Operação 62-63

E

Eden, Anthony 25
Eichenberger, Robert 240
Eisenhower, Dwight D. 151
El Alamein 124-125
Enfidaville 131
Enola Gay 281
Enterprise, USS 223, 224, 232
Esfera de Coprosperidade 199-202
Exército de Kwantung 193-194, 197
Exército de Pomorze 44
Exército de Poznan 44
Exército Nacional Indiano 256-258
Exército Real Australiano 117, *125,* 213, 239, 251
Extended Capital, Operação 269
extremismo político 10, 22, 192

F

Filipinas 214-219, *215,* 270-273

Fletcher, Frank 224. 225
Flintlock, Operação 262
Força do Deserto Ocidental (WDF) 116, 119, 127
Força Expedicionária Britânica (BEF) 56, 61, 62, 75
Forças armadas polonesas 35-38
França
  assinatura do armistício 64
  Campanha da Finlândia 49-51
  Campanha da Noruega 57-60
  Campanha da Polônia 31-38
  declaração de guerra 40
  Guerra Civil Espanhola 27-29
França, Batalha da 63-64
Franco, Francisco 27
Frota do Pacífico dos EUA 202-204, 215, 223, 270

G

Galvanic, Operação 260-264
George, da Grécia 71, 76
Goering, Hermann 27, *40,* 62, 66, 67, 93
Golfo de Leyte, Batalha de 270-273
Golpe de Munique 9
Goodwood, Operação 171-173
Grã-Bretanha
  Campanha da Finlândia 49-51
  Campanha da Noruega 57-60
  Campanha da Polônia 31-38
  declaração de guerra 40
  Guerra Civil Espanhola 27-29
Grã-Bretanha, Batalha da 62-68

Graf Spee 59, 99, *100*, 101
Graziani, Rodolph 116
Grenade, Operação 180,
182-182
Groenlândia 104
Grupos de Penetração de
Longo Alcance (LRPGs)
250, 254
Guadalcanal, Batalha de
229-232, *230*, *231*
Guam 265
Guderian, Heinz 42, 44
Guernica 28
Guerra Civil Espanhola
27-29
Guerra Civil Grega 80
guerra na selva 250-251
Guerra Partisan 76-77
Guerra Sino-Japonesa 197-
199, *197*, *198*
Guzzoni, Alfredo 151

H

Hacha, Presidente 29
Halsey, William "Bull" 232,
235, 241, 245, 271, 273
Hawaii 202
Henderson, Sir Neville 39, *40*
hidroaviões 105, 110, 111,
220, 225
Hindenburg, Presidente 15
Hirohito, Imperador 280,
283
Hiroshima 281, *282*
Hiryu, Porta-aviões japonês
225, 226, 227, 228
Hitler, Adolf *18*, *19*, 69,
136-7, 146, 179
Chanceler 15, *16*, 22
política externa 21, 40
prisão 9, *10*
suicídio 187
tentativa de assassinato
175
Tratado de Versalhes 14
Hood, HMS 105

Horii, Tomatoro 237
Hornet, USS *218*, 219, 223-
225, 232
Horrocks, Sir Brian 132, 176
Horthy, Almirante 81
Hoth, Hermann 95
Husky, Operação 152-155
Hutton, Thomas 211, 212

I

I-Go, Operação 243
Ilha Savo 230, 234
Ilhas Mariana 264
Ilhas Marshall *242*, *261*,
262-264
Ilhas Salomão 229, 241,
245, *246*
Imphal 256-258
Índias Orientais Holandesas
Inukai, Tsuyoshi 195
Irwin, Noel 246
Islândia 104
Itália
direitos territoriais 12-14
instabilidade política 10
negociações de paz 157-
158
rendição 158
Iwo Jima *275*, 276-278

J

Japão 191-193
atacado 278-281
bombas atômicas 281-282
derrotado 245-246, 267
golpes militares 196, 286
recursos 199-200
rendição *285*, 286, *287*
superioridade aérea 206-
207
Jitra 208

K

Kaga, Porta-aviões japonês
224-228
Kaiser 8

Kearney, USS 107
Kesselring, Albert 123, 151,
157, 159
Kharkov, Batalha de 91-93,
134, 135-136, 140
Kitten, Operação 176
Knightsbridge, Batalha de
123
Kohima 252, *254*
Koiso, Kunaki 265
Kol'tso, Operação 94-95
Koniev, Marechal 147, 185
Königsberg 148, *148*
Konoye, Príncipe 199-202
Kurita, Takeo 271
Kurtzeba, General 44-45

L

Langsdorff, Hans 101-102
Lasch, Otto 149
Leese, Oliver 156, 164
Lei do Credenciamento
(1933) 17
Lei do Lend-Lease (1940) 102
Leis de Neutralidade (1935-
37) 32
LeMay, Curtis E. 278
Leningrado, Cerco a 87-88,
141-143
Leopold, Rei da Bélgica 63
Leyte 273-276
Liga das Nações 14, *15*, 21,
24-25, 196
Linha Gótica 164-166, *166*
Linha Gustav 160-162
Linha Maginot 64
Linha Mannerheim 51,52
Linha Mareth 128, 130-131
Luftwaffe *20*, 22,35
Batalha da Grã-Bretanha
64-66
Batalha de Varsóvia 45-46
Campanha da Polônia
35-38
Dunquerque 63
Malta 121-123

Lumberjack, Operação 180
Luzon 273-274

M

MacArthur, Douglas 214, 240, *266*, 267
 Campanha da Nova Guiné 236-241
 Campanha das Filipinas 214-219, 270-273
 Operação Cartwheel 241
Malyi Saturn, Operação 95
Manchukuo 196
Manchúria 193-197, *194, 195*
Mandalay 269
Manila 274-275
Manstein, Erich von 45, 57, 94, 95, *135*, 135-136
Máquina Enigma *103*, 104, 108, 111
Mar das Filipinas, Batalha do 264-265
Mar de Bismarck, Batalha do *240*, 242
Mar de Coral, Batalha do 220-221
Mar de Java, Batalha do 214
Marinha dos EUA 104, 106-108
Market Garden, Operação 176-177, *177, 179*
Medenine, Batalha de 130
Mersa Matruh 115-116, 123
Messina 151
Midway, Batalha de *220*, 223, 224-228
Mihajlovic, Draza 77
Mitscher, Marc T. 258-265
Montevidéu 99, 101
Montgomery, Bernard *115*, 124, 172
 Batalha de Medenine 130
 Campanha da Sicília 151
 El Alamein 124-125
 Operação Kitten 176

Operação Market Garden 176-177
 Rendição alemã 187
 Travessia do Reno 176, 179-182, 182-183
Morgan, Sir Frederick 169
Moscou, Batalha de 88-89, *91*
Mountbatten, Lord Louis 252
Mussolini, Benito 9, 10-11, *25*, 68-71, *70*
 declaração de guerra 63
 deposto 157-158, *157*
 executado 166
 território tomado 23, 32
Mutaguchi, Renya 256

N

Nagasaki 283, *283*
Nagumo, Almirante 203-204
Nimitz, Chester 224
Nishimura, Teiji 272-273
Nova Geórgia 229, *241*, 245

O

Odenwald 107
Okinawa 276-278
Oldendorf, Jesse B. 274
Operações no Pacífico Central 258-260
Ozawa, Jisaburo 265, 271, 273

P

Pacto de Aço 33
Pacto Tripartite (1940) 72, 199, *200*
Palermo 33
Partido fascista 10
Partido Nacional-Socialista dos Trabalhadores Alemães (Nazis) 9, *12*, 15
Passo de Kasserine *129*, 129-130
Patch, Alexander 235

Patton, George S. *156*
 Batalha do Bolsão 178
 Campanha da Sicília 151
 Travessia do Reno 179-182, 182-183
Paulus, Friederich von 91-93, 95,96
Pearl Harbor *190, 201*, 202-204, *203*
Pedestal, Operação 124
Percival, Sir Arthur 210
Petain, Henri 64, 126
Plano Dawes 10
Plunder, Operação 182
Polkovodets Rumyantsev, Operação 139
Port Moresby 223
Praia Omaha 170, *170*
Prokhorova 138
Prússia Ocidental 149-150

R

Rabaul 242, 245
radar 65-67, 103, 109, 235
RAF ver Royal Air Force (RAF)
Rangum 211-213, 269
Real Força Aérea Australiana 207
Reichenau, General 43
Reichstag 16, *17*, 187, *187*
Remagen 181
Reuben James, USS 107
Reunião de Munique 31
Rio da Prata 101-102
Ritchie, Neil 120
Rokossovsky, Konstantin 92, 137, *138*, 149, 185,
Romênia 47, 69, 72, *79*
Rommell, Erwin 61, 117, *119*
 Afrika Korps 117-119
 El Alamein 124-125
 Passo de Kasserine 129-130
 Roosevelt, Presidente 32, 63, 104, 150, 185, *204*

comboios 65, 88, 99-113
Leis de Neutralidade 32
Royal Air Force (RAF) 60,
  63, 64-68, 110, 207
Royal Navy 22-23, 65, 99,
  103, 122, 159, 210
Royal Oak, HMS 101
Ruhr 10, 180
Rundstedt, Gerd von 45,
  57, 62

S

Salerno 158
Santa Cruz, Batalha de 232
Sarre 22, 41, 180
Schuschnigg, Kurt von 22,
  28
Sealowë, Operação 68
Sebastapol 88-89, 141
Selassie, Haile 24, *24*
Silésia 147
Simovic, Dusan 73
Slim, William 252, *268*, 269
Smyth, Sir John 211
Sociedade da Cerejeira 194
sonar 99
Soryu, Porta-aviões japonês
  224, 226, 228
South Dakota, USS 235, 264
Spruance, Raymond A. 224,
  261
Stalin
  Aliança Grã-Bretanha/
    França 32-33
  Guerra com japoneses
    279
  Países do Báltico 49-51
  Tratado com a Finlândia
    141-143
Stalingrado 91-96
Stopford, Sir Montagu 258
Sudetos 29-31
Suécia 51
Supercharge, Operação 124

Supremo Conselho de
  Guerra Interaliado 59
Sweeny, Charles 283
Szalasi, Ferenc 81

T

Tanaka, Almirante 233, 235
Taranto 159, 202
Tarawa 261
Tassafaronga, Batalha de
  235
Tedder, Arthur 151
Tibbets, Paul 281
Timor 214
Timoshenko, Semyon *51*, 51
Tinian 281
Tippelskirch 144
Tito 62-63, 78, 79, 82
Tobruk 117, 119, 120, 123,
  125
Tojo, Hideki 202
Tóquio 219, 278, *281*
Torch, Operação 125-126,
  128
Toyoda, Almirante 271
Tratado de Delimitação e
  Amizade 50
Tratado de Versalhes 7, *9*,
  10, 14, 17, 22
tratados de paz 7-8
Travessia do Reno 179-183,
  183
Truman, Presidente 279-281
Tufão, Operação 86
Tunis 131-132, *133*
Tunísia 128-129

U

U-boote 99, 102-104, 108-
  113, *112*
Ucrânia *89*, 140-141, *142*
U-Go, Operação 257
Undertone, Operação 180
União Soviética

Exército Vermelho 46-47,
  51-52, 79, 83, 88, 91,
  178
Força Aérea 83
produção industrial
  96-97
Uran, Operação 92
Uruguai 99-101

V

Varsity, Operação 182
Varsóvia, Batalha de 36, *42*,
  45-46
Vasilevsky, General 149
Vatutin, General 92, 138
Veritable, Operação 180-182
Vietinghoff, Heinrih von 165

W

Wainwright, Jonathon M.
  218-219
Washington, USS 235
Wavell, Sir Archibald 116-
  117, 120, 210, 246, 251
WDF ver Força do Deserto
  Ocidental (WDF)
Weygand, Maxime *60*, 61
Wilson, Henry Maitland 75
Wilson, Woodrow 14
Wingate, Orde 250, 253-256
Wintergewitter, Operação 94

Y

Yamamoto, Almirante 202-
  204, 223-225, 244-245
Yonai, Almirante 199
Yorktown, USS 220, 224,
  227, 228

Z

Zhukov, Georgi 87, 137,
  146, *149*, 185, 199
Zitadelle, Operação
  136-138